變遷中的傳播媒介
從類比到數位匯流

蔡念中　邱慧仙
董素蘭　康力平　著

五南圖書出版公司 印行

序

　　傳播媒介的匯流（convergence）是大勢所趨，正如同長江、黃河廣納百川的道理是一樣的。雖然，「匯流」的前提是科技所導引的，但是人類社會所發展的政治、經濟、文化與產業體系，也在在對「匯流」產生重大的影響。

　　很多人指出，人類社會所發生的歷史現象一直是重複「再現」的，只是「再現」的時間、空間不同而已。因此，「以史為鑑」或從歷史看未來，就成了許多觀察家預言的基本立論基礎。同樣地，在傳播的發展過程中，各種不同的媒介變遷，幾乎在不同的時空裡一再發生著。「變」，在人類傳播的漫漫歷史脈絡之中，是永恆不變的定理。

　　原始人類的生活環境，就是屬於寬頻的環境，舉凡光線、色彩、聲音等，都市屬於電磁波頻譜的一部分。透過科技的發展演變，人類不僅利用了原本的大自然寬頻環境，還可以創造數位寬頻環境，來達成傳達資訊、溝通想法、教育娛樂等功能。前述的現象已逐漸在人類社會中出現，只是當前正處於一個轉換（transaction）的過程中，因此，有些混亂、不安、焦慮的現象伴隨而來。事實上，為了順利將此一「轉換」過程渡過，所有傳播界的學者、業者、使用者都有必要瞭解媒介的發展與變遷，期能從歷史中學到經驗，同時把握現在、展望未來。

　　本書之出版，緣自於作者之一蔡念中教授多年前所出版之《傳播媒介之發展與變遷》，時隔多年產業科技與社會變化甚鉅，因此另邀集玄奘大學康力平、世新大學董素蘭等教授，合力於社群媒體、新媒體等部分加強著墨，重新改版撰寫，方有

此書。撰寫作者群，近年來多鑽研於數位媒介、媒介使用者、媒體文化等領域，對於臺灣的媒介發展狀態有若干觀察、研究及心得，皆貢獻於此書。

　　本書共分三大篇，第一篇「綜論」包括有六章，從第一章「變遷中的傳播媒介環境」至第六章「傳播政策制定」。綜論的內容屬於傳播媒介的基本立論基礎，從歷史的觀點探討媒介的發展背景因素與未來的發展可能性，含括理論、制度、經濟、政策等面向。第二篇「媒介多元化」，共包括六章，從不同屬性的媒介探討相關產業及其科技背景的發展過程，包括印刷及電子媒介等。在第二篇的內容中，編著者認為，不同的媒介在不同的時空發展，雖產生不盡相同的狀況，但是從整個歷史宏觀面來觀察，很容易發現即使在不同時空發生的事件，在另一個時空當中也隱然相似，這是可貴的歷史經驗，值得我們借鏡。第三篇「展望」，計有三章，從傳播媒介對於社會型態的重要影響開始著墨，加上資訊科技社會日趨受到重視的視覺素養、媒體識讀概念；最後，以「新科技、新媒體、新觀點」為全書代結語，並引導讀者進行自我及時代的反思。

　　綜合上述本書之各篇、各章節架構，期望帶給讀者與學習者完整的匯流媒體之發展與變遷概念。特別的是，本書內容與案例說明，多以臺灣與美國為主，其原因為臺灣的體制大都受到美國經驗的影響很深，雖然歐陸或其他先進國家的體制與經驗，也或多或少影響到臺灣的發展決策，但由於時間關係，未能納入。是故，內容的侷限性，或許也是本書的疏漏之一，也期待未來再版修訂時，能有所突破。

　　本書的編撰過程，首先必須感謝世新大學提供良好的研究環境，鼓勵教師發表著作之風氣。再者，感謝研究助理陳俊欽先生協助攝製相關照片、繪製圖表等編輯工作，對於本書之出版功不可沒。

世新大學

蔡念中、邱慧仙　謹誌　2016年12月

目錄 Contents

第一篇

綜論

第1章 ▶▶▶
變遷中的傳播媒介環境

　　傳播媒介及資訊科技，已成爲人們的日常生活中愈來愈重要的一部分。人們所花費在傳播通訊上的所有時間，已經在日常活動中占有重要的比例。資訊科技（information technology），例如：手機、平板電腦、個人電腦之重要性已日漸增加。若再把花費在欣賞電影、收聽音樂、閱讀書籍雜誌，以及從事於面對面或書信溝通的時間加上去，我們可以很清楚地看出來，在個人的休閒時間中，有超過一半以上是使用在與資訊交換有不同程度關聯的活動上。傳播媒介與資訊科技的近用愈來愈成爲你我生活息息相關的一部分。近代，與資訊科技關聯密切的「匯流」（convergence），對於今日媒體、資訊、傳播等產業之影響，除革新了媒體本身、產業環境，也重構了閱聽眾的生活。

圖1.1　在個人的休閒中，多數人是使用在與資訊交換的活動上。如：欣賞電影、聽音樂、閱讀書籍雜誌等

第一節　數位匯流：資訊、網路、傳播媒體之整合

　　從傳統社會轉變成為資訊社會時，可藉由「匯流」概念將傳播與資訊科技間做一快速的融匯。而匯流的基礎是藉由傳輸路徑與電腦可判讀的數位化（digital）格式。事實上，公共電信網路目前已經是完全數位化；且我們在家中所消費的音樂及印刷媒介，有愈來愈高的比例都是以數位化形式來作生產及分配。同時，有關匯流處理過程的工作，早已在世界各地如火如荼地展開，且持續勃興與改革中。有許多大型的網路系統公司，甚至免費提供將數位化的電話通訊、電子文件、電腦資料，以及影像傳輸等加以數位整合，以創造更方便的消費情境與獲利可能。

　　數位寬頻技術的興起，使得以往互不相干的各種傳播媒體，產生了相互融合、匯流的基礎。首先，在訊號的格式方面，透過0與1的數位格

變遷中的傳播媒介：從類比到數位匯流

式化，不管是視訊、音訊或是資訊的記錄方式，都開始採用相同的數位語言。而在傳輸的通道方面，也因為數位格式的通透性，而使得各種傳輸管道得以相互串連。訊號格式的統一，配合傳輸通道的串連，媒體產業的數位化變革與匯流已是必然的趨勢。

　　將電腦及傳播做技術上的匯流，同時也反映於組織及社會層面（參閱圖1.2）。電信、電腦、有線電視，以及媒介組織等，都積極致力於相互整合，以便在研發的競爭上及掌握未來的傳播市場上，能夠拔得頭籌。事實上，原先各自不同的電訊與傳播產業——例如：電信公司及有線電視，目前已能互相整合成為一個數位化網路，打破原先的產業界線，並創造所謂的產業聯盟。由於傳播與資訊科技的匯流是如此重要，使它演變為世界性的一項備受重視的公共政策與媒介議題，並將其視為國家經濟發展策略中的核心部分。

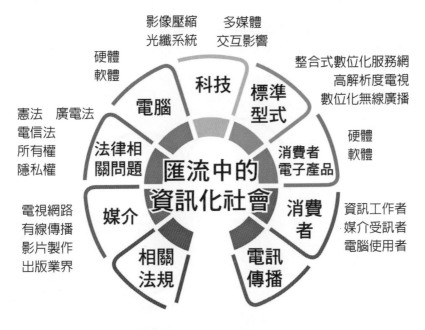

圖1.2　資訊科技與媒介正在資訊化社會中進行整合

圖1.3　原先各自不同的電訊傳播產業——如電信公司及有線電視，目前已經能互相整
　　　合為一個數位化的網路

　　傳統的傳播產業，依據業者傳播的內容或是使用的傳輸技術不同，往往可以清楚地將其劃分或區別為性質單一的媒體。然而，經過數位化轉換後的媒體，再也不是過去那種性質單一的媒體，而是整合了通訊、傳播及資訊科技的新媒體，不管是水平整合，或是垂直整合，未來在不同的數位平臺上，都將能提供類似的內容服務（陳玉霖，2002）（參閱圖1.4）。

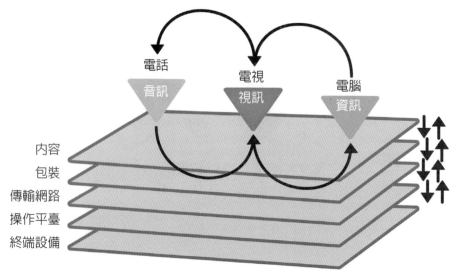

圖1.4　數位媒體產業之垂直與水平整合

傳播媒介及資訊科技的快速發展，亦造成了許多社會上及政治上的問題。這些問題的範圍極廣，從有關媒介對暴力、種族歧視、性別歧視所造成的影響；至因爲先進的電腦及電話系統之使用，所引發的對個人隱私權及個人自由之侵害等等。資訊科技的使用，造成無數令人們關心的問題，例如：工作的安全性、機會的平等、隱私性、工作場所中的健康問題，以及貧富之間益形擴大的差距等。在相關的各個國家之間，有關跨越國家界線時的資訊流通，以及資訊科技及通訊服務之貿易平衡等問題，已經成爲彼此爭論上愈來愈多的議題。

第二節　匯流的層次與特性

　　學者Pool（1983）將匯流的情形歸納成兩種形式：一爲過去爲不同媒體所提供的服務，如今由一個媒體所提供；二爲過去爲一種媒體所提供的服務，如今可由不同的媒體提供。電信、媒體與網路科技的匯流過程，可藉由電腦系統儲存、控制、展示、傳輸以整合文本、繪圖、圖像、影像及聲音。因此，Maitland等人（2002）將匯流定義爲：基於科技技術、經濟有利的考量，驅使共同提供某項服務的結果。

　　而引發匯流的力量有哪些？亦即匯流發生的原因爲何？根據學者的看法，可歸納出六項（Wirtz, 2001），說明如下：

　　第一是科技的驅動力（technological drivers），包括：數位化，智慧型網路結構之發展，和媒體平臺之科技匯流等三個主要項目。數位化使得多元的媒介形式可以統合成一個共同的形式（a common format），例如：不論電影、音樂和軟體都可以在相容的錄製或傳輸科技上使用，而且數位化改善了傳輸的速度和擴大了傳輸的容量。智慧型網路結構提供了互動的新形式。媒體平臺之科技匯流指的是不同平臺的合併，例如：將電視和電腦整合成多功能的媒體平臺；也就是這些不同的應用功能被整合在一

起，而帶來了更多範圍的內容選擇。

第二是去管制（deregulation）的驅動力。自從1990年代中期，美國的媒體和電信市場經歷了自由化和去管制的過程。這一過程引起了跨產業的競爭和垂直整合管制的自由化，因而改變了整個商業環境。

第三是需求相關的驅動力（demand-related drivers），包括了個人化和系統性解決方案兩個主要項目。個人的資訊和傳播設備的使用率增加（如：行動電話、個人網路服務和付費電視等），連帶地強調個人化特色之媒體紛紛出現。而系統性解決方案（systematic solutions），指的是消費者偏好改變，走向偏愛「整合型」資訊、傳播服務及產品。

第四是全球化的力量，指的是企業為了因應全球化的競爭壓力而進入國際市場，並為發揮規模經濟、產品多樣化等益處而採行跨產業的匯流等方式。

第五是綜效效果，指企業為了追求一加一大於二的效果，通常會採行產業匯流的方式。

第六是企業市場競爭策略，指的是企業為求維持既有市場占有率或擴大市場，而試圖透過匯流的方式來達成目標（Dowling, Lechner, & Thielmann, 1998）。

Kobayashi（2000）亦指出，媒體匯流可以從三個層次來思考：首先，傳送層次（transmission level）指的是廣播電視和電信事業在傳輸管道的匯流；其次，終端層次（terminal level），指的是使用者終端設備的匯流，不同多媒體的功能可以全部集中在一台使用者終端設備上；最後，服務層次（service level）：傳統媒體和資訊科技公司合作，不但整合了大量、多樣的資訊來源，以不同的形式（format）呈現（如：文字檔、聲音檔和影像檔等），並且透過多重的通路（網路、電視、廣播和手機等）來傳播。

綜合Kobayashi（2000）的看法，和另一學者Jan（1999）的分類法，可將匯流的種類或形式歸納出以下六種：

1. 媒體科技匯流（media technologies converging）：由於數位化科技的發展，使得不同的設備裝置可以整合。例如：以前的超大型主機（mainframe）只可以展示（display）資料，不可以運算和處理（process）；技術進步之後，它就可以儲存和運算了。

2. 管道匯流（conduit converging）：指的是不同傳播管道的整合，例如：電話和電視雙方的管道可以切換，彼此交換資訊或使用。

3. 內容匯流（content converging）：指的是不同媒體的語音、影像、資料等形式的內容可以彼此互通。

4. 使用者設備的匯流（end user premises equipment）：指的是以前看電視要透過電視機，講電話要透過電話機，但是現在可以透過網路看電視或講電話，也可以透過手機來上網，這就是使用者設備匯流的例子。

5. 產業匯流（industry converging）：指的是不同產業的整合，例如：有線電視業者可跨行經營電話語音傳輸服務；而電話業者可以跨行經營影像資料的傳輸服務。

6. 行銷運作的匯流（marketing practice converging）：指的是把產品和服務整合，例如：把內容和傳輸服務進行搭售（bundle）。像是訂閱美國線上（AOL）上網服務二年，就得以免費獲贈財經電子報閱讀。

第三節　新科技與大眾媒介

Rogers（1986）對傳播科技下過定義：(1)傳播科技是硬體設備、組織結構，以及社會價值的集合；(2)透過傳播科技，團體或個人得以蒐集、傳遞、儲存、呈現資訊內容。傳播科技不僅止於討論軟硬體設備的問題而已；傳播科技還應該探討人和科技的關係，以及社會和科技的關係。

新傳播科技的根源來自「數位化科技」的成熟，因此數位電子媒介也使得過去傳統大眾傳播模式有了重大的改變，而數位化電子媒介對社會與文化，更造成了許多的影響與衝擊。因此，我們可以歸納新科技之兩項特性：(1)複雜性（sophistication）：是指技術在知識上的困難程度，瞭解或發展該技術的程序所需的技術能力水準；(2)新奇性（novelty）：是指新技術與原有技術間的變化程度。新技術的產生有兩種型態：一種是全然改變（change in kind），一種是從舊有技術做某種程度的改良（change in degree）。

新媒介與傳統媒介最大的差異，只是過程與形式上，而非資訊的種類（趙雅麗，1994）。傳播科技的進步帶動了媒體變革。過去傳統媒介的傳播過程屬單向傳播，資訊傳送與內容由傳播者決定，受眾是被動的接受者。傳播科技的互動性，大幅改善了媒體接近性。由於電腦資料庫儲藏量大，互動系統中的每一使用者皆可依個人需要，在任何時間任何地點接觸不同的資訊，提升了受眾的媒體選擇權。Rogers（1986）亦指出，新傳統科技的互動性，帶來使用者導向、資訊個人化的潮流，新媒體不僅容易接近（access），更使受眾在資訊的傳送和接受過程中，擁有更多自主性和選擇權。此外，近年來資訊與傳播科技的急遽發展，媒體呈現方式大抵融合了電腦科技與網路傳播的特色，因此人們的生活方式也大受影響。

一、新媒體科技之進化

Lehman-Wilzig和Cohen-Avigdor（2004）提出一新媒體的進化過程生命週期模型，將媒體的進化分為五階段：

0期—出現期：科技的發明。多數的新媒體為「持續創新」之形式，即新媒體之所以出現乃基於舊有媒體的不足。

1期—市場穿透期：新的大眾媒體進入媒體環境與市場，通常經歷迅速的轉變，包括物理上的（科技的）及內容上的（訊息型態與呈現風

格）。此時可以創新傳布理論予以詮釋其社會及市場滲透過程（有關創新傳布理論可見以下章節）。總體來說，新媒體於市場穿透階段具多種可能性發展：提早死亡、長期停滯或立即成功，完全取決於內生因素（科技的能耐／能力），以及外生因素（社會接納與意見領袖採納）。

2期—成長期：此階段新媒體的成長加速，10或20年內藉由商業推廣到達50%閱聽眾採納（「50%」數據來自於Rogers創新傳布模式）。當半數民眾使用此種媒體，能認定此媒體已對社會及民眾具重要影響力。新媒體能否快速成長的理由取決於：社會文化（對新奇事物的接納度）、成本效益（划算與否）、使用者友善性（人性化機械介面）、國家的科技基礎建設（人與物理的），以及媒體間互動的程度，若一媒體僅能在與他人的相同應用進行連結時才能使用（例如：視訊電話），將會減緩傳布速度，因為必須等他人亦購買同樣設備，直到關鍵多數達成。此外，新媒體並不需展現出完全的新服務或提供截然不同新功能。它可以提供傳統媒體具有的功能，但更為有效率、便宜、易用。然而，通常持續的技術改良並不足以誘使多數民眾改變舊媒體使用習慣，例如電子書這些年十分緩慢的市場穿透速度。而面對新媒體初期的大量優勢，若舊媒體能夠快速反應並有效減緩新媒體成長速度，新媒體優勢將不會持續太久。

3期—成熟期：新媒體一旦越過50%使用率，此媒體成為使用者日常生活的一部分，通常媒體將進一步超越90%並接近完全使用率。原因為何？首先，由於財務與組織上的影響力，媒體能負擔大量廣告與行銷預算、修整技術上小缺點、更快速改良科技、回應晚期採納者的需求；第二，規模經濟效應降低內容產製與設備購買成本，吸引社經地位較低之消費者，包括貧窮地區的大眾；第三，更多內容提供者加入並推出附加功能，再次增加對消費者的吸引力，促成成長與

獲利。此階段爲媒體的「黃金年代」，至少在特定功能面的利基之上主宰著媒體世界。

4期—防禦性反擊期：較爲沒落的舊媒體仍會擁有大量使用者，但其付出的金錢與時間相較之下已減少許多，舊媒體爲了生存必須做出反應。舊媒體的可能反應包括：首先，攻擊：新媒體的內容可信度與科技可靠性會遭受質疑；其次，舊媒體能試圖切斷新媒體的內容來源；第三，舊媒體能企圖靠法律進行反抗。然而，若新媒體具有眞正附加價值可提供，這些方法仍難以抵擋汰舊換新趨勢。因此，舊媒體會盡全力設法留住傳統閱聽眾或吸引新閱聽眾。

5期—適應、匯流或萎縮：面對新媒體進化的最終結果，舊媒體有三種廣泛的可能性：

(1) 適應：傳統媒體爲適應新環境，發展出不同功能並且維持或開拓舊有或新進閱聽眾市場。最重要的策略在找出新閱聽眾利基，或者將焦點更集中於保留傳統閱聽眾，因爲舊媒體擁有較爲瞭解閱聽眾需求的優勢。第二種策略爲發展科技上的更新與多元功能。許多傳統媒體皆具有足夠的科技潛力，但由於缺乏嚴重的競爭威脅、特別是具有獨占地位時，並不會有想要發展或更新的動力存在。第三種策略爲經濟方面：舊媒體，特別是財務狀況良好的媒體，擁有足夠購買新媒體的資金，得以投資新媒體。當然這並不保證舊媒體能因此存活，但確實促使新媒體部分的收益能「補助」舊媒體爲了適應而進行改變所花費的支出，使原本的媒體組織在基礎媒體服務部分消失後仍得以生存。

(2) 匯流："if you can't beat them, join them." 傳統媒體無法自立存活，需藉由與新媒體合併或合作方能保留其服務。

(3) 萎縮：傳統媒體無法成功適應轉變，因此漸漸失去市場率或消失。

百年來，由於傳播科技演進，廣播、電影、電視、錄影科技、有線電視、衛星廣播、多媒體（multimedia）等，現代社會中的主導傳播模式（communication model）已經轉型，它由「印刷媒介」改為「電子媒介」，甚至於「數位媒介」，雖然不能說是「取代」，但是可說是一種「遷移」。這種數位化的潮流，正一波接著一波地衝擊人類社會體系，二十世紀末開始，傳播科技的發展趨勢更為猛烈，尤其是「數位電子媒介」，它對社會、文化及教育的影響更為深遠。數位化的出現與不可逆浪潮，同時代表著另一不可擋的大趨勢——媒體匯流——時代的降臨。

二、SMCR模式之重構

新科技的出現使大眾媒介的概念產生變化。這裡引用起源於50年前、由宣偉伯（Wilbur Schramm）——他被人們尊為大眾傳播學研究的創始者——所提出的大眾媒介傳統定義作為基礎，思索究竟有哪些科技上的改變，使大眾媒介的概念產生了變化。研究者將使用SMCR模式，來對相關討論進行脈絡式論述：發訊者將訊息經過製碼（encode）處理，並藉由管道來做傳輸，再由受訊者將此訊息加以解碼（decode）。

（一）大眾媒介的發訊者（Sender）

在宣偉伯的全盛時期，大眾媒介乃是由大型且多階層的媒體企業所製造，在其內部有一群被稱之為「守門人」（gatekeepers）的菁英人員，包括極具權威的媒介評論家，以及專業的編輯、製作者等等，他們扮演著所謂「議題設定」（agenda setting）的功能——決定受訊者應該與不應該接收到哪些訊息。那些認定自身所擁有之權力的發訊者，自認為他們是公眾觀點及流行趨勢的引導者（Schramm, 1982）

至今日，大型的媒體企業仍然存在，並且比以前的規模更為龐大。然而，新科技的發展，使得媒介組織中許多位於中間層次者得以脫胎換骨、掌握部分權力，並使大眾媒介公司的規模得以縮減至最小。例如：僅以桌

上型電腦作爲出版工具的時事通訊或地下雜誌，可能僅需一個人就足以擔當全部工作了。手提式的電視攝影機與錄音機，亦將有關聲音及影像的製造能力，擴展運用至更多、更廣的各項資訊來源。在許多情況之下，所謂發訊者及受訊者之間的界線，已經愈來愈模糊，互爲主體；例如：在極爲流行的「叩應」（call-in）節目中，受訊者可藉由電話與發訊者對談，這時候，受訊者就成爲發訊者，接受訊息的反而變成原先節目的發訊者；或像電腦網路傳播，經由網路互動的使用者可輕易傳輸資訊給大眾（發電子報、在布告欄上貼文章、公民記者等），成爲發訊者，也會收到很多回饋或新的訊息，成爲受訊者。他們可能完全取決於對使用者們所產生與創造的貢獻。在其過程中，發訊者的專業性及權威性正日漸受到侵蝕，正如他們在設定文化及公眾觀點上的能力，正日益遭受考驗一般。

圖1.5　今日，在廣播或電視的「叩應」（call-in）節目中，受訊者與發訊者之間的界線日益模糊

（二）大眾媒介的訊息（Message）

　　從前，大眾媒介的訊息並未經過區隔化，而僅是將其傳送給盡可能多數的受訊者。它的首要策略即是將受訊者的喜好及觀念加以「同質化」（homogenize），以便達成工業化社會中極大化市場之目標。它的意義即是：利用媒介來影響消費者對產品的喜好，並將此項產品推廣給盡可能多數的群眾。例如：007電影中龐德使用的汽車、手錶、喝的啤酒，運用商業性置入行銷，使民眾因為崇拜龐德而對其使用的商品心生好感，進而產生購買慾望。

　　但隨著科技進步、網路普及，網路點對點的特性使得區隔受訊者成為可能，發訊者可依據各個不同特性的受訊者群體，來設定媒介內容及廣告內容的目標（target），並引導出所謂「窄播」（narrowcasting）的觀念──依據特定的受訊者之次群體，或特定市場來做管道分配。起初，僅是以人口統計學上的特徵（例如：性別、年齡及收入）來作為市場區隔的界定。但是隨著分眾性的媒介管道不斷增加，區隔化的標準也日益複雜，並將重點放置於生活型態，以及範圍愈來愈特定的休閒興趣上。印刷及電子出版物依據訂戶的特性與習慣，精選訂戶偏好的商品廣告資訊來推播；而互動式電視的促銷者，則更以能夠提供個別收視者所喜好的節目，來招攬客戶。與先前將受訊者的喜好及文化加以同質化的情形相比較，新的大眾媒介更傾向於迎合特定的群體、分眾化，甚至還不斷地界定出新的消費群體。

（三）大眾媒介的通道（Channel）

　　相較之下，早先的大眾媒介通道甚為有限，且其所涵蓋的範圍也大致相同。每一種媒介均需要有其本身為特定目標而設的傳送或分配系統。其訊息也非永久性的；如果你錯過了，就必須等到重播，要不然就很難再看到。

而目前的通道數量與種類，產生了極大的改變。衛星傳送系統所製造的頻道，不但能符合特定型態受訊者之需要（此即窄播背後的觀念），同時也能配合特定的場所之需要——例如：高中學校的教室、超級市場的結帳線路，以及醫生們的辦公室等。不論如何，長期性的發展趨勢已背離了增加單獨性、特殊性之媒介網路的方向，而朝著能夠將許多形式的頻道與媒介——例如：聲音（audio）、影像（video）、文本（text）及圖像（image）——加以合併，並形成一個單獨的高容量之整合性網路。將文本、聲音及圖像合併後所產生的多種混合之媒介形式，也因此而使得原先界線分明的無線電廣播、電視、印刷、有線電訊及電話等各種媒介之間的分野，從此變得模糊。同時，錄音科技也允許受訊者們能夠錄製媒介所傳播的訊息，並在人們認為方便的時候，再將其重新播放。

（四）大眾媒介的受訊者（Receivers）

　　在傳統的觀念中，受眾乃是一個未經過區隔化的群體，對大眾媒體的訊息而言，他們只算是一群沉默的接受者，無反抗能力與意識。對於媒介的營運狀態而言，正需要數以千計、甚至百萬計的此種受訊者，以便將製造或維繫大眾媒介系統所需的支出，盡可能地由這些廣大的受訊者身上取得。其反饋僅侷限於來自受訊者研究所提出的報告；而這些報告通常都得花上數天、甚至數星期的時間，才得以統計與分析彙總完成。

　　時至今日，媒介訊息被加以區隔化，以便符合狹域而高特殊性的目標群體之所需。資訊科技及持續成長的眾多媒介通路，已將其經濟狀態轉變成注重愈來愈小的目標群體，甚至到達針對個人的地步。先進的受訊者研究系統，亦使來自於受訊者的反饋，能夠以更豐富的內容及更快的速度，提供給媒介的受訊者。而互動式的大眾媒介科技，亦使得即時地反饋成為可能。此種反饋連線的予以強化，其影響或許會超過我們所考慮到的任何與大眾媒介有關聯的改變，而使大眾傳播過程的「廣」播基本特性拉起警報。

第四節　數位化革命

在電腦及傳播科技之匯流下，受到顯著衝擊的多種範疇中，互動式大眾媒介即為其一。從某種意義上言，互動式媒介可說是定義不明。廣播節目的脫口秀、call-in現場節目，在我們之前所界定的意義上，都可算是「互動性」的。然而，譬如電腦及先進的數位式電話系統等資訊科技的使用，已將這些活動的範圍及本質做了極大的拓展。舉例來說，它使得將來自於為數更多的受訊者之反饋加以整理，或是將媒介訊息依據個別使用者之需要而加以客製化等，都成為可行之事。本節中，我們將對數位化傳播的某些趨勢再做探討，而這些趨勢被預期可對大眾媒介造成更進一步的改變與影響。資訊科技已使用於各種不同形式的傳播之中。我們將對數位化的某些發展再做確認，而這些發展則已被應用於我們所考慮過不同形式之各種傳播中。

一、類比化與數位化的轉換

所謂「數位式」（digital）的傳播，係指將聲音、圖像及原文文本，轉換成電腦可判讀的形式——為使用一連串的0與1之組合，來將資訊以暗碼之形式做傳輸。此時，在原始訊息中的所有資訊，並非完全以其原狀來保持，而是將資料以固定間隔的頻率做樣本檢測，並轉換為電腦數位。與此方式相反的，則是所謂「類比式」（analog）傳播。此方式是對應著由傳播發訊者所製造的聲音或光能之起伏變化，將原始訊息中所提供的所有資訊，以連續性變化訊號之形式，作為傳送基礎。人類的感官亦算是一種完全類比化的系統，它也是最為傳統的大眾傳播媒介。

資訊是如何被譯成電腦可判讀的資料？首先須瞭解，一個電話通訊的過程，是藉由連接電話線路與電話總機之間的電腦介面卡，而使得數位

化的轉換得以發生。首先，以電子波形式存在，並與我們的聲音相對應的簡短樣本會被製造。其次，每一個樣本的電壓程度均會被測量，並且總共區分爲256種不同的電壓程度。最後，經過測量的電壓讀數，將依據與其最接近的電壓程度而加以確認。而一組由8個數字所合成，並與此電壓讀數相對應的代碼將被傳送——它則是用來代表大略上與每一個樣本呈對應狀態的電壓程度。此種過程減少了原始的類比化訊號之使用，而以一系列「開—關」（on-off）式的電子波動來代替。當我們短暫地開啓電流時，代表「1」，而關閉時則代表「0」。此過程亦被稱之爲「脈波調節製碼」（pulse code modulation）。

例如：當一對情侶正透過電話來傾訴心聲時，若有完全寂靜的狀況發生時，則一個電壓讀數爲0的樣本便會產生；而在256種電壓程度中，與其對應的最低之一組數字——00000000——便會被傳送。若他們發生爭執而彼此互相咆哮時，電壓讀數會達到最高，則在256種電壓程度中與其對應的一組數字——11111111——則會被送出。

在電話線路中的另一端，則有一個處理相反過程的裝置。上述這些樣本的傳送頻率極高，每秒可達800次，使得所有的電子波之間不會產生任何間隙，而以人類耳朵無法檢測出任何瑕疵的平順狀態，將訊息傳送出來。對兩個通話中的人而言，看起來像是彼此在互相交談，事實上，他們只是在傾聽電腦模擬他們所發出的聲音罷了。

採用數位化的方式時，存在著許多技術上的顯著優點。例如：數位化訊號較不易受到電子干擾的影響，而使傳送品質獲得改善。如果我們能夠做到降低抽樣檢測原始訊號的次數，或是減少每一個樣本在製碼處理時所需使用的資料位元，則電訊傳播系統的容量將可擴大。它也可以讓一個單獨的傳播媒介，在同一時間內被許多的管道所共同使用：這是指電腦位元的流動，能夠同時混合進入一個高容量的管道之中。

第一個被數位化處理的消費者傳播媒介即是電話。從1960年代早期開始，配備著高速線路爲其中心裝置的電話網路，便已經能夠在同一時間

內，同時傳輸數十通以上的電話。時至今日，大部分的電話交談，已被轉換成數位化形式，並且以電腦資料的方式，在長距離的電話網路中被傳送著。第二代的電話機，成為全數位化網路中的一部分，並使由聲音轉換為數位化資訊的過程——我們將其稱為「類比到數位的轉換」（analog to digital conversion），就在話機的接收器部分發生。

另一個演進為數位化傳送方式的例子則是CD（compact disc）唱片。它是藉著在碟片的表面上，把音樂以數位化的方式經過製碼程序而完成。除了樣本的數目大為增加，以及每一個樣本包含有更多的電腦位元，以改善其音效品質外，此種數位化製碼的方法，可說是與電話系統中所使用的方式非常類似。而目前製作錄音帶的媒介，也是採用此種數位化的形式。

當然，對傳播媒介的數位化而言，個人電腦被引進於家庭中，代表著一個重要的階段。影像視訊——為一種傳播服務，它能在電腦使用者與巨量的被儲存之新聞或消費者資訊之間，提供一項傳播管道，並具有傳送電子郵件及完成電子交易之功能——代表著印刷媒介之數位化的最終階段。目前，大部分的印刷刊物在整個生產循環中，都已經採取電腦化作業；而只是在最後的印刷過程中，再將資訊轉換成非電腦可判讀的類比化形式。

圖1.6　影像視訊為一種傳播服務，它能在電腦使用者與消費者資訊之間提供一項管道，並具有傳送電子郵件及完成電子交易之功能

二、豐富的傳播通路

之前曾提到，傳播通路數目的不斷增加，乃是大眾媒介在本質上的一項重要改變。而數位化科技的發展，更益發加快了此項趨勢。當訊息以數位化的方式，經過製碼處理時，使用數位化壓縮（digital compression）技術，它代表著將重複的資訊由媒介內容中加以刪除處理，或是找尋更有效率的方式，來對被傳送的資訊做製碼處理。數位化壓縮的影響所及，便是將原先只能傳輸一種頻道的情況，改進為可同時傳輸許多的頻道。例如：將影像經過壓縮處理後，原先僅用來傳輸單一頻道的有線電視或衛星管道，則可能同時傳輸四個至六個節目。

當愈來愈多的節目可同時進入現存的管道空間之內時，管道空間的供應也同時在增加著。寬頻（broadband）是一種高頻寬的傳送媒介，能夠傳輸全動態化影像，例如：廣播電視、家用錄影機、有線電視等，均是大家耳熟能詳的寬波域媒介例子。與其相對的，則是像錄音產品及電話等所謂的「窄頻媒介」（narrowband media）。寬頻與窄頻是一種相對的概念，它代表著資訊傳輸的容量與速度差異。

與寬頻媒介相較之下，「光纖」（fiber optics）則又代表傳輸技術往前邁進了重要一步。所謂「光纖系統」（fiber optic system），指那些以光能代替電能來傳播資訊的系統。時至今日，「光纖」已廣泛地運用於電信系統、有線電視系統中的高功能之管路，以及企業界用來處理資料傳送的高速電腦系統中。事實上，光纖系統可以直接與家中的電訊傳播終端設備相連接，例如：電話機、電視機、收音機。縱然如此，其他的寬波域網路之概念仍被加以發展，例如：能夠將訊息傳播至小型衛星天線的新式衛星，能夠同時傳輸影像及聲音的改良式電話線路，以及具有互動式功能的數位化廣播服務，等等。

寬頻傳輸，再配合上數位化壓縮及先進的切換科技，將使得僅需藉由數個重要的指令，就能把在家中所能收視到的頻道數目，以倍數增加至數

千個之多。上述的這些發展，最終演變形成所謂「隨選」（on demand）的影像系統；廣言之，即是「隨選式的媒介」，它可讓使用者們在任何時間、任何地點，都能「選擇」任何一種媒介產品及特定內容觀賞及消費，不需親自跑到報攤、圖書館或錄影帶商店去，從「定時」的框架現實中解放出來。

　　媒介的數位化趨勢，使電腦成為媒介內容的主要製造者。就如同資訊科技已被應用於其他的產業一般，此種發展將可能使介入於生產的實際勞動人數大為減少。而「個人作家」（desktop publishing）也是一個佳例。使用桌上型電腦的個人工作者，現在已經能夠列印出品質近乎專業化水準的出版品；而這在30年以前，大約需要20個專業人員，才得以完成。當資訊被數位化處理後，就能夠在不同的模式下傳輸，或在不同的媒介中加以連線處理。

三、使用者導向的傳播

　　使用者要如何才能趕得上快速增加的各式各樣媒體傳播管道發展腳步？目前，大部分的電視機都已配備數位化遙控器，而錄影機也朝著提供更細密的內容選擇之功能來發展。若能夠依照一連串預先設定好的選擇指令（例如：「首先我要收看天氣預報，接著是體育節目、新聞，最後則是我的電子郵件」），則執行該指令的影像視訊系統，便為我們提供了一種解決問題的構想。全數位化的產品及傳送系統，使人們能夠以具有更高度之個性化選擇的標準，來設定我們的接收設備。數位化的媒介，也允許人們去搜尋那些產生特定型態之聲音或意向的頻道，例如：政論或綜藝等不同型態節目。

　　由於電訊傳播的轉播站，正朝著更精密複雜的方向成長，而使得針對個別使用者之習慣來提供訊息也變得更為容易。在線上資訊系統中，等著迎接使用者的個人性訊息推播，即是目前的一個例子。雜誌出版商已經能夠藉由將訂戶名字輸入於廣告函的文本中，而將該廣告變得更個人化。而

雜誌也能夠依據讀者在區域性及人口統計學上的特徵，將其內容做改變，例如：有一種全國性的新聞雜誌，目前每週便已發行超過150種以上的不同版本。藉由管道的日益豐富，以及更精密的電腦晶片被使用於接收設備上，在未來的某一天，將廣告的內容針對特定型態的家庭作變化；或是將娛樂性節目之間的差異先作介紹，再配合特定群體之受訊者，甚至針對特定的個人之喜好來作調整，都有可能成為事實。

如同之前所討論過的，「互動性」代表著使用者在控制權上的更進一步發展。商場上的電視遊樂器及電腦設計的電視遊樂器，可能是最廣為人知的例子。在電視節目的種類中，最有可能成為真正交互性系統的例子，則是由收視者投票來決定情節如何發展的戲劇性節目與選秀節目，或是由家庭中的收視者一起參與的遊戲性測驗節目。

四、多媒體的匯流

數位化媒介變革中最重要的階段是「多媒體」（multimedia）的匯流，將數位化音效、影像及文本之資訊整合，並融入全方位的資訊網路中，已經使得原先存在於各種媒介系統之間的清晰界線被破除。傳統的類比化大眾媒介：無線電廣播、電視、印刷、電影，通常都有非常明顯而不同的傳送系統。但在今日的數位化媒介世界中，這些傳統的媒介形式，以及一些新的混合性形式，可能都會被合併而進入一種新的媒介景象：具有大規模電腦記憶體的高速率資料網路。「超媒體」（hypermedia）則是用來描述此種發展，超媒體可允許使用者藉由選擇一些主要的字眼或圖形記號，來控制他們本身所需要使用的媒介產品；也允許使用者對多媒體所能提供的「將音效、影像及文本形式加以組合的延伸性之功能」加以擴展。

有那麼一天，人們在分辨網路與資訊內容的區別時，能夠使用「資訊服務」（information service）這個名詞，來表示提供大眾媒介功能的內容，亦即為多數的受訊者所製造的資訊內容。並且，能使用「資訊服務提供者」（information service providers, ISP）來表示製造此內容的頭端。而

以「網路服務提供者」（network service providers）來表示那些透過寬頻傳輸網路進行資訊傳送的頭端團體（LaRose, 1992）。透過科技的迅速演變，二十一世紀已成為數位科技蓬勃發展的年代，知識、訊息、休閒、影音等內容，藉由寬頻環境的建置，傳輸給使用者，達成多媒體匯流的新境界。

問題與思考

1. 媒介「數位化」為你的生活帶來哪些影響？
2. 數位新科技有哪些優點及缺點？為什麼？
3. 試舉一例說明傳統媒體產業因應數位化浪潮所發展之革新策略。

參考資料

一、中文部分

邱慧仙（2013）。《數位時代電視收視率量測機制變革》。臺北：世新大學傳播研究所博士論文。

陳玉霖（2002）。《數位影音產業在寬頻時代下之經營方式》。新竹：清華大學科技管理研究所碩士論文。

蔡念中、張宏源（2005）。《匯流中的傳播媒介》。臺北：亞太。

蔡念中（2003）。《數位寬頻傳播產業研究》。臺北：揚智文化。

蔡念中等（1998）。《大眾傳播概論》。臺北：五南。

趙雅麗（1994）。〈電腦情境的人際溝通與「人機」互動的省思〉，《第四屆電影電視錄影國際學術會議論文集》，111-131。

二、英文部分

Dordick, H., & Wang, G. (1993). *The information society: A retrospective view*. Newbury Park, CA: Sage.

Dowling, M., Lechner, C., & Thielmann, B. (1998). Convergence - innovation and change of market structures between television and online services. *Electronic Markets, 8,* 31-35.

Jan, V. C. (1999). One competition, access and diversity in media, old and new: Some remarks for communications policy in the information age. *New Media and Society, 1,* 183-207.

Kobayashi, K. (2000). The development of media convergence in Japan: A historical perspective. *Electronic communication convergence policy challenges in Asia.* New Delhi: Sage.

LaRose, R. (1992). Not your father's old mass media. Paper presented to the International Communications Association, Miami.

Lehman-Wilzig, S., & Cohen-Avigdor, N. (2004). The natural life cycle of new media evolution. *New Media & Society, 6*(6), 707-730.

Maitland, C. F., Bauer, J. M., & Westerveld, R. (2002). The European market for mobile data: Evolving value chains and industry structures. *Telecommunication Policy, 26*, 485-504.

Pool, I. de Sola. (1983). *Technologies of Freedom*. Cambridge, Mass.: Belknap Press.

Rogers, E. M. (1986). *Communication Technology: The New Media in Society*. New York: Free Press

Schramm, W. (1982). *Men, women, messages and media*. New York: Harper & Row.

Wirtz, W. B. (2001). Reconfiguration of value chains in converging media and-communications markets. *Long Range Planning, 34*, 489-506.

2

第 2 章 ▶▶▶

進化中的資訊社會

本章中，我們將把資訊化社會置於歷史背景及大環境之下，針對農業化社會、工業化社會及資訊化社會等各個階段分別加以探討，以便瞭解媒介科技及媒介產業是如何的依附於經濟、社會、政治、文化，甚至於宗教，以及如何對它們造成了革命性影響。早在約50年前，麥克魯漢（Marshall McLuhan）即強烈主張：早期的印刷及後期的廣播，具有顯著的重要性，甚至可說是革命性關鍵。雖然有些專家們反對，認為媒介在整體社會中不過是一小部分。然而，麥克魯漢所提出的觀點，完全改變了整體社會的論調。有些理論家們接受麥克魯漢的「科技決定論」，並以現今科技及大眾媒介、資訊媒介之匯流所產生之衝擊作為社會現象分析基礎。

第一節　經濟發展三階段

傳播媒介的發展可分為數個階段來進行。這些媒介的演進，有極大比重乃是取決於它們周遭的經濟及社會發展。例如：倘若沒有工業革命對於書籍、報紙、無線電廣播，以及

圖2.1　假如沒有工業革命對於書籍、報紙、無線電廣播及電視所造成的大量生產和普及化，可能也就不會有所謂的大眾媒體

電視所造成的大量生產和普及化影響，也就不會有所謂的「大眾」媒體出現。

　　研究學者們——例如：丹尼爾·貝爾（Bell, 1973）及威爾森·迪勒德（Dizard, 1990）——就曾提及，一個較高度發展的社會，乃是已經或將要經歷下列三個階段之進程：(1)農業化社會；(2)工業化社會；(3)資訊化社會。而發展的階段並非是以排他性的狀況而存在——它們經常是同時存在的。時至今日，大部分的社會在其經濟狀態中，仍然是由農業化、工業化、資訊化這三個部分所混合而成。例如：在美國，因為採用了工業化的設備，並輔以資訊化的控制及科技，使得其農業之發展仍然是成果斐然。姑且不論只有低於3%的勞動人口投注於農業之中，美國依舊是世界上主要的糧食輸出國之一。

一、經濟為基礎

　　對大部分的發展階段而言，最基本的基礎乃是經濟。經濟基礎是依

據許多主要的指標來做評斷，例如：主要的生產形式、大部分人們被僱用於何種產業等等。數千年來，在引導整體經濟邁向發展的過程中，農業即是最主要部分。有些國家自十七世紀後期起，其經濟的主要部分演變為工業。而自1960或1970年代起，資訊成為美國經濟的主要部分。舉例來說，媒介及資訊科技已迅速取代了航太科技，成為美國主要的輸出項目。

生產形式（mode of production）乃是指工作執行及金錢花費的主要範疇。在大部分的早期社會及低度開發國家，是直接由大自然中，透過例如農耕及採礦等方式來獲取食物、補給品及物品。自1850年之後，美國轉型進入第二種生產形式：裝配或製造。到了1950年代，美國經濟產業中的大部分則已轉型為資訊製造。

關於經濟發展的三個基本階段，可將其彙整成圖2.2。

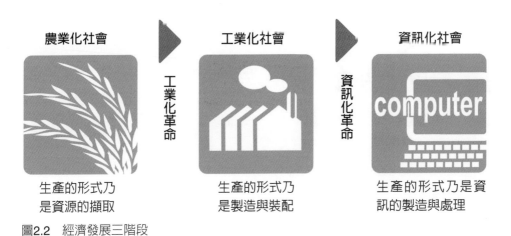

圖2.2　經濟發展三階段

二、農業化經濟

在農業化以前的社會，大部分人都是以打獵或採集方式來維持生計。在此種單一的勞動市場中，要將群體中大部分成員所需要的各種知識或技巧加以傳遞或傳播，是件極為容易的事——直接透過人際傳播傳達即可。此外，許多精巧而複雜的傳說、習俗、法律或規定，也都是以口頭方式

來做世代相傳。正由於此原因，通常人們稱此爲「口語文化」（oral cultures）。在工業化或資訊化社會中的許多小群體們，仍然繼續倚賴此種口頭式的傳遞。而許多城市中，也仍然有文盲們必須依靠來自於朋友們的說明或敘述，而非街道上的各種標示牌。

圖2.3　在許多的城市中，文盲必須依靠來自於朋友的說明或敘述，而非依賴街道上的各種標示牌

　　進入農業化經濟時代，大部分的人都是在農場內工作，或是以攫取他們周遭環境中的資源爲生。由於此種社會愈來愈趨向於定居及集中生活之形式，開始發展出更爲特定化的社會角色，例如：工匠、戰士、商人、政治領袖等，同時也對傳播賦予更高之關切（以敘說故事、詩歌及傳說之形式爲之）。

　　由於農業社會變得複雜化，所謂的「社會階層」（social stratification）也隨之產生：人們變得更爲區隔化、更不平等。許多屬於不在農場工作的特定職業人們，變成了軍人、政府顧問、醫生、特殊技藝的工匠、教師等。在那時，只有極少數人有時間及機會去學習閱讀或寫字——通常是接受來自於宗教團體的指示，肩負著保存紀錄、書寫及閱讀書信，以及

複製宗教方面及學術方面之著作的特殊責任。

　　然而，日益增加的特殊化及專門化工作，需要有更多具有閱讀及書寫能力之人，才足以擔負他們在職業上所扮演的功能。在中世紀末期的歐洲地區，因為國家之間與地區之間的商業行為日益增加，而使得包括商人、銀行界人士，以及工匠組織的領導人，都必須去學習如何閱讀。事實上，許多技藝都可經由求學或閱讀的途徑，來獲得更佳的學習成果。

　　目前已經進入工業化的大部分國家，其農業化的紀元大約都是持續到十八世紀才告結束。在那些以提供原料——例如：棉花、糖、黃金、銀，以及菸草——為主的殖民地國家中，由農業所支配的時間通常要更為長久。對那些開拓殖民屬地的國家來說，它們都將大部分的殖民地區視為是原料來源的供應處，並且是製成品的銷售市場。而人們不願意去接受此種角色，便是導致1776年美國革命的原因之一。而在目前已經脫離殖民統治的許多第二世界國家，農業仍然在其經濟中扮演著主導的角色。

圖2.4　事實上，有多種技藝都可經由求學或閱讀的途徑，來獲得更佳的學習成果

第二節 工業化與媒介進化

　　由於約翰尼斯・古騰堡（Johannes Gutenberg）於1450年發明了活動式的金屬鉛字，以及機械式的印刷技術，造成了所謂的古騰堡聖經於1455年首次出現。在歐洲地區，由於近乎爆炸性的需求，導致在西元1500年時便有超過數百萬冊聖經印製問世，而價格也巨幅跌落。當印刷的過程變得更經濟時，針對新讀者所生產的各種不同書籍，在種類上也隨之增加。

一、工業化與社會變遷

　　十五世紀，當人們可獲得的書籍愈來愈多，其所產生的衝擊可說是意味深遠。在讀寫式的社會之下，「輿論」（public opinion）的概念開始成型。人們也開始察覺到大眾媒介極有可能對輿論產生影響。早在西元1640年時，英格蘭的政治領袖奧利佛・克倫威爾（Oliver Cromwell）便利用新聞界，再配合上政黨及政治活動，以便使他們的黨綱能獲得一般大眾的支持。

　　此外，工廠及企業通常都傾向於集中在都市中心地帶，以便於交通運輸、勞工的取得、市場通路，以及其他各方面。因此，整個十八世紀及十九世紀初，原本為數眾多居住在鄉村地區並從事農業工作的人們，遷徙至都市地區並從事工業性的工作。都市化的生活，使得能夠接觸到大眾媒介的人，在數量上快速增加。在此同時，人們也熱切的希望能夠獲得那些有助於改善他們目前生活的相關資訊。

　　在工業社會中，具有讀寫能力的人數隨之增加。為了要符合工作上之需要、能夠於城市內通行無阻、能明白產品標示上之說明，以及其他的各種需求，在都市內的工作者必須透過求學以學習如何閱讀。在高度工業化

圖2.5　在高度工業化的國家中，對於居住在都市的人們而言，求學已經成了一件非常
　　　 普遍的事情

的國家中，對居住在都市內的人們而言，求學已經成了一件非常普遍的事
情。學校、訓練中心等，都集中在都市區域範圍之內。在現代的工業化社
會中，這已經成為司空見慣的模式。

　　由於工業化的就業機會將人們引進了城市之中，而使得政治趨向於以
城市為核心，許多國家也變得更為民主。某些專家學者們——例如：曾經
著述過有關於中東地區之發展的丹尼爾·勒拿（Lerner, 1958）——便將
工業化的就業機會、都市化、讀寫能力，以及媒介的使用等，加以連結成
一種長期而言能導致更高度民主化的模式。

　　當工業革命如火如荼地展開，以工業化為基礎的大眾媒介——例如：
書籍和報紙等，也隨之出現並且快速的增加。由於社會大眾對於印刷媒介
的需要日益增加，使得媒介產品的價格也變得較為便宜。在大部分的國家
中，都可發現都市內每日出刊之報紙大量增加，以及書籍出版也不斷增
加。雖然如此，文盲及貧窮這兩個因素，仍然會對閱讀造成某些限制；許
多人無法負擔購買報紙所需的費用，或是因為閱讀能力不夠而無法真正地
去享受閱報的樂趣。

圖2.6　社會大眾對於印刷媒介的需要日益增加，而使得媒介產品的價格也變得較為便宜。都市之內每日出刊之報紙大量增加，書籍出版也不斷增加

　　因此，我們可發現在所謂的「社會階級」（social class）與媒介的使用這兩者之間，存在著極強的關聯性；而工業化有時也助長所謂的社會階層形成。雖然許多窮人藉由獲得工業性的工作而使生活得到改善；但在許多已開發國家中，貧富之間的差距也因為工業化而益形擴大。

二、大眾市場與文化工業

　　二十世紀初期，許多人們既無足夠的經濟資本以獲取印刷媒介；亦無足夠的文化資本來理解印刷媒介內容。因此，便有一些其他的媒介趁虛而入，來填補這中間的空檔。特別是對美國人來說，電影成為一種重要的大眾媒介，尤其是對那些較晚抵達美國的新移民者而言。1920年代，無線電廣播也成為一種流行媒介。無線電廣播能夠更為容易地跨越城市之範圍，傳送至鄉村。雖然當時原先是以鄉村型態為主的美國社會已經開始發生改變，但是居住在鄉村地區的人口，仍然是媒介消費上非常重要的一群。當報紙、書籍、電影，仍是以都市為主要發展範圍時，無線電廣播已經橫掃了整個鄉下地區。藉由播放印地安的傳統音樂、鄉村音樂，以及某些戶外性的節目，無線電廣播開始成為鄉村文化的展示渠道。

（一）廣告與大眾市場

以美國為首的自由經濟體制國家，大眾媒介與廣告息息相關。對「自由化經濟」而言，廣告可說是其內在的一個實際部分——藉由將大量生產的商品銷售給為數眾多的購買者或消費者，才能使經濟發生作用。在將新產品告知給消費者們，以及協助創造這些新產品的消費者需求這兩件事情上，廣告已被證明其效用存在。

就在工業技術達到能夠大量生產的同時，企業界開始考慮要如何利用其他的新技術以達到大量散布（mass distribution）及大量銷售之目的。產品的大量銷售代表著現代化工業。企業界的領袖們開始瞭解到，他們需要更為強烈的銷售方式，以便將他們所製造的產品由生產裝配線上運走，並推銷至人們家中。

藉由工業化、都市化、傳播這三方面的結合，創造出一個潛在性的消費者大眾市場（mass market）。一種「消費」（consumption）的新道德觀開始萌芽。當企業界瞭解到：它必須靠廣告及行銷來銷售其商品時，行銷即成為企業系統中的一部分，也成為所有公司中的一個主要部門。同一時間，廣告的發展也自成系統，並且開始為媒體賺進了大把的鈔票。人們的新目標已經變為：追求個人在實質物品上的更高滿足感，並且讓每個人都能獲得此種形式的消費。

隨著時間的變遷，廣告對報紙而言變得尤其重要。例如：1880年時，報紙僅提供四分之一的版面給廣告使用；而到了1990年時，廣告大約占了報紙版面的60%至70%。同樣地，在1920年代中期，美國的無線電廣播就被定義為，是一種高度商業化並且靠廣告支持的媒介，它的經營方針乃是以娛樂性為導向，以便能夠為廣告商人吸引盡可能多數的聽眾。對無線電廣播而言，1950年時，因為無線電廣播網路的數量減少，而使得廣告在無線電廣播中所占的時間比例相對降低。二十世紀末，因為無線電廣播的聽眾數量增加，再加上廣告商人們對這些聽眾的興趣極高，使得廣

告在無線電廣播所占用的時間又隨之增加。某些在無線電廣播中所播放的廣告，是以一般聽眾爲目標；而當無線電廣播的節目開始針對一些特定目標的狹域聽眾群體時——特別是某些調頻電臺中的節目，廣告主亦會針對此類的特定聽眾進行行銷。

（二）大量生產與文化工業

將科技與經濟透過工業進行整合，對廣大的受訊者而言，即產生了所謂「大量生產的文化」（mass production of culture）。所謂「文化」，曾經是專爲那些屬於教育上或財富上具有優勢的菁英分子所特別保存的，只有那些人能夠負擔得起所需之費用，也只有他們才有能力閱讀。然而，大量生產的文化產品——例如：書籍、報紙、雜誌、唱片、CD、電影、無線電廣播，以及其他的媒介產品，則藉由大幅降低所需費用，以及大量增加獲取這些產品的通路，使得上述之情況完全改觀。

許多專家學者們都爲此種更爲高漲的「流行文化」（popular culture）氛圍慶賀著，但其他的一些專家學者，則爲此種大量生產的文化感到悲嘆，認爲這將使文化內容趨於妥協化、商業化、平庸化，並逐漸走下坡。此種爭論，主要還是源自於十九世紀初葉針對下列問題而產生的議論：文化——尤其是書籍及音樂——是否應該扮演著藉由擷取古典文化中之精萃，而將新的想法傳達給人們，並被嘗試用來作爲教育及提高品質的一種方式；或者文化及大眾媒介應該扮演著反映一般受訊者的價值觀，並且要嘗試討好這些受訊者們。

當大眾媒介已進入工業化，並且更爲深入我們的社會之中，創造出實際上的「大眾閱聽人」（mass audiences）時，此項有關於文化，以及它所應該扮演之角色的爭論，就變得益發激烈。當歐洲地區在邁入工業化社會之初，許多的觀察家們便擔心，工業化之社會，將會如何地將人們轉變爲一群鬱鬱寡歡、充滿疏離感，以及極易受到操縱的烏合之眾。此外，當

工業朝著標準化及大量生產商品的方向邁進時，評論家也很害怕此種工業化或現代化的社會，將會把人們生活所依據的各種文化及想法加以標準化及大眾化。

　　某些人憂慮著所謂的「高級文化」（high culture）──係指那些以繪畫、古典音樂、歌劇、芭蕾舞、雕刻，以及建築等藝術方式所表現出來的歐洲文化，也就是那些在歐洲地區及美國，被稱為「古典或傳統」的文化藝術──將會因此消失。例如：謝多爾‧阿多諾（Theodore Adorno）等評論家們就很擔心，此類的高級文化將會被那些低品質或低價值的大量生產之文化產品所取代。如果人們很容易地就能夠由連續劇而獲得滿足，那他們是否有可能被慫恿而去觀賞一齣古典歌劇呢？另外一項與此相同的顧慮便是：地方性的鄉土文化、音樂、舞蹈，以及藝術，是否也會因為那些大量生產的文化產品之出現，而遭受到排斥呢？

圖2.7　某些人憂慮著所謂的「高級文化」，也就是歐洲文明，稱之為「古典或傳統」的文化藝術會因此而消失

（三）工業化時代的資訊科技

在此處，我們雖然將討論重點放在大眾媒介；但是，伴隨著工業化時代所出現的電信及電話科技等交互性媒介，也是工業紀元本身中的基本組成要素。在上述這兩種電子媒介發展之前，書寫式的通訊以盡可能最快之方式，在兩地之間傳送著。而藉由電子科技，使得我們由原先倚賴馬匹、船舶、信差、鐵路等方式為主的那種完全實體化的通訊基礎建設（infrastructure），演進到以電子方式為主的傳送方式——首先是經由電線，經過數年之後，無線電波也同時被使用。事實上，鐵路與電信兩者之間，彼此都互相提供了強而有力的增強及補助效果；就如同運輸與通訊科技兩者之間，通常都能互相支援一般。

由於電信在傳送速度上的迅捷，以及它所造成的巨大影響，歷史學家丹尼爾·席創（Czitrom, 1982）便將電信稱為「閃電產業」。此類基礎通訊的基本結構——例如：電信、電話、電報，以至於目前的電腦——所扮演的角色，便是要讓媒介以及其他各種的企業及團體，都能夠更有效率地發揮其功能。藉由這些科技的問世，各種訊息及新聞報導，都能夠以更快的速度傳送到更遠的地方。

第三節　資訊化社會

二十世紀末，丹尼爾·貝爾（Bell, 1973）、艾爾文·多佛勒（Toffler, 1980）等學者們認為：美國以及少數一些其他國家，已經由工業化的經濟及社會，進入了資訊化的經濟及社會。以下就描述資訊社會的特質。

一、後工業化社會

在丹尼爾‧貝爾（Daniel Bell）所著《超越工業化之社會的來臨》一書中，將其焦點置於，在美國、日本以及其他的先進經濟體系中，是如何從商品的製造，轉變成服務及資訊的處理。自貝爾以來，其他的許多學者們亦將研究重點放在：與其他服務相較之下，資訊所扮演的重要角色——例如：為創造財富及經濟活動的來源、為成長最為迅速的產業，以及僱用人力最多的行業。

在美國的勞動人口中，幾乎有一半的人是從事與資訊之製造、處理或使用有關的行業。1980年時，美國的勞動人口中，僅有3%從事於農業，20%從事於工業，大約30%是從事服務業，而其餘的部分便是從事與資訊有關的行業。此項資料是依據波瑞特（Porat, 1977）於1970年時針對美國經濟所做的研究報告。所謂的「資訊工作」（information jobs），包括那些與資訊之製造、處理、分配有關聯的工作，例如：祕書、研究學者、教育人員、保險從業人員、會計人員、金融界人員、記者、媒介製作人、電腦生產裝配人員、資訊業的工程人員、設計人員，和其他有所相關的從業人員。這些項目的工作正日漸增加，而其他種類的工作則日益減少。

服務業與資訊業兩者間的區別，是很重要的一個重點。與工業性的勞工職務相較之下，服務業的工作（service jobs）通常在待遇上都比較低一些，縱然在服務業中也存在著許多高待遇的工作；而資訊性的工作——縱然也存在於製造業或服務性質的公司之內，其待遇一般而言都比較高。

對美國的勞動人口而言，已變成極度集中於資訊工作：但是在加拿大、日本，以及其他高度工業化的國家之中，也同樣朝向資訊化社會的趨勢前進。對某些國家而言，有許多傳統性的製造業，已經被轉移到其他的國家之內。例如：南韓等國家，當它們把某些原先在自己國內所製造的低價位商品，轉移到其他國家去做生產時，就已經成為具有工業力量的國家了。舉例來說：原先存在於韓國境內的一些低薪資之製造業，已經轉

圖2.8 服務性工作與資訊性工作間的區別通常在待遇上都比較低一些。縱然在服務業
中也存在著許多高待遇的工作，但是速食店等服務性工作待遇稍低於資訊性的
工作

移到其他的亞洲國家；而像新加坡等國，則已成為資訊業高占比的狀況
（Dordick & Wang, 1993）。

二、資訊化經濟

　　資訊化經濟，具有兩項主要特點。首先是資訊部門（information sector）本身的重要性日益增加，它不但是人們工作機會的來源，同時也是經濟成長的促成者。其次便是對於其他部分的經濟而言，資訊基礎建設（information infrastructure）重要性日漸增加，不但成為其他產業工作的重點，同時對於銀行金融業、製造業等行業來說，也是其生產力的貢獻者。

　　前述的資訊部門可被分為兩個部分：一種是以製造、處理、銷售資訊商品和服務為主的「主要資訊部門」（primary information sector）；另一種則是在許多的公司中，雖然不從事資訊的銷售，但是仍然針對資訊做製造、處理、分配，以供公司內部使用的「次要資訊部門」（secondary information sector）。

波瑞特（Porat, 1977）將資訊的主要部門分為五種不同範疇：

1. 資訊的市場（markets for information）：主要是關於知識的製造以及資訊的提供，例如：大眾媒介、教育機構。
2. 市場中的資訊（information in markets）：主要是關於資訊的管理、廣告，以及風險管理（保險業、金融業、仲介業等）。
3. 資訊的基礎建設（information infrastructure）：主要是關於資訊的處理，例如：印刷、資料處理、電訊傳播，以及資訊商品的製造產業（例如：紙張、油墨、電視機、電腦）。
4. 資訊商品的批發及零售（wholesale and retail trade in information goods）：包括書店、電腦販賣店、電影院等。
5. 資訊活動的支援設施（support facilities for information activities）：包括資訊產業所使用的建築物、辦公設備等。

通常都是在工業化及大眾媒介發展成熟時，主要的資訊活動才會開展；它們包括了大部分的企業資訊服務、大部分的媒介，以及許多的知識銷售。無論如何，對美國及其他的許多「後工業化」（post-industrial）國家而言，這些資訊活動在其經濟體系中所占有的領導趨勢，已然顯著。

第四節　對資訊社會的批判

在科技演化的樂觀觀點中，特別強調媒介在社會變遷中其科技面的潛力，傳播媒介的發展及技術使用將全然地決定社會變遷。在經濟環境中，傳播是引導知識分配與產品意義等的工具。媒介延伸改變了人的感官，也改變了人類看社會的方式，進而觸發社會組織的改變。

50年代開始，便有人主張電腦的發明將會帶動另一次工業革命的巨

大變化，持樂觀態度的學者認為，資訊科技不僅帶給人們社會的進步，並且能幫助人們解決諸多問題，甚至促成社會結構改變。這正是科技決定論者的看法，特別是強調「資訊社會」理論的相關學者，認為電腦科技的發展與普及，會將人類生活帶入另一個新天地。

然而也有許多人對於資訊化社會的觀念，以及此種觀念所代表的意義，抱持批判性態度。他們質疑：資訊化社會帶來的影響，是屬於正面或負面的改變。當某些人將資訊化社會視為是一種社會環境改善的契機，它使所得能夠被更佳地分配，也讓人們能有管道去獲得更多的資訊時，另外一些人，例如：赫伯‧席勒（Schiller, 1986）等人，卻懷疑資訊社會是否只是另一種資訊導向的資本主義，它不但存在著資本主義現有的弊病，同時還可能出現新的弊端。社會階級的關係是否會有不同？勞動人口將會成為何種類型？當某些未來主義者將資訊科技視為一種解放的力量，此種科技上的解放承諾是否僅是一項宣傳？

就席勒看來，「資訊社會」不過是一堆資訊的生產、傳輸和加工罷了，這些資訊的種類包括了個人與國家、社會與商業、經濟與軍事的各種面向，而其中大多數資訊的生產，只是為了因應先進國家的大型財團、政府官僚組織，以及軍事建制的特殊需求。先進技術所提供的大規模資訊生產能力，創造了資訊控制的新奇方法，仍然是維護權力和實踐權力的重要手段（Schiller, 1996）。這些提出批判觀點的學者，關心資訊不平等、內容貧乏等問題，會使國內社會危機加深。尤其在美國，高度商業化及壟斷的資訊科技，使資訊變成商品，早已失去其作為社會公眾資源的意義。席勒也注意到一件事實：以往可由公共圖書館或政府文件中免費取得的資訊，在被保存於以電腦為基礎的系統中後，事實上必須以更為昂貴的代價來獲得；因為它們通常都由私人所擁有，並以獲取利潤為目標來經營。此種情況對於哪些人可以獲得哪些種類的資訊，會造成限制及層級化。學者莫斯可（Mosco, 1989）觀察到一項結果：我們正朝著「付費社會」（pay-per society）的方向邁進。

若我們將工業化社會視爲現代化，那資訊化社會是否應屬於「後現代化」（postmodern）？許多理論家們認爲所謂的現代化社會，應該是肇始於1600年以後，在「啓蒙運動」（Enlightenment）時代所開始的藝術、建築，以及醫學。「現代性」（modernity）是我們在看待這個世界時的方式之一。有關現代化想法的主要面向包括了：將原因視爲是過程的起源，以及把科學視爲是對相關事物的普遍性解釋。在思想及經濟上的現代性，則是藉由革新、物力論（dynamism），以及將改變視爲正面等來加以特徵化。現代性也可以依據日漸增加的現代化團體——例如：民主的或官僚的政府、大型企業，以及銀行——來加以定義。前述的某些現象在工業革命之前便已發生；然而，當我們大部分的人想到所謂的現代化社會時，所指的乃是在肇始於西元1800年之工業時代（Industrial Age）以後的生活。我們通常也會依據工業化、科學及技術的發展、都市化、大眾媒介和文化的演進等觀點，來定義所謂的現代性。

　　某些學者專家們將近來的改變，單純視爲是我們目前工業化社會的一種強化而已；而席勒可能將此稱爲「資訊導向的工業化」（information-oriented industrialization）或是「資訊導向的資本主義」（information-oriented capitalism）。有關後現代化的另一種觀點，則是將其視爲是資本主義的一種更高階段；此時，資訊成爲主要的商品，而資本主義也更爲滲透整個世界，並到達那些更小、更貧窮，以及更偏遠的地區。於此種觀點之下，在一個世界性的資本經濟中，藉由資訊及媒介與其他公司的相互配合，促使全球性的整合益形增加。舉例來說，由於挾帶著全球性及地方性廣告的商業媒介進入了更多的社會之中，使得可口可樂、耐吉球鞋或星巴克咖啡，對全世界的每一個人而言都是耳熟能詳。此種情況可能使人們的消費慾望及文化均受到影響。

　　後現代化的觀點乃是「普遍化的觀點並不存在」：你所思考的事情決定於你自己的經驗；而你的經驗則決定於你所歸屬的團體、何種媒介是你所注意的、你的家庭所給你的教導等等。此種觀點與另一種觀念不謀

而合：在資訊化社會中的各種發展，都助長了「文化的碎裂」（cultural fragmentation）。在此種情況下，許多不同的群體、甚至是個人，都有他們自己所習慣的資訊及文化經驗，以至於人們所共同分享的部分更為減少，造成文化的片斷化。

 問題與思考

1. 農業化社會、工業化社會及資訊化社會各有何特性？
2. 工業革命與媒介發展之間關聯為何？
3. 對於「文化工業」及「資訊社會」兩概念，批判者如何論述之？你是否同意？

參考資料

一、中文部分

卓秀娟、陳佳伶譯，唐‧泰普史考特著（1997）。《數位化經濟時代——全
　　球網路生活新模式》。臺北：麥格羅希爾。

涂瑞華譯（1996）。《傳播媒介與資訊社會》。臺北：亞太。

蔡念中（2003）。《數位寬頻傳播產業研究》。臺北：揚智文化。

二、英文部分

Adorno, T. W. (1991). *The culture industry*. New York: Routledge.

Baudrillard, J. (1988). *America*. New York: Verso.

Bell, D. (1973). *The coming of post-industrial society*. New York: Basic Books.

Bourdieu, P. (1984). *Distinction: A social critique of the judgment of taste*. Cambridge, Ma: Harvard University Press.

Burke, J. (1991). Communication in the Middle Ages. In Crowley & Heyers (Eds.), *Communication in history*. New York: Longman.

Czitrom, D. (1982). *Media and the American mind: From Morse to McLuhan*. Chapel Hill: University of North Carolina Press.

Dizard, W. (1989). *The coming information society*. New York: Longman.

Dordick, H., & Wang, G. (1993). *The information society: A retrospective view*. Newbury Park, CA: Sage.

Featherstone, M. (1991). *Consumer culture and postmodernism*. Newbury Park, CA: Sage.

Galbraith, J. K. (1976). *The affluent society* (3rd ed.). Boston: Houghton Mifflin.

Leiss, W., Kline, S., & Jhally, S. (1990). *Social communication and advertising*. New York: Routledge.

Lerner, D. (1958). *The passing of traditional society*. Glencoe, IL: Free Press.

Lippmann, W. (1961). *Public opinion*. New York: Harcourt.

McLuhan, M. (1962). *The Gutenberg galaxy: The making of typographic man*. New York : New American Library.

McLuhan, M. (1965). *Understanding media*. New York: New American Library.

Mosco, V. (1989). *The pay-per society*. Norwook, NJ: Ablex.

Naisbitt, J. (1984). *Megatrends*. New York : Warner Books.

Porat, M. (1977). *The information economy: Development and measurement*. Washington, D.C.: U.S. Government Printing Office.

Reich, R. (1991). *The work of nations*. New York: Knopf.

Schement, J. (1987). *Competing visions, complex realities: Social aspects of the information society*. Norwood, NJ: Ablex.

Schiller, H. (1986). *Information and the crisis economy*. New York: Oxford University Press.

Schiller, H. (1996). *Information Inequality*. NY & London: Routledge.

Solomon, W. S., & McChesney, R. W. (1993). *Ruthless criticism: New perspectives in U.S. communication history*. Minneapolis: University of Minnesota Press.

Toffler, A. (1980). *The third wave*. New York: Morrow.

3

第 3 章 ▶▶▶

傳播制度與模式

　　學者們發展出許多觀念及理論，用來協助解釋各種社會現象，例如：各種不同的傳播行爲如何在人們的生活中發揮作用？它所造成的衝擊？如何應用？等等。本章針對許多不同的傳播媒介，探討其政治角色、媒介制度、社會功能等。不同的國家政治型態，對於傳播媒體的規範、賦予的社會角色，益發不同。而傳播的功能，亦顯現出其對於社會的影響力範疇廣闊。

第一節　媒介理論

　　探討媒介團體的本質，可藉由觀察它們所運作的社會經濟環境，以及在社會中所扮演的政治及社會角色、目標及營運重點、組織所有者、組織背景，以及有多少具有自主權的專業人員（記者、編輯、製作人）參與內容生產等來深入瞭解。例如：想瞭解早期電話及以電腦爲基礎的媒介時，採用制度上的分析去做研討非常重要。這些媒介與一般大眾媒介相較之下，規模更爲龐大，更具有獨占性 —— 就如同美國AT&T及貝爾系統曾經獨霸電話市場一般。在此範圍內的制度

圖3.1　幾乎在每一個社會之中，大衆媒介都扮演著一項重要的角色

問題包括了：各組織之間競爭的程度及種類，它們是如何做內部的組織，什麼被它們視爲主要的業務，以及它們打算介入何種新的業務（例如：電話公司提供有線電視服務）。

一、媒介的政治角色

歷史學家赫伯特・歐玆爾（Herbert Altschull, 1984）曾稱媒介爲「權力的代理人」。例如在美國，許多人閱讀《紐約時報》及《華爾街日報》，因爲它們提出許多與政治及經濟有關的權威性重要報導，在社會基本的意識型態、思想及共感上，新聞媒介能夠協助人們與其所身處的社會狀況做一整合。當社會中的大部分成員都具有較爲一致的想法及概念時，此社會能夠運作得更爲順利。

許多國家、社運團體、宗教團體等的領導者，都希望能夠藉由思想或意識型態，來說服人們接受或改變某些事情。在美國，大部分的人都接受下列這種觀念：對任何人而言，只要他願意求學、認眞工作，並且遵循社會上的主要規範，就有可能獲得經濟上的改善及成功。這項基本觀念，引導了大部分的人們願意去接受美國的規範、價值觀，並依循相關法令，而不會採取反抗態度或嘗試去完全地改變現狀。另一方面來說，藉由提供人

們各種不同的通道，以及對不同的群體提供令他們感到興趣的內容，傳播媒介也協助將人們區分爲各種不同的分衆。

大衆媒介的理論，許多都將重點置於媒介在政治上及意識型態上的影響力。許多學者曾經試圖去創造全世界媒介系統所通用的法則，以使各個不同的國家，能夠依據其所提出的重要理論去構築它們的媒介制度。在冷戰時期，對分別傾向於美國及蘇聯的國家而言，大部分的理論都反映出兩極化的對立傾向。例如：在此範疇內主要的著作《新聞的四種理論》（*The Four Theories of the Press*），是由塞伯特（Siebert）、彼得森（Peterson）及宣偉伯（Schramm）於1956年所合著，即將媒介系統區分爲：獨裁主義、自由意志主義、社會責任主義，以及共產主義等四種。從那時起，其他的學者們即建議對「第三世界或開發中國家」提出一項開發中的模式。以下將依序做討論。由於共產主義模式已經幾乎消失，因此省略。

（一）獨裁主義模式（Authoritarian Model）

有許多的政府認爲應該對大衆媒介主張權力及控制權。對此情況，它們假設若它們無法控制媒體，則控制人民的權威性將岌岌可危。另外一些國家則認爲：若它們無法控制媒體，媒體將成爲一種威脅；或是它們將媒體視爲一種可加以利用的工具。

基於前述想法，當有人打算開始創辦報紙、雜誌、無線電廣播，或是電視臺的設立時，有許多政府都主張要有一部分的控制權。例如：對於政府想要實施的政策，當有所違背或背道而馳的情況發生時，它們通常都會加以特別檢查或禁止，而記者們也經常爲此事，而和該項控制權產生對抗。

自1917到1992年這段時間，前蘇聯政府採取更爲徹底的獨裁主義手段。因爲共產黨在致力於發展蘇維埃社會主義共和國聯邦的經濟及社會時，將媒介視爲政府的工具。有關它對控制或改變社會的整體形式上而言，此種方式與其他的某些獨裁主義制度有些不同。例如：許多的拉丁美洲國家，僅是偶爾會對媒介做獨裁式的控制，但大部分的媒體仍維持私有

性；而對那些政府所不喜歡的新聞或娛樂休閒等之檢查權，政府在控制上的權力通常也會受到限制。

（二）自由意志模式（Libertarian Model）

自十八世紀起，民主政治的理論家們就強調：人們應該有表達及言論的自由，以使他們能夠成為熟悉各種訊息的人民及選舉人。在民主社會中，媒體將政府內部或其他地方所發生的事情，傳達給所有的選舉人，使他們能夠介入並瞭解更多。為了做更佳的傳達，並提供正確的資訊給所有的人民，新聞界必須能夠完全自由、不受檢查、不受政府控制。

真正可歸屬於自由意志制度的整合性例子，應是「網際網路」（Internet）、使用國際性網路的「電腦會議」（computer conference）、資料庫（database），以及「電子郵件」（electric mail）。在上述這些例子之中，初期都沒有中央的權力組織對其內容做任何決定。個人或群體的討論者們，可任意傳輸或摘取他們所想要的訊息。然而，近年來網路的普及與濫用嚴重，使得包括臺灣在內的世界各國採取較為嚴謹的做法，對網路世界進行規範。

（三）社會責任模式（Social Responsibility Model）

在二十世紀中，由於開辦報社、廣播電臺或電視臺，以及由現存之各種媒介中取得通道所需的費用與困難度都大為提高，因此透過大眾媒介做自由表達的機會很明顯地大受限制。這個情形在無線電廣播及電視中尤其明顯，因為對於可獲得的有限「頻率」（frequencies）——係為無線電波的光譜範圍中可被某一特定電臺所使用的部分——必須由政府來決定分配給它所認為適當的個人或群體。由於大眾媒介的有限通路，僅被分配於特定的專業人員，使得這些專業人員在其行為上的責任性，變得十分重要。基本上，大部分的人們都將其本身的言論自由，委付予這些專業性的記者或編輯人員。

在社會責任模式的例子中，英國廣播公司（BBC）即為其一。它在財務上係採用支付執照費用的方式，作為避免政府或廣告商介入的方法。它是屬於非營利性之公司，且由一個委員會來加以監督；其政策的制定，則是以「符合其應具有的公共服務責任」為目標。

（四）開發中國家模式（Developmental Model）

在非洲、亞洲及拉丁美洲的許多開發中國家，其領導者將大眾媒介視為一種強而有力的社會力量；它能夠幫助這些國家更快速的發展，或是以更有計畫及效率的途徑來進化。基於此種信念，使得許多政府將電子媒介加以接管，並由其本身來做經營，以便更易整合媒體，致力於提升經濟及社會之發展效率。

關於獨裁主義模式與開發中模式的主要區別，通常是後者對內容的整體控制較寬鬆、檢查權力較低，以及皆是將媒介與政府合作的重點放在加速國家開發的目的上。

開發中的媒介形式中，印度即為一例。當報紙仍為私人所有且極度自由化的同時，政府擁有並經營著無線電廣播及電視等媒介，並藉此宣傳其農業、健康、教育及其他的各項目標。在1970年代，其總理茵蒂拉·甘地（Indira Gandhi）和她所領導的國會黨，或她的反對者們，都發現到電視是一種極為強而有力的政治工具。因此，許多商業性的利益團體、廣告商及私人的電影製片商等，都極力對印度的電視臺商業化施加壓力，使得其原有之發展性功能大為降低。

二、媒介的所有權及控制權

前面所討論到的各種理論，重點主要是放在所有權（政府或私人）及控制這兩個問題上。雖然有許多國家並不允許媒體被私有的個人或公司所擁有及控制；但在美國，私人的所有權卻是一項優良的傳統。在臺灣，由於政治的影響，也使得私有與公共取向成為廣受討論的議題。

所有權的形式，對於所使用的資訊科技及服務內容均會產生影響。這些形式包括所謂的「獨占」（monopoly）──僅有一家公司支配著某個產業；「寡占」（oligopoly）──僅有少數幾家公司支配著某個產業；以及「競爭」（competition）──有許多公司相互競爭提供服務。其次，由於大眾媒介與資訊科技之間的匯流日益增加，使得媒介及資訊產業間之所有權發生重疊及混合的情況，且案例不斷增加，進而產生了許多有關於獨占、控制、市場公平、內容中立性等新的問題。

某些理論家，例如Herbert Schiller（1976）則認為：若知道媒介的擁有者是誰，則可預測它將傳遞的訊息為何。這些理論家們，傾向於將重點放在媒介的「政治經濟學」（political economy）觀點上──在經濟與政治權力結構兩者之間，以及強而有力或具有優勢的經濟利益團體，將會決定媒介內容方向。根據此種觀點，在一個社會中具有支配力量的政治性或經濟性群體──通常都是那些擁有高市占率的團體，會傾向希望製造出一種基本而一致性的意見，即霸權（hegemony）理論，而此種意識型態對於使其繼續擁有優勢的制度或系統而言，提供極大的輔助。

三、媒介的議題設定

有關媒介如何對輿論產生影響的主要理論之一即是：對於那些收看、閱讀或收聽媒介內容的人們來說，大眾媒介幫助他們設定了討論內容、框架出何為重要及何為不重要。依據此種「議題設定」（agenda setting）的途徑，人們所討論或看到的問題，絕大部分取決於媒體所報導的新聞或是內容。例如：2014年我國九合一大選相關議題，在大眾媒體的報導，特別是網站、社群媒體發酵，產生了相當大的影響力，進而也影響了大選的結果。如果真是如此，則所謂的「議題設定」的確賦予了媒體某些政治上的權力。而媒體之決策者的目標及意願，在政治制度中亦成為一項重要因素。

四、媒介從業人員及組織

對媒介內容產生影響的另一種來源，則是媒介團體中的專業人員，例如：記者、編輯，以及相關協會、工會等。David White（1949）及Shoe-maker（1991）等人將重點放在：是由何人決定何種內容可被放置於新聞或娛樂題材中。那位有權決定是否要將一項事實或想法刊出的人，稱之為「守門人」（gatekeeper）。在決定是否要報導一項事件，以及要以何種方式報導時，記者則是所謂的守門人；而在決定是否要讓某項報導刊出時，編輯人員則是守門人。

此外，學者David Altheide（1974）與Todd Gitlin（1983）也提出相似的理論：檢測記者及作家們如何「框架」（frame）一個故事——也就是說，對於一個故事、一份文件或一齣戲劇而言，作家們決定哪些內容要涵蓋於其觀點或結構之中、哪些要刪除；正如同一個畫家選擇哪些內容要放在他的作品之內一樣。

第二節　媒介的社會功能

不論是對社會或單獨的個人而言，大眾媒介內容都具極重要功能。媒介內容將訊息與受訊者相連結。對任何一個動態社會而言，通訊功能必須加以執行。

以下所述有關於大眾媒介的社會功能討論，乃是以查爾斯·萊特（Wright, 1974）及其他的媒介社會學者之理論為根據。

一、守望（Surveillance）

大眾媒介有守望人們生活環境的功能，包括：報紙、新聞雜誌、全國性及地方性的電視新聞廣播、氣象頻道等，專門提供能夠幫助人們瞭解其

周遭環境的相關資訊。

電腦及網際網路興起後，媒介的守望功能更爲拓展，例如：以電腦爲基礎的新式交互科技，主要功能乃是針對資訊的交換及擷取，並且取代傳統大眾媒介，成爲我們在監督周遭事務時的得力幫手，效率更爲提升。

二、解釋（Interpretation）

資訊經過處理、闡釋之前，對我們而言用處不大。對於那些與我們有所關聯的資訊，媒體能夠協助提供更多的說明及解釋其所代表的意義。

大眾媒介及資訊服務兩者，在解釋功能上都扮演著重要角色。大眾媒介提供我們由其本身便可達到說明功能的內容——例如：電視的紀錄片，告訴我們一項危機是如何發展而來；連續劇描繪有關家庭、工作、生活型態的可能情況。

三、價值傳遞與社會化（Value Transmission/Socialization）

傳播媒介能將有關人類文化的各種想法、價值觀、技術、知識等，做世代相傳。根據人類學者的觀察，當人類開始有了語言之後，便使用它來作爲傳遞想法及教育之用。人們記憶著複雜的法律條文、冗長的族譜、傳說、航海的路徑、計算數學的方式等，並將這些資訊傳授給後繼者。而文字則使得此種傳授過程可以加以記錄及流傳。其他的各種媒介亦復如此。

大眾媒介改變了有關價值傳達及社會化功能的過程。當人類文化還停留在完全是口語相傳的階段時，每個人對事物的學習，主要是從他們的父母、親戚、當地的老師、牧師、說書者獲得資訊。其結果則是：兩個十分接近的村落，卻可能有完全不同的方言、傳說、飲食習慣、婚嫁風俗等。在今天，媒介則擔負起許多傳統性的角色，例如：說書者、老師，甚至是父母。藉由大眾媒介，在一個國家之內，或全球的人們，都可接受到某些相同的故事、想法及價值觀。

對所有的媒介而言，幾乎都具有價值傳達的功能。新聞媒介的報導反

映出某些特定價值觀，而媒介的社論，通常也都明確地表達了其擁有者或編輯人員的價值觀或態度。

四、娛樂（Entertainment）

大眾媒介在日常生活中最普遍的功能，就屬娛樂性了。對大部分人們而言，他們經由大眾媒介而共同分享著許多經驗，例如：電影、流行歌曲、電視節目、網路頻道。對現在的年輕一代而言，他們在群體的認同上，大部分是建立於他們所喜愛的媒介內容。

1990年代，許多的討論乃是著重於使有線電視更具有互動功能，以及讓那些以電話為基礎的各種服務更具娛樂性。當為了獲得資訊及服務而必須使用到互動性的功能時──例如：網路與互動電視，業界專家們則同意下列觀點：以電視及電腦為基礎之下，如果能夠發展出高度受歡迎的互動形式娛樂內容──例如：更為逼真的對戰遊戲，則將可獲得經濟上的實際收益。

大眾媒介及互動性資訊服務，兩者在內容上具有許多相類似的社會功能。它們都被用來作為我們所置身環境下的資訊提供或守望之用，且都具有闡釋資訊的用途。大眾傳播主宰著價值傳達及娛樂功能。時至今日，資訊服務及網際網路在這些範疇之內，角色已日形重要。

 問題與思考

1. 媒介有哪些社會功能？這些功能的重要性何在？
2. 透過議題設定，臺灣社會近期有哪些重大議題？媒介如何對之進行框架？
3. 某媒介產業在市場中為獨占或競爭狀態，各具有何優缺點？

參考資料

一、中文部分

翁秀琪（1998）。《大眾傳播理論與實證》。臺北：三民。

涂瑞華譯（1996）。《傳播媒介與資訊社會》。臺北：亞太。

蔡念中（2003）。《數位寬頻傳播產業研究》。臺北：揚智文化。

蔡念中等（1998）。《大眾傳播概論》。臺北：五南。

羅世宏譯，Werner J. Severin、James W. Tandard著（2000）。《傳播理論——起源、方法與應用》（第三版）。臺北：五南。

二、英文部分

Altheide, D. (1974). *Creating reality*. Beverly Hills: Sage.

Altschull, H. (1984). *Agents of power*. New York: Longman.

Berger, A. A. (1992). *Media analysis techniques*. Newbury Park, CA: Sage.

Gandy, O. H. (1982). *Beyond agenda setting: Information subsidies and public policy*. Norwood, NJ: Ablex.

Gitlin, T. (1983). *Inside prime time*. New York: Pantheon Books.

Gramsci, A. (1971). *Selections from the prison notebooks*. New York: International Publishers.

Morley, D. (1992). *Television, audiences and cultural studies*. New York: Routledge.

Mosco, V. (1989). *The pay-per society: Computers and communication in the information age*. Norwood, NJ: Ablex.

Newcombe, H. (1992). *Television: A critical view*. New York: Oxford University Press.

Noam, E. (1983). *Telecommunications regulation today and tomorrow*. New York: Law and Business.

Schiller, H. I. (1976). *Communication and cultural domination*. Armonk, NY:

變遷中的傳播媒介：從類比到數位匯流

Sharpe.

Seiter, E. (1992). Semiotics, structuralism, and television. In R. C. Allen (Ed.), *Channels of discourse, reassembled*. Chapel Hill: University of North Carolina Press.

Shoemaker, P. (1991). *Gatekeeping*. Newbury Park, CA: Sage.

Siebert, F. S., Peterson, T., & Schramm, W. (1956). *Four theories of the press*. Urbana: University of Illinois Press.

White, D. N. (1949). The gate-keeper: A case study in the selection of news. *Journalism Quarterly, 27*.

Wright, C. R. (1974). Functional analysis and mass communication revisited. *Departmental Papers (ASC), 86*.

Roger, E. M. (1983). *Diffusion of Innovations* (3rd ed). New York: Free Press.

第 4 章 ▶▶▶
大眾媒介使用者

　　傳播領域裡，閱聽人的研究向來占有很大比例。自古以來，無論是口語時代、文字時代、印刷媒體時代，直至今日的電子媒體、網路時代，「傳播」扮演的基本角色之一即為訊息的傳送，身為接收方的「受眾」行為，以及媒體內容在受眾身上造成的效果，皆屬傳播研究的關注焦點。從實證典範看閱聽人，其會是一群同質性高的觀眾或聽眾，彼此間無差異，也不論情境脈絡對他們的影響；從批判理論觀點來看，訊息產製方與接收方的地位從來都不是均等的，受眾總是被宰制；而從文化研究的立場論之，閱聽眾具備自行解讀的能力，導致訊息源欲釋放出的文本意義與閱聽眾所理解出的意義可能不盡相同。如此一來，以閱聽眾為目標的研究便呈現出豐富多元、多面向的特質。今日，拜科技進化所賜，我們可望能透過更為科學、客觀的取徑來進行閱聽眾分析。

第一節　閱聽人研究

一、「閱聽人」的概念

閱聽人（audience）的概念在傳播研究領域中，已儼然成為一個被架空的符碼（張玉佩，2004），不同研究典範為了強調不同的理論視野並捍衛自己的認識論，經常賦予閱聽人不同的意義內涵。Anderson（1996）稱此種為因應學術研究所創造出來的閱聽人概念為「分析性閱聽人」（the analytic audience），女性主義者筆下的閱聽人是生活在父權社會下的閱聽人，文化研究者看見的閱聽人是敘事主體的再現，後現代主義的閱聽人則是破碎與不連貫的個體，廣告主眼中的閱聽人則是一群無差異的收視率數字。

閱聽人具有許多意義上的差異，甚至無法清楚定義，主因在於閱聽人是一個簡單的用語，卻要應用於各種與日俱增的繁複現況上，還必須面對百家爭鳴的理論。McQuail歸納出以透過不同而彼此重疊的方式來定義的閱聽人概念（陳芸芸、劉慧雯譯，2003）：藉由地方（好比地方性媒介的情況）；藉由人群（當媒介的特色是要吸引特定的年齡層、性別、政治信仰或收入範圍）；藉由特定媒介或管道形式（技術和組織的結合）；藉由訊息的內容（文類、主題事物、風格）；藉由時間（當我們提及「白天時段」或「主要時段」的閱聽人，或是稍縱即逝的閱聽人）。

二、方法論的差異：先驗閱聽人與情境閱聽人

現今發展成熟的閱聽人典範可區分為兩大主流，分別是行為典範與接收分析典範，學者經常以量化與質化兩大方法論作為其區別的方式（郭良文、林素甘，2001）。行為取向源於心理學及社會心理學。一般來說，行為取向的目的主要在於個別的人類行為，尤其是若干和傳播訊息之選

擇、處理與反應相關的旨趣上；大眾傳播的使用被視為一種具備特定功能的理性、動機性行為，或是為了個人目的而使用。文化取向則發源於人文學、人類學及語言學等，它主要應用在特定社會脈絡與文化經驗的細節上；運用在媒介研究時，對於媒介、媒介生產與接收的環境之間的差異則較為關注，而它對特定的、獨特的個案與情況興致盎然，甚於對「通則化」的興趣。

此外，傳播研究典範的閱聽人概念亦隱含對於人的本質的預設，兩種截然不同的假設可以下述兩類閱聽人研究類型作為區分：

（一）先驗閱聽人

傾向行為典範的閱聽人研究，在本質論上源自於西方啟蒙運動對於人性預設的影響，其主體觀基本上是預設個人存在著一個先驗、統一、自主、理性的主體。閱聽人作為科學研究的客體，必須是可實際觀察的經驗對象，Anderson（1996）稱此種方法論下的閱聽人為「先驗的閱聽人」（the transcendent empirical audience），用以強調超越時空限制、可進行概推或歷史性稱謂的閱聽人概念。此種先驗閱聽人概念是建立在平等單位（equivalent units）的規則，所有的男、女、成人、小孩都被視為代表相等意義的，並可互相加總。此種以量化形式呈現的敘述方式將閱聽人塑造成抽象、不可捉摸的一群人（張玉佩，2004）。

先驗閱聽人有兩個特點，第一個是「聚集」（aggregate）的，經過某些抽樣的程序與定義來聚集閱聽人，如問卷調查基本資料中的「26-35歲職業婦女」，凡符合此條件的受訪者便可抽取以代表實際閱聽人的存在，一個「26-35歲職業婦女」觀看新聞就等於是閱聽眾的一員，不管她的目的是真的對新聞有興趣或陪先生看。此種「聚集閱聽人」概念只能呈現暴露在媒介內容之前的閱聽人數量，無法告知閱聽行為的目的。先驗閱聽人第二個特點是「代理」（surrogate）的，由於研究目的是要概推至人們普遍的特徵，因此研究對象的特徵可代理全人類的特徵，是跨社會文化情境

而普世存在的。

　　先驗閱聽人的代表是收視率調查，收視率是當代社會最常用來指稱閱聽人實體的方式。Morley認爲此種以統計方法爲基礎的量化調查，將閱聽人行動從脈絡中割裂出來，喪失彰顯行動意義的機會；將開電視等於看電視，忽略轉臺或家庭生活的介入，誇大觀眾的注意力程度；透過若干概括而標準化的收視行爲變項，獨斷描繪種種不同類型的觀眾與他們之間的差異，假設開電視對於所有觀眾都具有相同的意義及顯要程度，觀眾被當作數字看待，個別的主觀差異被壓抑（馮建三譯，1995）。葉啓政（2001）所批評的亦是此點，他認爲在人的社會中，任何概念基本上都附載著特定的文化意涵與歷史期待，因此並無超越特殊時空的絕對客觀中立性存在。這也是量化研究最常被詬病的癥結所在。

（二）情境閱聽人

　　在方法論上，接收分析典範引進來自人類學的民族誌研究方法，重新將閱聽人與其身處的社會文化情境相結合，閱聽人不再被視爲彼此相等、可跨時空概推的統計分析單位而已。簡言之，即閱聽人的個別獨特性受到重視。相對於「先驗閱聽人」，Anderson（1996）以另一概念「情境閱聽人」（the situated audience）來描繪此種存在於特殊環境脈絡下的獨特閱聽行爲，此時不再如效果研究般努力找尋可預測之閱聽行爲模式，而是試圖透過批判性分析中閱聽人展現的閱聽行爲與意義詮釋，進而瞭解主流意識型態如何透過符號系統滲透至閱聽人的日常生活之中。接收分析典範對於閱聽人社會文化背景與詮釋能力的關注，呼應其對閱聽人主體性的重視。

（三）閱聽人主體性、主動性的重視

　　前述的兩種閱聽人研究典範，亦代表研究者在看待閱聽人概念時的兩種態度：一是將閱聽人視爲被動、易於操控、缺乏思考能力的「受眾」，

如傳播萬能論或文化工業的理論；另一種途徑則將閱聽人看作有自由意志選擇節目並具備詮釋訊息能力的主體，乃擁有主動性的一群「媒體使用者」。

自「使用與滿足」理論（Blumler & Katz, 1974）開始，歷經Hall（1973）的「製碼─解碼」理論、強調經驗研究的「接收分析」（如Morley, 1980; Ang, 1985; Hobson, 1982; Lull, 1990等的研究均屬經典），一直到Fiske（1986）提出的「多義性」（polysemy）概念，皆強調閱聽人各自具備不同的解讀策略，能越過文本中蘊含的意識型態及價值觀，並取得愉悅的感受，將閱聽人的主動性樂觀地發揮到極致（魏玓，1999）。然而，文化帝國主義論者仍然沿用強國對弱國「宰制」或「文化同質化」（cultural homogenization）這樣的觀點來強調閱聽人被動、易受控制的一面，但這種論點卻受到文化多元派學者的大力駁斥。

使用與滿足理論的提出將效果研究邁開了一大步，因為它關注到閱聽人方接觸媒介的目的、動機並強調主動選擇性。但從研究背景脈絡及方法上看，仍是從社會心理學角度出發，將不同閱聽人的收視行為差異歸諸為個別心理差異所造成，卻輕忽了文化、歷史及社會結構面的考量。

因此，Stuart Hall在伯明罕當代文化研究中心發展了「製碼─解碼」的傳播模式，試圖結合符號學與社會學的概念，將觀眾對媒體產品的自發性消費行為與由聲音、影像構成的文本分析相聯接，並採取文化勢力與群我關係的觀點來作分析（Moores, 1995）。此觀點下，媒體形式（或稱文本）在意識型態方面是以「優勢意義」（preferred meaning）製碼的，但並不意味觀眾也會以同樣意義來理解，因為「解碼」是一自發性過程，閱聽眾在解讀媒體訊息時，使用的是他們自身所具備的符碼系統或解讀「基模」，這些符碼系統並不一定與優勢意義相同。照Eco的看法，所謂符碼系統指的就是文化參考架構、意識型態、倫理、宗教觀、品味及價值系統等。Hall的主要目的在宣稱與美國傳播研究劃分界線，質疑美國傳統的傳播研究，認為閱聽眾在消費流行文化時具有主動的發言位置（轉引自趙庭

輝，1999）。

　　文化研究傳統占據了社會科學和人文學之間的模糊地帶。文化研究傳統強調，媒介的使用是特定社會文化脈絡的反映，既不同意刺激反應的效果模式，也拒斥文本或訊息的萬能力量。它涉及了媒介使用的「日常生活」意義層面。媒介接收研究強調，要以「詮釋社群」（interpretive communities）的觀點來研究閱聽人。研究取徑方面，文化傳統與行為傳統亦大相逕庭。文化傳統必須採行質化、深入的方式，通常是民族學方法，以同時考量內容、接收的行為與脈絡；行為傳統則偏向心理學取向，如調查、實驗、心理測量等量化方式來解釋與預測效果、反應等。

　　英國的文化研究以媒體為主要操作場域。Hall在領導當代文化研究中心期間即不斷透過文本表意系統運作的語言學和符號學分析，論述媒體、意識型態與文化霸權之間的接合關係。最重要的是，關於其他次文化（subculture）的研究逐漸興起，如工人階級、性別、青少年和種族等，這些次文化研究大量挪用社會學與人類學的民族誌方法，瞭解日常生活（everyday life）的實踐，不但探索各種次文化的問題，檢視次文化的建構過程、次文化與主流文化之間的關係，以及次文化之間進行對抗與吸納的歷史過程，而這些次文化的實踐皆以媒體為主要場域。

　　關於英國媒體與文化研究在1970年代的發展，Hall歸納出四項與美國傳播研究主流典範相較之下的差異及突破（轉引自趙庭輝，1999）：

1. 英國媒體與文化研究打破直接影響的模式、簡單的刺激與反應模式、行為主義模式，使分析架構轉向媒體的意識型態角色；
2. 英國媒體與文化研究挑戰媒體文本是意義透明的（transparent）攜帶者之概念，使傳統的內容分析形式，改變成媒體文本的語言學和意識型態建構；
3. 打破被動與無差異的閱聽眾概念。這種閱聽眾概念曾在傳統研究中大量出現，受到廣電組織與廣告代理商的調查需要所影響，因

此英國媒體與文化研究將這種過於簡單的概念，以更主動的閱聽眾概念取代，瞭解媒體訊息如何被製碼（encoded），以及被製碼的文本與閱聽眾解碼（decoded）的變化關係；

4. 將媒體與意識型態問題，回歸到媒體在維持主流意識型態定義和再現時所扮演的角色。

總結以上，歐陸及北美的閱聽人研究傳統各自發展出一套典範模式，雙方陣營擁有各自的擁護者，而無論是北美的量化效果研究，或是源自歐陸的質性文化傳統，在學術領域中各擅勝場、各有利弊。而方法論上的爭辯，亦完全應視不同研究主題或目的而選擇適合的途徑，沒有絕對的優劣之分。

第二節　創新傳布

媒介科技日新月異，有些曇花一現，有些從出現到消失從未成功打入市場，其他則擁有光明前景。影響新事物、新技術或新觀點成功與否的路徑，有其邏輯可循。新科技媒介及資訊科技只有在它們被個人或團體組織所接受時，才有其效用存在。在一項針對新制度之散播所做的研究中，對於何人、何時，以及為何開始使用一種新的科技，已發現出某些可作為預測之用的模式。以最為通俗的觀點來說，「散布」（diffusion）就是指：將一項革新（innovation）經過某段時間（通常需達數年），透過特定的某些管道（包括大眾媒介及個人在內），將其傳達給一個社會系統下（可能是一個公司，或是整個社會）的所有成員之過程。在描述新的媒介及資訊科技如何被接受及使用時，此種分析方式已經被證明是極為有效的途徑。例如：學者Rogers（1986）就曾觀察到錄影機在美國散播得非常迅速；而稍後的DVD錄放影機也是同樣的例子。

一、媒介科技創新傳布

　　一項革新事物能否順利的傳布，主要決定於它是屬於哪一種類的新觀念或新科技。事實上，所有的新想法都會遭遇下列質疑：新的想法與現存的方式相較之下有什麼優點？新的想法與現存的方式相容性如何？新的科技或想法，其複雜性如何──要重新學習的困難度有多高？在投入大量的時間及金錢之前，對新方式作測試的簡易度如何？

　　針對以上的各項疑問，錄影機或DVD都能提供正面而肯定的答覆，因此它的傳布極為迅速。錄影機提供了人們視覺選擇上的明顯擴展，能與電視之硬體、電視或電影之內容充分相容，在概念上與舊式的錄音機之技術非常類似，而且使用極為方便。在1980年代中期，已普遍被家庭及個人使用。

圖4.1　錄影機提供了人們在視覺選擇上明顯之擴展，能與電視之硬體及電視或電影之軟體或內容充分相容，在概念上與舊式的錄音機之技術非常類似，而且使用極為方便

　　某些情況也能夠對創新的傳布產生影響。其中之一是：人們對於類似科技在之前曾有過的接觸或經驗。例如：首先於車內使用行動電話的人們之中，都是已經使用過攜帶式無線電來與其他的司機或公司內部的同事做

聯絡的人。另外一種情況是：什麼是人們感覺需要的東西，或是必須解決的問題。行動電話首先的銷售對象，便是那些當他們不在公司時也需確認與客戶之約會或談論生意、經常出門在外之業務人員。第三種情況則是，人們是否有意願去接受此項革新？縱使是那些經常出門在外之業務人員中，也有某一部分較其他的人更傾向於嘗試新裝置。最後，行動電話的使用，已經從業務人員快速拓展至全民。

二、創新傳布的階段

新的通訊科技之散播，係依據一定的步驟來進行。Rogers（1983）認為，一項新科技或想法的潛在採用者們，過程中會採行下列步驟：

1. 獲得有關於新想法的知識；
2. 被遊說去嘗試此種新想法；
3. 決定去嘗試此種新想法；
4. 執行或測試上述決定；
5. 對此項新想法加以認同、拒絕或修正。

當人們在採用那些新的想法時，並非以相同的速度進行。那些首先想出一種新的科技或想法，以便將其用來執行某些事項的人，被稱為「創新者」（innovators）。對於那些藉由媒介散布而追隨此項革新想法的人，稱之為「早期採用者」（early adopters）。而對於較早認同此種新想法並決定採用的人，稱之為「早期的大多數」（early majority）。那些等到大部分的人都採用此種新想法之後才做決定的人，稱之為「後期的大多數」（late majority）。至於等到非常晚之後才採用新想法的人，可將其稱為「落後者」（laggards）。

新的互動式通訊科技傾向於以其特有的方式來做散播。首先，對於一項新的科技而言，需要有一群為數極少的採用者或使用者，他們亦可稱為先驅使用者，來測試該項科技對大部分人而言是否具有效用及方便使用。

一般而言，這一群先驅使用者是影響該項新科技能否普及、能否成功的關鍵群眾。

第三節　研究取徑的典範轉移

　　政治評論家Walter Lippmann在1927年出版的《幻影公眾》中描述了他對「公眾」的想像，是一個「不再抱有幻想的人」，像是坐在劇院後排的聾啞觀眾，本應對舞臺上的演出充滿熱情，但實在無法使自己保持關注，一切發生的事情似乎都與他無關。這個尖銳諷刺的批評，將自由主義思想中神聖無比的「公眾」，拉進了他著名的社會哲學結論，公眾輿論不是上帝的聲音，也不是社會的聲音，而只是旁觀者的聲音。Lippmann的「社會學想像」（sociological imagination）困擾了社會科學研究者們許久。尤其是傳播學領域。從1948年開始，Harold D. Lasswell等諸多傳播學者便對「公眾」、「民意」、「輿論」等相關派生的概念進行窮盡畢生之力的探索，瞭解這些主題也幾乎是傳播研究的知識核心（hard core）之一（李長潔、邱慧仙，2016）。

　　然而，隨著媒體環境的鉅變，信息技術、網際網路、公民媒體、人機互動等媒體新領域持續地增加，資料創造、蒐集、傳遞、儲存的功能也日益強大，造成人類傳播社會重大之轉變，無論是傳播的方式、內容或是閱聽都有著劇烈的變化。新的傳播科技，也帶來了新的「公眾」。我們的生活全面進入到網絡環境中，我們檢查電子郵件（e-mail）、致電他人、用「臺北等公車」APP查詢公車班次、上Facebook幫友人的生日活動按讚（like），我們幾乎可以宣稱「數據運算無所不在」。從Google Trends的關鍵字搜尋趨勢分析圖也可以見到，十年前對複雜資料處理重視，隨著新媒體科技的突飛猛進，燃起了近年在「大數據」（big data）發展的信號。「公眾」的概念與意涵，透過現今的大數據分析技術，將可能窺見其

全貌。

　一個「運算的社會科學」（computational social science）的時代已然來臨。運算社會科學因資料處理方式的創新而生成，透過大數據與新媒體的輔配，得以重新架構社會研究，傳統社會科學哲學中所著力的個人與集體的辯證，在運算的社會科學中已然展開了各種新的可能性，像是描繪巨量的傳播模式、測量細緻的趨勢動態、揭露人類行動軌跡等。儼然形成一個跨學科的隱現領域，且亟待新興研究者投入發展。

　在這波「運算轉向」（computational turn）的浪潮中，可以見到社群媒體（social media）占著關鍵的成分。社群媒體已經成為公共論述與社會溝通的重要環節，愈來愈多的公眾議題是透過社群媒體來建立起豐沛的交流討論。社交網站（social network site），如臉書（Facebook），有著高度社會參與潛力，在臉書上傳遞的不只是一般與私人資訊，同時諸政府單位、新聞媒體等機構也紛紛運用臉書粉絲專頁與民眾溝通，鼓勵直接對話。透過社群媒體來達到蒐集意見、掃描環境、大資料分析、歸納現象，並且將傳遞訊息視覺化之需求，可以「數據智慧」概念來統攝。在過去被認為是難以處理的跨平臺、大量、複雜資訊之社群媒體分析，透過文字探勘（text mining）、情感分析（sentiment analysis）等資料處理技術，已經可以用一個有別於傳統傳播研究的方式來「描繪公眾」（李長潔、邱慧仙，2016）。

　故此，在運算轉向下重看「幻影公眾」，有學者認為，大數據消解了公共與私人的界線，其後果是每一個人都成為「赤裸裸的人」，無法建構私己領域，也無法捍衛主體性。正如Lippmann所描述的「幻影」（phantom）般，公眾的主體成為隱蔽的運算。但亦有學者對大數據抱持著堅定的熱誠與信心，認為「運算化」（computation）讓社會研究邁向過去無法察覺的面向，其哲學亦隨之汰新，從根本上重新回答了「公眾如何可能」的問題。

問題與思考

1. 「閱聽人」概念從古至今大抵有怎樣的變遷？為什麼會有這些變化？

2. 試以創新傳布理論舉例說明一事物、科技之傳散過程。

參考資料

一、中文部分

李長潔、邱慧仙（2016）。《看得見的公眾：從運算取徑中的閱聽人談起》，第七屆數位典藏與數位人文國際研討會論文。臺灣：臺北。

邱慧仙（2013）。《數位時代電視收視率量測機制變革》。臺北：世新大學傳播研究所博士論文。

邱慧仙（2015）。《數位時代電視收視率量測機制變革——臺灣市場的現在與未來》。金琅學術出版社。

陳芸芸、劉慧雯譯（2003）。《特新大眾傳播理論》。臺北：韋伯文化。（原書McQuail, D. (2000). *Mass communication theory: An introduction*, 4th ed.）

張玉佩（2004）。〈閱聽人概念的探索：從網路經驗出發〉，《中華傳播學刊》，5：37-71。

郭良文、林素甘（2001）。〈質化與量化研究方法之比較分析〉，《資訊傳播與圖書館學》，7(4)：1-13。

馮建三譯（1995）。《電視、觀眾與文化研究》。臺北：遠流。（原書Morley, D. (1992). *Television, audiences and cultural studies*. New York: Routledge.）

葉啟政（2001）。〈均值人與離散人的觀念巴貝塔：統計社會學的兩個概念基石〉，《臺灣社會學》，1：1-63。

趙庭輝（1999）。〈英國媒體與文化研究的回顧：伯明罕大學當代文化研究中心的傳統〉，《傳播文化》，7：47-100。

蔡念中（2003）。《數位寬頻傳播產業研究》。臺北：揚智文化。

魏玓（1999）。〈全球化脈絡下的閱聽人研究：理論的檢視與批判〉，《新聞學研究》，60：93-112。

二、英文部分

Anderson, J. A. (1996). The pragmatics of audience in research and theory. In J. Hay, L. Grossberg, & E. Waterlla (Eds.), *The audience and its landscape* (pp.75-93). Boulder: Westview Press.

Ang, I. (1985). *Watching Dallas: Soap opera and the melodramatic imagination.* London: Methuen.

Blumler, J., & Katz, E. (1974). *The uses of mass communication.* Beverly Hills: Sage Publications.

Fiske, J. (1986). Television: polysemy and popularity. *Critical Studies in Mass Communication, 3*(4), 391-408.

Hall, S. (1973). *Encoding and decoding in the television discourse.* Birmingham: University of Birmingham.

Hobson, D. (1982). *Crossroads: The drama of a soap opera.* London: Methuen.

Lull, J. (1990). *Inside family viewing.* London: Routledge.

Moores, S. (1995). *Interpreting audiences: The ethnography of media consumption.* London: Sage.

Morley, D. (1980). *The nationwide audience: Structure and decoding.* London: British Film Institute.

Rogers, E. M. (1986). *Communication technology - The new media in society.* New York: Free Press.

Roger, E. M. (1983). *Diffusion of Innovations* (3rd ed). New York: Free Press.

變遷中的傳播媒介：從類比到數位匯流

第 5 章 ▶▶▶

媒介經濟

　　若欲瞭解傳播媒介中的經濟問題，先對其組織結構與內容有所認識，十分重要。對大眾媒介與資訊科技兩者而言，經濟方面與技術方面對它們的形成與演化影響巨大。在經濟方面，它所涵蓋的意義應遠超過金錢及財務這兩者。所謂的經濟，也包括了企業的所有權及其結構；這兩者對於該企業的運作以及所生產的內容，都會造成影響。首先，本章要對傳播媒介賴以為生的經濟基礎加以探討，它包括了：廣告、直接銷售、訂戶，以及聯營的關係企業等等。同時，本章也繼續論及某些特定產業，例如：電訊傳播的特有經濟狀況，以及數位匯流時代，媒體與廣告經營策略上「區隔化」的重要性。

第一節　媒介與規模經濟

　　製造文化和資訊「產品」的重要事項之一，便是要製造出「規模經濟」（economies of scale）。此種觀念基本上乃構築於：產品所生產的複製品愈多，則它的單位成本自然降低，而使得每份複製品也會變得更為便宜。廉價的複製品能

夠被更多的人所接受，同時也能夠創造更寬廣的受眾群體。尤其是在大眾媒介及文化事業中，此種觀念更是一項事實；因為所有的費用及所付出的心力，幾乎都是為了要生產出第一份的複製品。此種例子不勝枚舉，例如：供沖洗用的原版影片、報紙或書籍的印刷版面、歌曲母帶的錄製、電腦的軟體，以及線上的資料庫等等（Picard, 1989）。

圖5.1　廉價的複製品能夠被更多的人所接受，同時也能夠創造更寬廣的受訊者群體。
　　　　尤其是在大眾媒介及文化事業中，例如：報紙或書籍的印刷版面

　　投資在第一版上的費用（first-copy costs）通常不容易看得出來，它包括了：劇本、編導、音效、歌曲、表演、圖片、特殊效果、製作人員、資料蒐集，以及企劃等等。而通常在製作200萬份的複製品時，其相關的費用比起僅製作20萬份時要低廉得多（此種情況在電子業比出版業更容易看得出來）。雖然想要銷售200萬份的複製品，需要在市場行銷及廣告上做某種程度的投資，但對大眾媒介產品及資訊服務這兩種產業而言，其所支出的大部分費用，仍然是聚集在最原創的製作之上。

　　依據規模經濟來做大量生產的邏輯，已使得文化產業、資訊產業，以及許多的製作者們，更傾向於盡可能地將其產品推廣給更多的受眾們。那

些生產商們希望藉由更廣泛的客戶群，以便分攤其產品價格；此種創造利潤的文化，乃是秉持薄利多銷的原則，而仍然能夠達到獲利的目標。而對於那些公共性或非營利性質的媒體而言，也能夠負擔得起生產大量複製品所需的費用；而且只要它們所發行的數量夠多時，甚至可以不經過商業促銷的方式就將這些複製品散播出去。

當書籍才剛出版、題材又非常有限且售價並不便宜，再加上缺乏足夠的資金以為後盾之時，自然僅有極少數的消費者會去購買它們。此種現象可能是由於人們的讀寫能力不足、興趣索然，或缺乏文化資本等原因所組合而造成的結果。然而，印刷與閱讀之間的循環關係，仍具有相互補強的作用。當更多經濟充裕的人有興趣想要購買書籍時，書籍的生產自然就能夠享受到規模經濟所帶來的利益，並使得價格更為下降；如此一來，會造成更多的人願意去購買書籍。當閱讀的人數增加之時，對於那些不屬於「早期採用者」的群眾而言，因閱讀所帶來的好處對他們來說就益形明顯。最後，更多的人將會發現到閱讀所能帶來的經濟及文化資本之優點，而開始閱讀。

圖5.2　當出版業者開始大量發行書籍、報紙及雜誌時，人們發現到因為閱讀所能帶來的經濟及文化資本之優點，而開始去閱讀

一、集中生產的經濟理論

　　無線電廣播及電視聯播網（networks），乃是目前符合媒介規模經濟的最佳範例。西元1920到1950年代，美國有許多的無線電廣播電臺組成了一個聯播網，共同分享節目之規劃。但在1940年代後期，當電視網興起之後，無線電廣播網路就開始走下坡了。這兩種傳播媒介都藉著同時播放相同的節目給數量極為龐大的受眾們，而幫助了此類全國性之廣告能夠擁有全國性的受眾。此種廣告方式，具有將商品做全國性傳散的優點，並且有助於將國內市場加以合併。對於各種不同的媒介而言，例如：電影、音樂，以及1950年代末期之後的電視業，此種全國性的規模經濟很快地就演變為國際性的規模經濟（Noam, 1985）。

　　對於電影、音樂及電視而言，擁有極為龐大的生產經濟規模已變得十分重要；因為有關節目的構想或製作，往往需要極高的預算，所以一定要有大量的閱聽眾，才能產生相對規模的廣告市場。這些媒介的形式包括了：針對某些故事情節所製作的影片、電視節目的動作或冒險系列影集，以及電視網路的新聞報導等等。對於這些媒介節目而言，其製作費用在今日仍然居高不下，因此需要有廣大的觀眾，以便能夠回收製作時所投入的鉅額資金。很幸運地，就目前的媒介產業而言，在資訊及娛樂方面的節目仍然廣受歡迎，並且擁有極為大量的觀眾。

二、大量傳散

　　有關大量傳散（mass distribution）的技術及其經濟效益，也是大眾媒介追求發展時的重點之一。經濟的規模不僅決定於日漸增加的有效率之工業生產技術，同時也決定於將大量生產的媒體產品，分送到受眾的眼前所需要的工業化科技。

　　新傳播科技能使目前媒體的影響力更為擴大，若將其應用於傳送文化、資訊、音樂或新聞等內容，必定能夠徹底地延伸媒體觸角。藉由衛星

科技，臺灣可以接受英國BBC或日本NHK的衛星頻道節目；透過網路科技，臺灣的企業可以即時與遠在美國的分公司同步進行會議；而更早之前，報社藉由國際通訊社的外電稿也能更即時地瞭解國際新聞；同時拜新傳播技術的突破，波灣戰爭期間，臺灣中天電視臺與半島電視合作，即時掌握波灣戰事，一方面深入地從在地的角度去瞭解中東人民的觀點，並藉由獲取不被西方列強所過濾的新聞資訊與畫面，更能產生超然的國際視野。而這些提供資訊給國際間的媒體，除了需具備相對應的硬體設備外，素材的選擇也需考量不同市場的喜好而行銷全球，這與大量傳散是相互對應的。

有關創新傳布科技之最佳例證，便是有線系統、微波電臺，以及導致無線電廣播及電視網路迅速增加的人造衛星。藉由有線系統的使用，使得無線電廣播電臺能夠形成許多網路系統，並且共同分擔節目的製作成本。而高承載量的有線網路配送系統，也造就了第一個電視網路的形成。隨後的通訊衛星之發展，不但使得各個網路能夠更容易與其分支站臺維持聯繫，同時也幫助了例如HBO的有線網路，以及例如WTBS的超級電視臺得以發展；並且使得它們能夠將本身的節目送至遍布全美國的有線電視系統中，進而創造出一些全國性的有線電視頻道，例如：CNN及MTV（Baldwin & McEvoy, 1988）。

三、新科技降低生產成本

因為新生產科技之創造與發展，產生了新的媒介形式，例如：以電腦為基礎所整合而成的多媒體（multimedia）。新的科技同時也能對現有的媒體造成徹底的改變，例如：電視的數位化便使得更多的電腦科技能夠用於電視的生產與應用之中。此類的發展能對現有的企業經營造成改變，或是將原先各自分散的企業體加以整合，例如目前蔚為風潮的有線電視、電信，以及網路公司之聯營型態。

新的生產科技也會對規模經濟理論造成改變。舉例來說，無線電廣播

網路在最初階段都要依靠現場的廣播。在高品質且費用不致太龐大的錄音技術被引入及大量生產之前，所有的音樂及其他節目都是經由現場廣播。由於無線電廣播的現場節目所費不貲，使得許多家電臺必須結合成一個網路，以便共同分擔節目的製作成本。在西元1940年代末期，當錄音的生產技術已有明顯的改善時，廣播電臺便能夠將它們的音樂節目以唱片、錄音帶，以及後來的CD等途徑，讓更多特定地區的聽眾們一起分享。而上述的演變也與下列情況不謀而合：那些以更為特定化或較具地域性之聽眾為目標、因而蓬勃發展的特殊化形式電臺，對於音樂類型與聽眾喜好這兩方面的改變，均造成了影響。同時，此種演變也符合了無線電廣播在與電視相互競爭時，逐漸走下坡的現象。

圖5.3　無線電廣播在最初的階段都是要靠現場廣播，由於所費不貲，使得許多家電臺必須共同分擔節目的製作

　　前述的這些發展，相互間都具有互相增強的作用存在，並因而鼓舞了某些公司的管理階層必須將其重點放在新的全國性傳播形式上，而其他的一些公司則朝著地方性或區域性的傳統音樂廣播來發展。時至今日，衛星科技使得網路變得更為便宜之後，小規模的無線電廣播網路便得以再次成

長，並能夠針對境內具有相同之特定喜好的聽眾們提供所謂分眾性更強的「窄播」（narrowcasting）頻道（Eastman, 1993）。

當科技進步，以及由於有效利用科技而使得工業技術亦獲得同步改良之時，大眾媒介的創作、再製，以及散布之成本跟著下降，電視便是最佳實例之一。像攝影機、燈光設備、麥克風、混音器、特殊效果製造器，以及卡通動畫製作等等生產設備，在數位化、小型化與更有效率的製造之後，使得其所需成本也呈現大幅地下滑。

第二節　媒介發展的經濟基礎

規模經濟、技術成本，以及散布成本的改變，都會對所有相關產業造成影響。因此以下將探討某些媒介在發展為企業化的過程中，所採用的各種不同方法。媒介可藉由許多種不同的經濟方法或經濟基礎來獲得財務上支持，例如：銷售與訂閱（sales and subscriptions）（將媒介產品視為一項商品而出售）、使用者付費（usage charges）（將使用資訊或服務的通路加以出售，並依據所使用的數量或時間來收取費用）、廣告（advertising）（媒介將它們與受眾之間的通路加以出售），或是由願意支持某些特定媒介種類的團體，例如：政府、教會、私人等，提供捐款或贊助。

一、資訊服務經濟

對於萌芽中的資訊化社會來說，其中一項主要媒介與使用問題便是：它究竟需要付出多少成本？由誰來支付這些費用？以及介入其中的公司或政府機構到底是會因而獲利或是虧損（Salvaggio, 1989）。對於為數眾多的服務，已經使得人們無可避免地要付出較多的費用，例如：基本的電話服務、長途電話、行動電話、傳真、電子郵件服務、圖書館中的線上搜尋系統、自動提款機（Automatic Teller Machine, ATM）的使用、影印、基

本的有線電視、有線電視付費服務與節目、錄影帶租借、電影入場費、雜誌的訂閱，以及報紙的訂閱等等。

對資訊服務的經濟來源而言，直接銷售（direct sales）其硬體、軟體及服務，其重要性遠比大眾媒介來得更高；因為後者乃是藉由消費者購買被廣告的商品，而間接地付費給那些靠廣告費所支持的大眾媒介。像是電視等大眾媒介服務，當它與資訊硬體及服務的整合日漸加強時（例如：電子郵件及網路銀行系統），則其媒介內容，例如：付費式有線電視節目的直接銷售，在重要性上也可能逐漸增加（Mosco, 1989）。

截至目前為止，有關於市場供需的傳統力量，是否能夠對所有想要一展抱負的資訊服務業者都能提供足夠支持，其狀況仍然不甚明朗。使用者們對於目前所有的服務項目，並不見得會願意全然支付相關費用，電話即是一例。包括基本電話在內的某些服務項目，被認為是極為必要，因而使得立法者與提供這些服務的公司們達成了某些協議，例如：對某些使用者來說，他們可獲得來自政府機構或其他使用者的補助，以便使所有的人都能享受到此類服務。

（一）銷售與訂閱（Sales and Subscriptions）

在支付文化性或資訊性產品之生產成本部分，例如：書籍、電視遊戲、CD，最簡單的方法便是將這些文化或資訊產品直接銷售給消費者們。而將產品直接銷售給消費者時，亦可採用許多不同的形式與途徑。例如：書籍通常可以自出版商處直接銷售，也可經由書店來銷售。而將出版品透過如零售機構或團體來做銷售，也是另一種直接銷售的重要管道。此外，透過訂戶長期訂閱其產品所支付的費用，使得報紙、雜誌、錄製產品、有線電視、網際網路，以及書籍等都能獲取較穩定利潤。

圖5.4　在支付文化性或資訊性產品之生產成本，最簡單的方法便是將這些文化或資訊
產品直接銷售給消費者——例如：書籍通常可以自出版商處直接銷售，也可經
由書店來銷售

（二）使用者付費（Usage Charges）

　　在今天，大多數的資訊服務都必須支付使用費。資訊服務的最主要市
場，早期而言就是基本的電話服務，乃至於較新型式的傳真機、電腦加上
數據機，以及語音傳送等。對所有住家的電話客戶而言，他們幾乎都必須
支付本地電話服務費用給電信公司或其他固網業者。然而，在為數日增的
地區之中，許多有線電視公司，已經能夠提供居民另外一種地方性服務選
擇。此外，電話用戶們亦會因為使用不同形式的電信服務，分別支付費用
給不同的電信公司。而商業用戶系統通常也是在相同的基礎下來運作，當
然他們還會有許多其他的方式可供選擇，例如：在各個不同的地區之間，
使用專用的電話線路，或是那些擁有自己的國際辦公室系統者，可將它們
連接到自己特定的電話線路上面。近年網際網路則大幅取代了傳統上電話
的傳播功能與角色。

二、資訊服務銷售

針對家庭使用的資訊服務，市場也開始增加；並且將突破基本的電信服務及有線電視，使得這兩者也都能開始提供新式的傳播媒介服務。針對個人及家庭而開始萌芽的新服務項目包括了：功能更為複雜的電信服務、影像或視訊電話、電子郵件、新聞服務、家庭銀行、家庭購物、互動式遊戲、家庭保全、行動電話等等。

對於各種不同的資訊、娛樂、遊戲服務而言，「計次付費」（pay per view）方式日益普遍。對按月計費的訂戶而言，如果他們超過了允許使用的時數上限，而想再進入或使用某些特定種類的資訊時，通常都必須再支付額外的費用才行。對於進入家用電腦資訊之通路所需的費用，有許多人並不習慣支付，特別是對於那些原先是屬於「免費」的服務而言。包括使用者及評論家們在內，大家都擔心著一件事情：計次付費制度將會造成某些目前可獲得的資訊變得更加昂貴，也減少了較貧窮人們近用此類資訊的機會（Schiller, 1986; Mosco, 1989）。

當家庭有線電視服務變得與資訊服務極為相近，甚至也能提供相同服務的時候，它們也將遭遇到相同的問題：必須使客戶習慣於支付使用費。透過新一代的纜線系統，有線電視公司已經能夠將互動式的服務提供給客戶們。但基於先前的失敗經驗，它們必須先想出一套更簡單的方法來傳送以及「購買」此項服務，同時也要將此種觀念銷售給它們的客戶才行。

（一）聯合經營

許多案例中，媒體的製作者擁有屬於自己的散布、銷售或展示管道。美國的電視臺及電視網，會製作一些屬於它們自己的節目，主要包括新聞節目、脫口秀、連續劇等等（Gitlin, 1985）。而較大型的新聞報社則皆傾向於出版自己的報紙。而某些媒介製作者主要是將它們自己的產品出售給其他媒體公司，以供播放、銷售、散布或展示之用。

所謂的「聯合經營」（syndication），乃指將媒介內容出租或授權給其他的媒體，對新聞、有特色的專欄、連載漫畫、電影、電視，以及音樂等內容的創作者及製作者而言，是維持其生存的一種非常重要方式。舉例來說，大部分在美國電視臺中所播放的節目，幾乎都是由影片工作室或獨立的電影或電視製作公司所出品。當這些節目在電視網路上首次播放之後，它們通常也都會被出售，並在聯營體系中再次播映。逐漸地，其他的節目也被製作，並直接授權給非網路的時段、獨立的電臺，以及有線網路播放，這便是所謂的「首播及原版聯合經營」（first-run or original syndication）。包括獨立性及網路連鎖性的許多地區電視臺，都漸漸地採用這種聯營節目；有時是因為它們認為這類節目比自製的節目更能吸引觀眾，有時則是因為這些電視臺不需要與電視網分享廣告收益，因此能獲得較高的利潤（Eastman, 1993）。

（二）版權與版稅

媒介及資訊產品，已逐漸被許多的傳播媒介管道所使用，並且重複使用。包括：畫面、音樂、影像、影片剪輯、照片、圖像等，通常都會被許多種類的媒體以不同的方式來使用。舉例來說，新聞攝影人員所拍攝的一張照片，可能會透過照片聯營概念而分別被報紙及新聞雜誌所使用，然後又會用在與該項主題有關的一系列書籍上面，或出現在電視新聞中。該報社會藉由付費給聯營服務組織，以支付酬金給拍攝者；而書籍出版商因為使用了這些照片，幾乎都必定要支付所謂的「版權費或版稅」（copyright or royalty fee）給拍攝者。這些費用主要是為了補償拍攝者在尋找合適的題材及景況，並將它們加以拍攝時所付出的心力及成本（Zelezny, 1993）。

當版權持有者的作品被用作為一項傳播媒介的產品時，有多種不同的方式可對這些持有人提供補償。例如：在音樂方面，當一首歌曲每一次被演奏或被錄製，或是每一次將錄製的歌曲播放的時候，該首歌曲的版權持

有人都應該能夠獲得相對的補償性報酬。至於如何付費給那些藝術工作者或內容創作者，一般而言均是依據其錄製產品的銷售狀況，而給予一筆固定的費用，或是依據比率分紅。因為，要確定這些歌曲在電臺被播放的次數多少，或是在大眾場合被演奏的次數多少，是一件相當困難的事。

對目前的藝術與內容創作者而言，首要之務都會試圖去確認他們對其創作作品確實擁有版權、所有權。但是早期，藝術家們通常都只能獲得一筆來自於錄音界、電影界或電視界的固定費用，進而將其作品的版權讓渡給出版商或電影工作室；因此，當這些作品大賺其錢時，其原創人卻無法分配到相對的合理利潤。所以目前的藝術與內容創作者們都傾向於事先訂立契約，以保有其版權所有權，或是取得盈餘的協議分紅比率。

有關複印、散布影像及聲音的新科技，也使得對藝術內容創作者或出版商提供補助變成更為困難。雖然出版商們試圖強制那些影印公司必須獲得版權的許可，但是書籍的複印仍可能剝奪了作者及出版商所能夠獲得的利潤。而將影像及聲音轉換為電腦可判讀的數位化形式之科技，也使得其他人幾乎可以毫無限制地對這些產品進行拷貝、下載或運用。因此，近年早已有許多人致力於制定數位時代智慧財產權保護的規定，以便針對上述的情況來確保如何以法律力量保護版權，以及如何對那些被經由數位化方式拷貝或轉換的影像及聲音之原作者們提供補償。

三、廣告與媒體經營

對許多媒體而言，包括大部分的商業電視臺、廣播電臺及平面、網路媒體，廣告就是它們主要的經濟與生存來源。廣告的功能即是將媒體與受眾之間的通路，銷售給那些廣告商們。而廣告商們便在付費之後，於無線電廣播、電視、報紙、雜誌、網路等媒體上刊播其廣告內容，以期能夠說服使用這些媒體的閱聽眾們去購買廣告中的商品，取得獲利。

而廣告商們在選擇所使用的媒體時，主要是取決於哪些人是目標（target）消費者，什麼樣的訊息或資訊是企業所想要傳達的，以及相關

圖5.5　出版商試圖強制那些影印公司必須獲得版權許可，因為書籍的複印將剝奪了作者及出版商所能夠獲得的利益

的成本花費為多少等等。這些決定對於媒體也會造成很大的影響，正確的決策可使得某些媒體因而蓬勃發展，另一些卻因為缺乏廣告支持而就此消聲匿跡。廣告商們通常都希望能夠去銷售那些在一般大眾中，能夠令每一個人都會產生興趣的商品；他們也會選擇使用某種能夠對其設定之特別目標群體產生高度影響力的媒介。而有某些廣告則傾向於支持那些較具傳統性的大眾媒介，因為它們能將訊息散播到更為廣泛的一般群眾之中，例如：經由全國性的電視網、主要的都會區之報紙，以及主要的全國性雜誌等等，使得廣告露出能夠接觸到更多消費者。

　　由於涵蓋愈多大眾的媒介，其所收取之廣告費用較高，尤其是在黃金時段的節目中，因此廣告商逐漸將其目標轉移至那些僅針對一群較為區隔化，以及特別選定的目標閱聽人（target audience）之媒體上。這種廣告型態傾向於支持那些具有區隔性的媒體，地區的電視節目、有線電視網路、調頻廣播電臺，以及針對特定目標群體所發行的雜誌（Head & Sterling, 1993）或網站，以使廣告效果更為聚焦。

圖5.6 廣告商在選擇所使用的媒體時，主要決定哪些人是他們所想要打動的、什麼種類的訊息或資訊是他們所想要傳達的，以及相關的成本花費為多少

今日，廣告商們對於較新且高度區隔化，甚至是數位化互動式的媒體也同時（必須）深具興趣。例如：當電視變成基本上是依據觀眾的要求才提供所需時，則觀眾或使用者就必須本於使用者付費的原則，對他們所選擇或要求的節目支付費用。此時，他們應該也能夠同意收看某些廣告，以用來代替「付費」給那些節目。同時也有些廣告業者們試圖將廣告內容製作得更具娛樂性或知識性，以便使那些對特定形式之商品有興趣的人們，會為了能獲得資訊與娛樂的雙重效果而選擇收看此類廣告。

在許多國家，人們之所以支持公共廣播與電視制度的原因之一，便是當他們在收看喜愛的節目時，可以不必受到廣告的干擾。對於許多觀眾而言，他們之所以寧願選擇付費電視頻道或是有線電視，主要動機之一也許就是為了要避免商業廣告的騷擾。此種狀況更加強了一種觀念的推動：人們對於所想要收看的電視節目，必須直接付費以獲得較佳觀看過程。而這種觀念恰好與電視公司所強調的背道而馳：因為相關的費用已由廣告商代為支付，所以它們的節目均是「免費」提供給觀眾欣賞。當計次付

費（pay per view）逐漸緩慢普及時，直接付費以便收看自己所想要的節目，已經成為一種更為普遍的方式。透過互動式網路以便選擇及接收個別電視節目的新數位電視科技，似乎使得直接選擇並付費給電視節目的情形更為流行。因此，在資訊化社會的經濟體系中，付費收視的節目似乎已變得比以前更為重要與可行。

四、公眾或政府對媒介的支持

　　雖然所有資本主義國家的大部分大眾媒介幾乎都是靠廣告來維持，但是仍有某些媒體是靠公眾獻金、公共基金會、大專院校，或是直接由地方政府、州政府、聯邦政府來資助維持。在某些國家，此種由公眾或政府所支持的大眾媒介，極為普遍。例如：在歐洲地區，雖然廣告的收入在近年來已經變得極為重要，但是完全或主要由公眾所支持，並且不以營利為目標的電視或無線電廣播，早已行之有年。像英國的BBC廣播電視體系，歷史悠久且世界知名，製作之節目品質有目共睹。

　　有些國家政府單位非常關注一件事：對於提供大部分廣告投資的那些大型公司而言，廣告可能代表著它們得以對媒體加以控制的一項源頭。如果對媒體提供資金，就可以控制媒體內容的話，那麼必然有許多的政府會想要去成為資助及控制這些媒介的團體之一。在美國之外，有許多的國家傳統乃是：對於那些基本上與公眾利益有關的事務，包括廣播事業，都寧可委託政府去處理，而較不期待那些私人企業會以追求公眾利益為目標。

　　對政府而言，它們還有其他的理由來對大眾媒介提供經濟上的支持。在某些貧窮的國家之中，沒有任何人擁有足夠的資金來創辦進入門檻甚為昂貴的大眾媒體，例如：報紙、無線電廣播，或是電視。在廣告伴隨著消費市場發展之前，由廣告支持媒體這種觀點可能還不足以形成氣候。即使在美國，例如公共電視之類的某些特定種類媒體，雖然是政府所極欲推廣的目標，但卻無法獲得民眾及廣告商們的青睞。這就是為什麼當政府投資媒體的預算逐漸下降時，美國的公共廣播服務網（Public Broadcasting

Service, PBS）以及公共無線電臺仍然很容易獲得來自於地方政府、州政府或是聯邦政府的鉅額補助（Avery, 1993）。

對那些公眾性、不以營利爲目標的媒體而言，另外一項主要的資金來源便是贊助者的支持。舉例來說，自從1970年代起，當聯邦政府在PBS所擁有的股份及其連鎖站臺呈現穩定的減少時，PBS便逐漸加深對於地方上贊助者之依賴，因而使得PBS電臺需要直接向它的觀眾們請求每年定期的捐款。在英國及日本，所有的電視及無線電廣播電臺之擁有者，每年都必須繳納強制性的執照年費，以便將其分別用來贊助英國國家廣播公司（British Broadcasting Corporation, BBC）及日本放送電臺（Nippon Hoso Kyokai, NHK）。教育團體以及基金會等，也時常會以金錢支持公共媒體。有許多規模較大的大學，便設立有PBS的地方性廣播與電視分臺。而一些非營利性質的基金會，也會擁有或是支持某些公共電臺。例如：福特基金會（Ford Foundation）之類的一些主要慈善基金會，會對公共電視臺中的某些特定節目，像是「芝麻街」（Sesame Street）提供支持。

五、基礎電話服務與交叉補貼

對於許多基本電話服務的居家使用者而言，他們並未支付電信服務的所有成本。自西元1900年代早期以至於今日，幾乎所有的美國人都能享受此項基本的電話服務，這也就是所謂的「普及化服務」（universal ser-vice）之概念。普及化的電話服務能夠提供人們緊急服務，例如：救護、火災、警察服務等；另外也能夠提供人們某些基本資訊的獲取通路，例如：政府機構、購物及商業訊息。由於將此項服務提供給位於偏遠地區的住戶，其所需的成本遠高於提供給市區住戶；因此，若沒有所謂普及化服務的要求，則該偏遠用戶可能無法負擔此項電話服務所需的實際成本。此種狀況同樣也會發生在那些無法負擔所有費用的貧窮人家身上。

但是，要想將普及化的服務提供給那些貧窮或鄉村地區的人們時，電話公司就必須把獲利較高的其他服務之收益，拿來作爲補貼。由於電話公

司的主管以及美國的法令，都認爲此項電話通路的普及化，對所有的美國人而言是必需的；因此對電話公司來說，就非得要獲得補助才行。而它們所採用的一種經濟手段便是所謂的「價格均分」（price averaging），也就是把需要較高昂成本以提供電話服務的地區，例如：偏遠或鄉村地區之成本，與服務人口密集之都市地區所需的成本加以平均。與此種方式相關的另一種做法，便是所謂的「交叉補貼」（cross-subsidy），也就是某些並不需要支付本身成本的服務，例如地方性的電話服務，乃是由其他獲利較高的服務收益，如長途電話或商業服務，來提供企業內部的相互補貼。

　　電話公司是否有足夠的財務能力用來補助較少獲利的某項服務，困難性已逐漸提升。採用交叉補貼的方式支援那些無法負擔它們本身成本的服務項目，乃是以往那些提供獨占性服務的公司，用來作爲回饋它們所享受之特權的一種手段。但是此種獨占狀況在目前幾乎已不復見。以美國爲例，AT&T公司在西元1977年時，便已經失去了它在長途電話方面的獨占地位，而必須與MCI及Sprint等公司相互競爭；由於後兩者並不需要由其

圖5.7　要想將普及化的服務提供給那些貧窮或鄉村地區的人們時，則電訊傳播業者就
　　　　必須把獲利較高的其他服務收益拿來作爲補貼（雍惟婷　攝影）

利潤中提撥相互補貼所需的費用，因而使得AT&T在補助地方電話的能力上大受影響。當AT&T在西元1984年解體之後，此項交叉補貼的責任便落在地區性貝爾營運公司的肩上；而該公司在電話服務上仍擁有地區性的獨占優勢，因此還能夠將商業服務所獲得的利潤，用來補助居家電話服務。

第三節　分眾市場

在目前的市場結構中，已反映出大眾媒介以及「窄播」、區隔化媒介共同存在的狀況。電視網的受眾們並未出現顯著的減少，但是對於針對更為特定化群體的獨立電視網，則很明顯地仍具有生存空間，例如：福斯電視網（Fox），它是以都市中的年輕族群為目標受眾；或者一些以特定宗教信仰為號召之電視頻道，以信仰群眾為主要目標觀眾；等等。另一方面，新的科技也造成了各種新式網路的增加。以少數電臺之群體為基礎，或是以聯營節目為基礎的小型無線電廣播聯播網，目前又朝著重新合併為大型無線電廣播網的方向邁進。然而，這些聯播網傾向於更為特定化與區隔化，這和早期的聯播以廣大的一般受眾為目標是有所不同的。

資訊科技使得幾乎完全區隔化的資訊服務成為可能。藉由目前的模式，例如：國際化的電腦網際網路，使用者們很容易地就能夠選擇具有高度個性化的服務，以供其使用或瀏覽。某些音樂以及影像服務也以相同的方式營運，當使用者或受眾們需要的時候，他們可以自行選擇想要的內容。數位化資訊科技可以精確地記錄何人於何時收視或收聽何種節目，以便達到更為精準與正確的收費，或鎖定廣告目標之目的。

媒體爆炸與多樣化時代，「大眾」媒介的經濟觀點已然發生改變，並朝向允許、甚至鼓勵相關業者不需要提供如此「大眾化」的服務。由於科技、企業組織的改變，以及受眾與廣告商的接納能力等因素，鼓勵了媒體朝向窄播或區隔化的方向邁進，也就是將重點置於較少數，以及更為

特定化的群體，並提供他們更為特定化的節目或內容（Owen & Wildman, 1992）。

造成區隔化的另一項因素，則是受眾們正很自然地被較為特定化的資訊及娛樂媒體內容所吸引。隨著愈來愈多的節目類型，或是日益複雜的傳散管道，使得具有各種特定興趣的受眾群體也自然而然地被開發出來。此類新的特定化媒體，同時造成更多的內容創作及製作者能夠藉此來追求他們本身的利益。而再之，則是廣告商們也興致盎然地將其目標鎖定於特定的消費群體。由於新媒體以及媒介通路與頻道的數量日益增加，使得廣告商能夠以更為低廉的費用來針對更為特定的群體進行行銷。隨著受眾們趨向於選擇更為特定化或窄播的媒體，廣告商們也會隨其所好，在此類媒體上投放廣告，確保預算有效配置。

在新科技蓬勃發展與媒體匯流推波助瀾之下，新媒體不斷推陳出新，一再挑戰使用者的使用習慣，另方面也同時在創造著使用者的新型使用行為模式。對於靠廣告來達成行銷目的的廣告主來說，評估媒體使用行為模式在擬定媒體組合決策時益顯重要。也因此，數位分眾時代市場的定位與區隔，成為媒體產業必須銘記在心的關鍵課題。媒體市場蓬勃發展的現代社會中，面對為數眾多的媒介選擇，媒體產業可以善用諸多變項如消費者特徵、行為分析、人口統計等等，以求較以往更為精準地區分出目標消費族群或潛在消費客群、分析消費者差異並描述其輪廓等方式找出閱聽人，並應用各項統計或調查結果，打造出更為符合個人需求的媒體內容與服務，減少目標群眾對於其他競爭性媒體的消費或使用，進一步維持或提升獲利。

一、市場區隔與分眾

分析媒介產業常會用到市場的概念。在《經濟學人之行銷智典》中指出「市場」一詞的定義，指一群具有一些共同特性的消費者；這些特性會影響他們的需要與需求，並使他們成為一項產品的潛在買主。例如：「青

少年市場」即指所有年齡在13歲到20歲之間的人。在今日媒體多樣化、頻道極大化的媒介市場中，如何有效區隔閱聽眾屬性並進行節目行銷及廣告投放，成為產業獲利基礎之一。

（一）區隔的基本概念

　　大眾市場的時代已逐漸遠去，消費者不再對一體適用的產品感到興趣，他們想要行銷人員依他們的特殊要求，量身打造產品。廠商針對各種不同訴求的產品，將市場區隔成數個不同的次群體（subgroup），稱為市場區隔（market segmentation）（周文賢、李宏達，1992）。市場區隔策略可以讓製造廠商，藉由產品差異化以樣式、包裝、促銷手法、配銷管道和優異的服務取代價格戰，以避免在市場中遭遇直接競爭（顧萱萱、郭建志譯，2001）。

　　區隔的真正目標，除了發展一些產品以滿足特殊消費者所需，而且要能夠有一定的市場規模，才足以讓廠商賺取利潤。通常來說，區隔也可以作為多個區隔或多階段策略的一部分，在多個區隔策略中，應該同時界定出一些關鍵性的區隔及其獨特的需求。多階段策略的做法，其主要區隔則是鎖定早期採用的群體，在品牌成功開發出一批核心追隨者，並建立穩固的顧客群之後，再花精力拉攏其他群體（丁惠民、陳曉開、卓怡君譯，2002）。

　　關於市場區隔概念，須先理解區隔是建構在市場的需求面上，且展現出對消費者或使用者需求上一理性與更精確的產品或行銷策略，也是一種針對不同市場需求而發展出來的差異化行銷策略。Kotler（2000）認為，公司在決定於某些市場經營時，需認清到它通常無法服務市場中所有顧客，必須確認市場中最具吸引力且最有效提供服務的市場區隔，並針對所選定的每一市場區隔發展合適的產品與行銷方案。這種選擇一個或數個市場，開發不同產品及行銷組合，並有效服務市場顧客，滿足不同顧客所需的行銷方式亦稱為目標行銷（target marketing）。

（二）市場區隔基礎與常用變數

根據Kotler，達成目標行銷的第一步就是選擇適當的市場區隔，常見的區隔基礎有下列幾種（陳振遠、陳振田譯，1992；顧萱萱、郭建志譯，2001；丁惠民等譯，2002）：

1. 人口統計區隔

通常以年齡、性別、收入、家庭、職業、教育程度、婚姻狀況等等作爲分析變項。這類區隔最常用來作爲市場區隔的基礎。

2. 地理區域區隔

住在同一區的居民，可能有類似相同的需求，其變項包括：國家、行政區域、城市大小、氣候、人種、自然地理等。

3. 心理區隔

通常指個別消費者的內在特質，常以動機、人格、知覺、學習和態度等變數爲基礎。

4. 態度區隔

態度區隔變數可以讓研究者界定消費者生活型態、信仰或個性上的差異。描述消費區隔群的心理統計特徵時，常見的衡量指標是AIO（Activity〔活動〕、Interest〔興趣〕及Opinion〔意見〕）量表。

論及市場區隔與生活型態分析，Plummer（1974）認爲以生活型態作爲區隔基礎，具有下列之利益：可以重新定義主要的目標市場、對於市場結構提出一種新的觀點、生活型態資訊可用於產品的定位、生活型態資訊可幫助制定廣告與溝通方式、提供新產品機會的訊息、可幫助發展整體性的行銷與媒體策略、可協助行銷者解釋市場區隔在某些情境下對於產品或

品牌之反應的可能原因。

5. 社會文化區隔

常見變項為文化、宗教、次文化、社會階級、家庭生命週期等，提供市場區隔的進一步基礎。

6. 使用行為區隔

使用程度、知曉程度及品牌忠誠度等變項，作為區隔基礎。

7. 使用情況區隔

消費者使用的場所或情境，會影響他們的消費行為，其變項為時間、地點、人員及目的等等。

8. 利益區隔

生活型態改變，影響消費者重視的產品利益，其變項為便利性、社會接受度、持久性、經濟及金錢價值等。

9. 混合性區隔

行銷人員結合多種區隔變數來區隔市場，例如：地理人口統計、價值與生活型態之共用。

綜上所述，在媒體市場蓬勃發展的現代社會中，面對為數眾多的媒介選擇，媒體產業可以善用諸多變項如生活型態、心理變項、使用情境等等，以求較以往運用單純人口統計變項更為精準與深入的方式，區分出目標消費族群或潛在消費客群輪廓、分析消費者差異；並應用各項統計或調查結果，打造出更為符合個人需求的媒體內容與服務，減少目標群眾對於其他競爭性媒體的消費或使用，進一步維持或提升獲利。

二、以使用者定位為起點的思考模式

從整體外在環境而言，全球化與科技快速變遷的發展，促使人類吸取知識與接收資訊的模式有所改變。單一的媒體已難滿足現代人對於新鮮事物與大量訊息的需求，於是求新求炫求變的各式新科技媒體產品及其內容或服務，成為當今傳播媒介閱聽眾的寵兒。這種數位經濟時代結構性的改變，除了受到數位化科技力量的影響，消費者端在其中所扮演的角色，也愈來愈有權力，並日漸深入地參與在生產過程中，得以與企業端進行密切互動；此舉亦促使企業必須較以往更為注意消費者（閱聽眾）在產業價值鏈中獲得或代表的價值。

從企業行銷策略方式來看，早期的企業傳播方式乃以單向資訊「傳送者」身分為導向，演變到現今逐漸以消費者、甚至是分眾市場為多元服務導向，造成消費者的喜好與態度決定了傳播媒體的經營方式、產品設計、定位及獲利情況等，新媒體之發展與創新，不論是在科技、閱聽大眾的使用習慣、內容與廣告行銷模式等各方面都對現（舊）有市場帶來嚴峻挑戰。如何在眾多的媒體中找出目標閱聽者、繼之吸引閱聽者注目，則是傳播媒體業者需考量的關鍵成功因素。

而談到新舊媒體及其間互動消長關係，不能不提到數位匯流。數位匯流與媒體多元化時代背景之下，產業為取得或維持原有利基，應致力於發展分眾、即時、互動等服務特徵，以迎合閱聽人主動性及加強互動性來進一步滿足消費者的需求與渴望。終端載具部分，設備之整合與通用化為未來發展趨勢，消費者將利用同一種設備接觸多種服務或應用，或在不同設備上使用同一種服務或應用，此也挑戰了舊有的使用行為觀念。傳統以單一媒體對應單一使用時段或功能的觀點遭受巨大挑戰，取而代之的是媒體的同時性使用與多工，因此，舊有調查方法或工具勢必也需隨之進行調整及修正。廣告行銷上，新興媒體的規格相較於傳統媒體複雜許多，閱聽眾的分眾化程度亦高，加上數量多且經營模式差異大。如今網際網路已成

為媒體供應內容的另一新興管道，同時也影響著閱聽人時間與行銷預算大餅的分配。數位網路及延伸出的許多其他媒體，擴大與分食了既有廣告市場，也使跨媒體廣告購買策略更為複雜，媒體之間的競爭激烈可見一斑。

 問題與思考

1. 何謂「規模經濟」？試舉一媒介產業為例說明。

2. 分眾市場策略相較於大眾市場，就媒體與閱聽眾等面向來看具有何優點？

參考資料

一、中文部分

丁惠民、陳曉開、卓怡君譯（2002）。《線上行銷研究實用手冊》。臺北：
    美商麥格羅‧希爾。（原書Grossnickle, J., & Raskin, O.〔2000〕. Hand-
    book of online marketing research. McGraw-Hill.）

周文賢、李宏達（1992）。《市場調查與行銷策略研擬》。臺北：華泰。

邱慧仙（2015）。《數位時代電視收視率量測機制變革——臺灣市場的現在
    與未來》。金琅學術出版社。

涂瑞華譯（1996）。《傳播媒介與資訊社會》。臺北：亞太。

陳振遠、陳振田譯（1992）。《行銷管理——分析、規劃與控制》。臺北：
    五南。

蔡念中、張宏源（2005）。《匯流中的傳播媒介》。臺北：亞太。

蔡念中（2003）。《數位寬頻傳播產業研究》。臺北：揚智文化。

顧萱萱、郭建志譯（2001）。《消費者行為》。臺北：學富文化。

二、英文部分

Avery, R. (1993). *Public service broadcasting in a multi-channel environment*.
    New York: Longman.

Baldwin, T., & McEvoy, S. (1988). *Cable communication* (2nd ed.). Englewood
    Cliffs, NJ: Prentice Hall.

Eastman, S. T. (1993). *Broadcast/cable programming*. Belmont, CA: Wadsworth.

Gitlin, T. (1985). *Inside prime time*. New York: Pantheon.

Head, S., & Sterling, C. (1993). *Broadcasting in America* (5th ed.). Boston:
    Houghton Mifflin.

Kotler, P. (2000). *Marketing Managemen* (10th ed.). NJ: Prentice-Hall Inc.

Mosco, V. (1989). *The pay-per society*. Norwood, NJ: Ablex.

Noam, E. (1985). *Video media competition*. New York: Columbia University

Press.

Owen, B. M., & Wildman, S. (1992). *Video economics*. Cambridge, MA: Harvard University Press.

Picard, R. G. (1989). *Media economics: Concepts and issues*. Newbury Park, CA: Sage.

Plummer, J. T. (1974). The Concept and Application of Life-Style Segmentation, *Journal of Marketing, 1*, 38.

Salvaggio, J. (1989). *The information society: Economic, social and structural issues*. Hillsdale, NJ: Erlbaum.

Schiller, H. (1986). *Information and the crisis economy*. New York: Oxford University Press.

Zelezny, J. D. (1993). *Communications law*. Belmont, CA: Wadsworth.

第 6 章 ▶▶▶

傳播政策制定

　　由於媒體對大眾及私人生活的重要性，使得人們對於媒體在做些什麼，以及如何管控媒體，產生了持續性的關切。政策（policy）是指政府及公眾對於某項特定活動，應該如何建立其架構，以及如何對其規範等所做的考量；因此傳播媒體相關的規範政策自然引起社會大眾關注。例如：應該如何規範媒體產業的內容，以使其能對公眾產生正面的貢獻。某些私人性的團體，例如：宗教、工商團體、少數族裔團體，以及公共利益團體等，也會對媒體的內容加以監督，並且會遊說媒體改變其各種不同的策略以及內容的種類。而數位化趨勢來臨後，媒介如網際網路，以及傳統媒體之數位化，這些政策性議題，均是值得關心、卻也挑戰重重的關鍵議題。

第一節　政策制定的過程

　　「政策」一般都與為達到某些目標而進行的有意識（公共）計畫有關，同時伴有為完成這些目標所制定的建議性方法與時間表。政府政策的具體內容反映了在某一特定時間和地點所做出的決斷，以及政府與產業之間的互動折衝結果。

圖6.1　某些私人性的團體，如：教堂、工商團體、少數團體及公共利益團體等，也會對媒體的內容加以監督，並且會遊說媒體改變其各種不同的策略以及內容的種類

政策科學的創議者H. Lasswell指出，傳播政策即是以傳播問題之解決為目標，反映政府施政上的表現。探討通訊傳播公共政策，可從其問題的發生、提出、接納、認定，至問題的解決等形成過程，來分析影響某項通訊傳播政策的各項因素（圖6.2）。

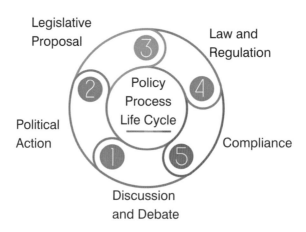

圖6.2　政策制定過程

政府政策制定的參與者，包括了：由民眾所推選的國會政治人物、立法機關、被指定任職於各種不同法庭的法官及律師，以及被委派於政府中之各立法機構的經濟學家和社會學家等。而私人機構也會根據它們自己的需求來制定政策，例如：要播映多少廣告、色情內容所占的比例如何、要提供何種服務，以及收費的標準等等。新聞從業人員及專家們經常都會提出相關問題給政府或私人企業的決策者，藉由這個方式來協助他們訂定立法的議程。

一、國會外的實力團體：遊說團體

對媒體法規制定而言，遊說團體有幾個重要的功能；其中最顯著的功能，就是可以影響在政府主要機構及國會中的立法提案。但是，各種不同的利益團體直接對媒體進行遊說，也會影響公眾對立法提案的討論，甚至能夠進一步的影響到媒體內容。

在美國，對於藉由遊說的行為來達到影響國會的立法結果，此方式令許多的團體深感興趣。但是對於像「全國廣播電視人員協會」（National Association of Broadcasters）這類的企業交易團體，當它以其本身的名義來進行遊說行動時，就可能會被別人以影射輕蔑意味的「特殊利益團體」（special interest group）來稱之。而對那些看起來似乎是沒有直接經濟利益的團體，由於它們的主要訴求乃是追求社會上或政治上的目標，因此被稱之為「公共利益團體」（public interest groups）。舉例來說，美國原住民的團體就曾經遊說好萊塢的製片商們，以期影響他們在電視及電影上所描述的印地安人形象。

與其他主要的大公司相較之下，AT&T算得上是擁有最強而有力的遊說力量；它似乎可以阻擋對它不利的任何法案。而子貝爾公司（Baby Bells）也構成一股強而有力的遊說力量，並且它的利益已和AT&T的利益不再衝突。然而，其他例如：全國廣播人員協會、全國有線電視協會（National Cable Television Association）等組織，也聯合一氣而成為強而

有力的遊說團體。逐漸地，有關電訊傳播政策的問題已經跨越了不同行業之間的界線，而使得出版業與電影業的有力遊說團體，也介入了電訊傳播政策的制定。由於這些利益團體彼此之間的競爭，而使得幾乎是所有與電訊傳播有關的法案，都無法很順利的完成立法程序。在大眾媒介方面，公共利益團體則常見致力於限制電視上的暴力與色情內容。

二、政策過程中的媒體角色

大眾媒體可直接經由它們自己的頻道，或是透過像全國廣播人員協會及製片協會等組織，來為了自己的利益而扮演一個遊說者。然而，大眾媒體也扮演一個更廣泛的角色，那就是有關政策的辯論常常會在媒體上舉行。政府及利益團體兩方面，都希望能夠藉由媒體來傳達它們的意見，而達到遊說國會的目的以及影響輿論。新聞媒體則以客觀報導此類爭論及議題，作為它們所追求的目標；但是，它們有時候也會有自己的立場或看法。例如在最近數十年來，許多保守派人士和自由派人士的爭議，都集中在以下兩方面：新聞媒體是否極易產生普遍自由化或普遍保守化的偏見，以及新聞媒體對於特定議題，例如：同性戀或政黨意識型態，是否會有偏見。

圖6.3　有關政策的辯論常會在媒體上舉行，政府及利益團體都希望能夠藉由媒體來傳達它們的意見

三、標準制定機構

在美國，電訊傳播標準是經由許多不同的方式而制定的。某些是經由全國性的團體，例如：聯邦通訊傳播委員會本身，或是所支持的委員會所制定。而有些標準則是由一些企業協會或研究機構所提出，最後經由美國政府核准而制定。有時聯邦通訊傳播委員會會強迫企業界組成一個工作小組，來解決存在於標準之間的衝突。例如：西元1941年時的國家電視標準委員會（National Television Standards Committee, NTSC），便制定了美國當今的電視標準；在臺灣也同樣採用美國的標準。

四、國際性法規

與其他的各種企業相較之下，國際性的規範團體對於電訊傳播產業的標準制定顯然具有更大的影響力。為了使各國之間的電報費率能夠達成一致化，而於1865年時首度成立的國際電訊傳播聯盟（International Telecommunications Union, ITU），乃是目前世界上歷史最為悠久的國際團體。目前已躋身為聯合國的分支機構，但在全球性的電訊傳播科技發展上，國際電訊傳播聯盟仍然繼續扮演著一個重要角色。

國際電訊傳播聯盟在標準化中所發揮的作用，包括了協商及認可提供電話服務的各種科技方式。來自於設備生產商、電訊傳播傳送業者，以及國內規範團體的代表們，在每四年舉行一次的國際性會議中相互協商，並進而界定彼此都認可的相關標準。

而國際電訊傳播聯盟所控制的另一項重要過程，則是無線電波域的週率波段之分配。有關分配的問題，乃是由每四年舉行一次的全球無線電管理總會（World Administrative Radio Congress, WARC）所決定，以及由每兩年在國際電訊傳播聯盟之地區舉行一次的地區性會議中所決定。舉例來說，由全球無線電管理總會所決定的事項包括了：哪些頻譜可使用在不同國家之中的蜂巢式電話？哪些頻譜應保留給衛星通訊所使用？以及各個衛

星之間的距離應該保持多遠？等等。而在地區性會議中所處理的事項，則是那些在鄰近國家之間所突然出現的傳播通信上之問題。

1992年底，國際電訊傳播聯盟舉行了一項特別會議，將其本身加以重新組織，特別是因應廣播與電訊傳播媒介之間的日漸匯流，而將此兩者加以重新組織，以便能夠適應資訊時代的需要。根據上述之重組，使得原先為各自獨立的電訊傳播委員會及無線電廣播委員會，從此合而為一。在新的組織架構下，有一個單獨的理事會負責處理與電訊傳播及廣播有關的無線電波域之頻譜分配問題。

第二節　傳播政策主要內涵

有關於影響媒體運作的政策問題，其範圍極廣，且由於傳播媒介對於整體社會影響深入，可用公共政策模式概念予以規範。它涵蓋了言論自由到有關版權的問題，以及有關所有權、控制方面的問題。

一、公共政策制定模式

戴（Thomas R. Dye, 1998）創造的公共政策九個模式，主要在強調如何使政策可透過某些特定模式來加以解釋。經過分析得知，大部分政策的確皆可套用各類模式，並輔以臺灣案例作說明。

（一）制度模式

此一模式特質是跟隨制度產生，其特質乃政府可按程序制訂政策，此模式之原理乃政府藉由機制的運作賦予公共政策正當性、普遍性與強制力。例如：電視節目分級政策可類屬此一模型，強調政府在制訂政策過程雖經由民眾與社會需求而起，但也可能會因政府強力主導下形構，其正負面的影響甚為可觀。

（二）過程模式

　　此一模式之特質乃藉由政治運作形成，特別強調產生一系列政策的制訂過程。其中包括問題提出、議程設定、政策形成、政策合法化、政策執行以及政策評估。以2006年臺視民營化以及華視公共化政策為例，當年即為政府先蒐集其背後所形成的問題，再由政策議程與媒介議程設定達成某種程度的共識，並限期使其合法化。

（三）團體模式

　　團體模式重視團體的均衡，其中團體之間的互動是政治的主要事實，對於特定時間的公共政策皆認為是團體競爭所造成的結果。例如：廣電頻道開放便是在多種團體運作過程所協商之後的產物，符合多方遊說團體之標的政策。雖然此一政策有來自各種壓力，但終究歷經協商而形成政策。

（四）菁英模式

　　本模式強調社會對此一公共政策所知無多，實際上多是菁英塑造群眾對於公共政策的意見，而非群眾塑造菁英的意見。政策乃從菁英所提議由上而下施行，不是群眾需求的產物。數位產業推動皆屬之，多數群眾對其內容較少參與。

（五）理性模式

　　理性模式強調社會福利極大化，對於政府所選擇的政策，認為應能產出社會效益高於成本的最大值，並特別指出政府應避免成本高於效益的政策。例如：2005年有線電視推出闔家觀賞頻道區塊時，對於多數民眾的需求，應儘量予以滿足的極大化。

（六）漸進模式

　　此模式要求對既有的政策不斷求新，但因受時間、資訊與成本的限制，而妨礙「完全理性」的決策，使公共政策為過去政府活動的延續。例如：政府組織再造或成立NCC即可歸於此類。政府之焦點施政指標在於追求創新，但由於政府須調整大規模人事、機構之功能整合，因此要有更理性與客觀之思考，須求漸進測試可行性後，使可成為具體政策。

（七）博弈模式

　　博弈模式乃競爭下的理性選擇，使參與者必須進行選擇，但其選擇結果決定於其他人所做之選擇。例如：開放廣播近用頻道及頻道重整可屬此類，強調政治運作僅是受另一政策之推動所影響，其可能影響層面如將使既得利益者和不得利益者產生對立與衝突。

（八）公共選擇模式

　　此模式屬於自個人至群體的決策模式，透過集體決策的方式而達到共同利益。例如：有線電視公用頻道之推動為在此一模式之下的產物，其形成乃基於解決社區及弱勢族群媒體近用，但因型態較複雜，民眾所見必然差異頗大，不過，卻也易使兩造之間具有共同利益思考。

（九）系統模式

　　此一政策模式乃為政治系統對外在環境產生力量之反應，可將公共政策形容為政治系統的輸出，輸入則視需求和支持方式進入政治系統內，將需求轉化為全體社會支持的權威性決定。例如：有線電視定型化契約之制定，為消費者、有線電視業者等個人或團體反應對於環境條件之需求，影響政策擬定，並使此契約成為眾人之共識，藉由社會支持建立管理之威權。

通訊傳播政策制定者在定義「公眾利益」及確立政策目標時所面臨的困難，提醒我們，任何傳播政策以及由其衍生出的各種規範都可能被詳加檢視，並經常遭遇到抵制，原因就在於國家可能會潛在地限制公民自由，或是被懷疑濫用其通訊傳播權。

　　在當今社會，即進入傳播工具的差異或是從傳播中獲取益處的多寡（信息、聯繫管道）與政治、經濟權力的行使密切相關。從這一觀點看，儘管傳播方式出現革命性的擴張和變化，但隨著時間的推移，傳播政策議題的敏感度卻將變得更為強化，而非弱化。

二、公共利益與言論自由

　　美國政府為保障公眾利益，特別設立「聯邦通訊傳播委員會」（Federal Communications Commission, FCC）為頻率核配及電臺之管理機構。「公眾利益」的理論源自美國1927年無線廣播法所提及的「公眾利益、便利及需求」，公眾利益理論即成為廣電媒體應負公眾利益的社會責任之基礎。聯邦通訊傳播委員會擴大此理論的使用範圍，包括「持有執照的電臺是否以最實際的行動服務其聽眾」，以及「業者最大的傳播範圍」。此外，公眾利益理論也被視為各種廣播電視法規的基礎。

　　1969年美國憲法在第一條增修條文中指出：「國會不得制訂任何法律條文，剝奪言論或新聞自由」，因此廣播電視的言論自由應受到聯邦憲法的保障。但是廣播電視媒體在言論自由部分所受到的限制，卻比報紙多很多。在實際的情況下，憲法第一條增修條文其實並沒有無限制的保障言論自由。1934年美國「通信法案」明確指出，持有執照的廣播電臺不是共同載具，所以它們不須傳達所有的訊息，當民眾需要提出意見發表時，業者其實掌握了民眾發表意見的權力，而電臺、電視臺在那個年代就只有載具的功能罷了。

　　一直以來，在不同的年代及地區，其政府都直接追求對媒體的檢查權（censorship）與控制權，特別是事前的檢查。某些時候，政府只是要求

檢查那些對其批評的內容；但有的時候，政府則是要掌握媒體的控制權，以便將其作為社會發展計畫中的一項工具。在控制程度較低的情況下，有許多政府會試圖對那些它們認為對其有害的特定種類之媒體內容，加以限制或控制。有許多的國家制定了相關法令，以限制那些傾向於推翻或顛覆政府的內容。大部分的國家均會制定某些有關於誹謗（libel）或名譽損害的法律；某些國家則會對那些被批評的人，賦予其抗辯的權利。在許多的國家中，也會對提供給兒童的節目內容加以控制，通常都是針對廣告、暴力或色情等內容的限制（Rivers & Schramm, 1980）。

　　對媒體的內容加諸道德上之評判及控制的概念，遠比言論自由的概念要來得悠久。甚至直到大眾媒介的時代，檢查權與控制權的歷史傳統，仍然是歷久不衰。印刷品、書籍，以及報紙，便是在宗教及政治當局之檢查權下所誕生的媒介產物。

　　而目前有關於媒體內容的許多議題，也導致了對特定種類媒體內容加以控制的提案。舉例來說，自從1970年代至今，人們便擔憂電影及電視暴力對兒童所產生的影響。在1994年時，許多的眾議院代表及參議員們

圖6.4　印刷品、書籍及報紙，便是在宗教及政治當局之檢查權下所誕生的媒介產物

展開討論，以制定相關法案來規範大眾媒體中的色情和暴力部分；而就在此時，媒體公司也會在電視節目開演之前先提供必要的警告說明，以期規避此項法律。

（一）知名言論自由保障案例：美國憲法第一修正案

對早期歐洲的印刷業而言，包括教堂及市政當局都能對特定的公會或公司核發印製書籍的許可執照，但同時也對所能印製的內容設定限制。但是當人們開始更為關切言論自由（freedom of speech）的重要性，以期能夠發展更加開放的社會時，此種藉由許可執照來實施控制之實的做法，便逐漸地遭受到來自於作家及哲學家們的嚴厲批評。

1775至1783年，在反抗英國殖民統治的美國獨立革命期間，對於言論及出版自由的保護開始發展。獨立性的報紙，以及時事評論的小冊，乃是鼓舞美國移民反抗英國統治的主要力量。在當時廣為流傳的包括有：班哲明・富蘭克林（Benjamin Franklin）所出版的支持獨立之報紙，以及湯瑪斯・白內（Thomas Paine）所著的例如《常識》（*Common Sense*）之類的時事評論小冊。對於美國獨立革命而言，出版的自由可說是極為重要的，以至於在美國的獨立宣言（Declaration of Independence）以及美國憲法的第一修正案（First Amendment to the U.S. Constitution）中，均對此點特別加以銘記。在第一修正案中便提及：「國會不可制定任何有關宗教之設立、禁止其自由活動的限制；或任何有關剝奪言論自由、出版自由的限制；或對於人們和平地聚集、以便為其所受之災難來向政府請願並要求救濟的限制。」

至於1934年所制定的通信法案（Communications Act），亦將上述的這些保護適用於廣播業中：在本法案中所提到的條文，均不能夠被認為或被解釋為授予委員會對無線電廣播通信，或任何無線廣播電臺所傳送的信號具有檢查的權力。而且對於藉由無線電傳播方式所實現的自由言論之權力，委員會也不能夠公布或制定任何可能對其產生干擾的規定或條款。

與大部分的其他國家相較之下，美國對於言論的保障可說是十分完善的。在美國境內，對加諸任何種類之內容的監督，在法律上，以及新聞雜誌方面的想法，都傾向於將其視爲對整體出版自由的一項直接威脅。但是，爲了要確保政治上、宗教上，以及其他言論上的基本自由，難道就眞的非得讓人們都可以毫無顧忌地暢所欲言嗎？在其他的許多社會之中，他們都寧可對言論自由，以及媒體的表達想法及意見之自由，制定某些種類的監控規範。與其他的許多社會體系相較之下，美國顯然處於一種極度自由的處境之中。此種處理方式造成了監督媒體內容的主要責任，乃是決定於企業本身的自我規範，以及個別傳播人員的道德感。

（二）第一修正案中的限制

　　某些種類的言論，乃是不受第一修正案所保障的，包括了：誹謗、猥褻、剽竊、侵犯隱私權、煽動叛亂或暴動的言論等等。對傳播媒體而言，上述乃是政府政策與司法會議的主要議題範圍，同時也是專業人員在其日常工作中所必須面臨的道德決定之主要議題範圍。

　　所謂誹謗及中傷，乃是指傳散或口述某些足以傷害個人名譽的不眞實事件。法律對此種行爲不予認同，以保護人民的福祉及尊嚴。在有關誹謗的事件上，美國的法律政策亦對扮演監督者角色的新聞界產生了制衡的作用；因爲後者常會引用一些官方或公眾的數據，來揭露某些腐化貪汙或不適任的狀況。在有關道德方面，新聞記者們時常會面臨下列的各種決定：對一項事件的報導要追蹤到多深入的地步？有關於個人的特定種類之故事，或是特定的處理方式究竟是否合乎道德的原則？等等。舉例來說，在犯罪事件中的被害者，他們的名字或相片是否應該被刊登出來。

　　對於猥褻（indecency），通常被定義爲在媒體或藝術內容中，對於色情或生殖器官的描寫或敘述所加諸的限制，但近年來日益減少案例數量。關於此點，人們將其視爲是在言論自由上的一項進展。然而，人們對於淫蕩及猥褻的關切日益增加，特別是對人們所廣泛擁有的電視媒體而

言。一般的爭論乃是針對電視媒體比印刷媒介更為深入家庭之中，而且與印刷媒介相較之下，其內容更容易被兒童們所接收。因此，目前的一項趨勢便是在兒童們最可能收看的時段中，必須對猥褻的內容加以限制；而在午夜至隔日早晨六點的時段中，則屬言論絕對自由而不受限制的時段。

　　近十年來人們又面臨到一項新的挑戰：透過互動式的電腦網際網路，使用者有另一項廣大通路來接觸與散布猥褻的資料。對於資訊服務的專業人員來說，他們又將面臨各種新的道德上之選擇，例如：在互動式的服務中，哪些種類的資料可被允許提供等。而學校及其他的團體，也已經面臨了一些屬於道德上的議題，例如：是否應該限制他們的學生在網際網路中，不得與色情導向的討論團體有所聯繫等等。

圖6.5　透過互動式的電腦網路，人們又有另一項通路來獲取各式各樣的資料

　　自1990年代初期網際網路開始盛行以來，相關的爭論即如影隨形；其主要的爭論焦點，不外乎網路上各種色情與另類資訊是否應該受到一定程度的規範，以及應該以何種手段進行規範的問題。美國1996年的電信傳播法（Telecommunications Act of 1996）中本有增列對網際網路內容進行規範的「文雅條款」（Communications Decency Act），處罰在知悉對

象年齡的情形下，透過網路傳送「淫穢猥褻（obscene）或粗鄙不雅（indecent）」的資訊給18歲以下的未成年人之行為。此外，在臺灣有關網際網路的分級制度，經過多年與業者、消費者間的溝通，達成共識，亦將於2005年開始實施，如同對電視、電影內容一樣，分成四級。

對於無線電廣播及電視節目中有關於猥褻、廣告內容及暴力等的批評，主要的回應之一便是企業本身提出了一系列自我規範的方案。藉由採行自我規範，相關企業因此而接受了它們對於節目內容所負的社會責任，而且也避免了來自於政府方面的懲處。近年來，臺灣政府與業者依據電視分級制度處理許多相關的節目內容爭議，可以說是自律與他律的混用。

三、智慧財產權及版權、著作權

智慧財產權，以及範圍更加特定的版權，均揭示了許多存在於政策上及道德上的問題。藉由對專利權、版權、商標，以及其他種類的智慧財產之保護，著作權法（copyright law）試圖針對那些智慧與創意性產品的創作人，確保他們將其發明、歌曲、演出、著作、電影、軟體程式或其他的作品，經由銷售、出租、租借或許可等方式，而獲取經濟上的利潤。此項法律的立法前提，乃是基於：如果人們無法由他們本身的智慧性或藝術性之創作而獲得利益，那將會使得其他的人失去了創作的動機。當我們步入資訊化經濟的同時，此項問題變得更為重要；因為在資訊化經濟中，大部分人的生計都是直接倚賴於資訊的創造、購買，以及銷售。

當科技與社會發生改變時，政策的制定者們必須要能夠想出既能適法，又能符合整體政策方向的方式，以便對智慧財產提供保護。舉例來說，包括錄音機、影印機、錄影機，以至於電腦及電子郵件等的許多新科技，使得人們能夠很容易地複製各種書籍、文章、照片、音樂、錄影帶，以及各類節目，而不需要支付分文給這些產品的創作者，或是已購買其散布權利的相關者。而要解決此問題的方式之一，便是將未經授權的複製視為是一種違法的行為；而另外一種方式，就是使複製更為困難。政策的制

圖6.6　影印機使得人們能夠很容易地複製各種書籍、文章，而不需支付分文給創作者。要解決此問題的方式，便是將未經授權的複製視為是一種違法的行為

定者們也將此問題訴諸個人的道德感：「使用者付費」觀念，要求人們不可不付分文而使用創作者們的作品，而這對創作者而言無異是一種詐欺與剽竊的行為。

　　資訊性、軟體性及娛樂性的商品，乃是資訊經濟強權，如美國對外輸出其他國家的主要產品。由於各個不同國家對於保護此類的智慧財產，均有其不同的相關法令，因此使得對於確定沒有任何人會不付分文而使用這些產品的相關努力，顯得更加困難。對於不合法的複製或剽竊行為，在許多的國家中卻是被允許的。在各類國際貿易協商中，例如：關稅暨貿易總協定（General Agreement on Trade and Tariffs, GATT）不斷嘗試去使得智慧財產獲得更佳保護，因為此項問題對於經濟的健全與否影響至關重大。

四、數位著作權（digital copyright）的重要問題

　　在數位化熱潮下，由於數位資訊重製、流通的成本趨近於零，沒有特殊的軟、硬體保護裝置，不容易保護著作權人之權利。但是，特殊的保護裝置，又容易造成消費者的反感。如何保護創作者的智慧財產，並兼顧文

化與創意流通，是目前網路檔案交換迅速、數位化後，必須積極面對的問題。此外，數位著作的權利金換算方式，或數位著作的交易與交付方式，也與傳統的實體物買賣不同，都形成許多爭議與廣泛探討空間。

第三節　傳播政策之特殊性

一、頻道稀有理論

廣播所使用之載具為無線電波，一般視為公共財，與陽光、空氣一樣是自然的資源，且無線頻譜具有使用不竭、不易損壞、不需特加維護即可使用的特性。

在電波頻率被發現之前，人類並不知如何使用及管理它，因同一電波頻率使用在同一時空具排他性，且頻率之間亦因接近性及電功率之大小會產生同頻或鄰頻干擾。早期為了使電波不要相互干擾，政府必須有次序地分配各電臺所使用的頻率，因此更顯得電波頻率的稀有性亟需適當規劃分配及管理，才能妥善利用此稀有資源。

頻道稀有論的觀點強調了廣播電視的特殊性，認為廣播電視與其他的大眾媒體不同，應有公權力的介入。然而1970年代，隨著傳播科技的進步，使得「頻道稀有論」的觀念受到挑戰。1980年代，英國面對解除管制以及產業私有化的風潮，廣播電視制度因為有所調整而使頻道稀有論受到了質疑，開始一連串傳播結構之調整，並隨著新科技的發展，廣播體系急速擴張，使頻道稀有觀念大受挑戰。

二、「廣播」與「非廣播」媒體

臺灣現行廣播電視、電信及資訊產業管制的法律體系，主要係根據當初制定相關規範時其邏輯思維不同而有所差別，以廣播式（broadcasting）的傳播與非廣播式（non-broadcasting）的傳播方式採取不同規範與限制。廣播式的傳播，例如：傳統廣播電視媒體產業，其訊號發送，使國內多數閱聽眾能接受到訊號，也就是一對多的傳播，政府認為此種方式傳播影響力大、層面廣，因此不論是傳播內容，以及經營型態，皆給予較嚴格的水平與垂直管制限制。而電信事業則採取非廣播式的傳播管理思維，認為此種傳播方式影響層面較小而降低管制。

第四節　所有權、監督與競爭

　　包括臺灣與美國在內的許多國家之中，有關大眾媒介的所有權及監督，乃是最具爭議性的政策問題。有關媒體內容的問題，使得許多相關的論題被人們更為強調，例如：對媒體的所有權及財務來源（尤其是廣告方面）加諸多少的規範，以及如何來執行等等。

一、所有權與多樣性

　　與政策有關的問題之一，便是所有權的多樣性（diversity of owner-ship）與內容的多樣性（diversity of content）兩者之間，是否有所關聯。就許多方面而言，政策的制定者們認為所有權的多樣性，可能會有助於內容的多樣性。其中較為明顯的，便是美國的政策乃是對於少數族群的申請者在申請廣播與電視臺的執照時，會給予優先核准的權利；其目的乃是希望協助這些屬於少數族群媒體的擁有者們，能夠對於他們的族群提供更好的服務。然根據研究顯示，屬於弱勢族群的廣電媒體擁有者，並未見明顯的趨勢來傳送較多傾向於該族群的節目，而使得此項立意甚佳的做法，與政策制定者們當初所期望的結果相去甚遠。

二、所有權的集中與規範

　　由於電波頻譜的相對稀少性，使得只少數人得以經營廣播及電視臺，另外一些人則無法。而其他各種進入障礙，也導致了對媒體的投資經營門檻提高。舉例來說，即使是在印刷媒體中，要創辦一份報紙或雜誌所需要的投資額或資金，已形成一種高門檻進入障礙，使得許多對此產業具有興趣的潛在人士或公司，非自願地必須被拒於門外。而文化產業需要的規模經濟，也造成了所謂市場寡占（oligopolies）。因此，與其他產業相較之下，媒體產業由於必然呈現的寡占狀態，使其對於社會所造成的影響與衝擊就比一般產業要大得多（Bagdikian, 1993）。

　　由於媒體的寡占情況，會使得權力集中於相當少數的企業手中，因此大多數國家均會對這些企業組織施以極為嚴謹的監督及規範。當大多數的社會都企求言論自由的時候，擁有能夠接觸到大量受訊者能力的產業，卻通常都被少數的個人或公司所控制。因此，許多人認為，在此種情況下，那些少數的媒體擁有者，或是與媒體有關的專業性員工，必須具有格外謹慎及負責、自我要求的工作態度。此種觀點便導致了所謂「社會責任論」的產生。而在政策制定上的相關問題，則是：是否應該要求媒體在負擔此種社會責任的同時，也允許它們自我監督，或是維持政府在某種程度上得以對媒體進行正式的監督與控制（Rivers & Schramm, 1980）。

　　所有權集中的另一個問題則是經濟學上所謂的「垂直整合」（vertical integration）現象，此狀況意為，發生於與單一產業有關聯的上至下游其他利益關係產業，皆由單一家公司所擁有。例如：電影之產製，從製片、發行到映演，皆由同一公司所掌控。美國聯邦政府就曾經禁止主要的電視網自行製作它們本身的大部分節目，並且也禁止這些公司將其所購置的影片再銷售給其他的公司使用，或供第二輪播放。此項限制的用意，乃要避免這些公司利用其現有的通路散布之便，來達到垂直式的整合，以及對電視產業的其他相關產業鏈形成獨占性支配（Compaigne, 1982）。此項政

策的目標，意在分散生產的來源，以便使許多公司能夠彼此相互競爭，並提供電視頻道中所需要的節目，從而使得製作的內容能夠多元化與多樣化。藉由對許多種類的製作單位提供資金上的補助，此項政策可說是已達成了既定的效果；但是美國電視業者則對此項稱爲「財務利益與聯合經營條例」（Financial Interest and Syndication Rules, Fin-Syn Rules）的規定大感不平，認爲此項規定大大降低了它們的競爭能力，特別是在與有線電視業者相互競爭的時候。1992年時，此項規定限制被稍加放寬，允許美國三大電視網能夠對其所播放或製作的節目，擁有更多的聯合經營之權利。

此外，人們所表達的關切也及於另一種被稱之爲「水平整合」（horizontal integration）的集中形式。在此情況下，一家公司可擁有許多相類似之媒體銷售通路。因此，一系列的政策便被制定，以規範單獨的一家水平整合公司，特別是電視網中的某家公司所能夠同時擁有的無線電廣播電臺或電視臺的最高數量。政策制定者們認爲，先前的那些規定太過於限制，且特別是損傷了美國三大廣播電視網與其他媒體的競爭能力（Head & Sterling, 1994）。目前，臺灣對有線電視水平與垂直整合亦有相關的限制。

另外一項與所有權有關的問題，則是所謂「交叉所有權」（cross-ownership）：一家公司是否應該被允許擁有各種不同種類的媒體？傳統上，美國的立法者們都很關切在相同的地區或市場中，是否應該允許一個單獨的個人或公司，同時擁有無線電廣播、電視及報紙等媒體。另一方面，他們也將關切的重點置於是否應該允許一家單獨的公司（例如Turner廣播公司），同時擁有多個廣播頻道及電影工作室；或者是否應該允許一家電信公司（例如U. S. West）同時擁有另一家主要有線電視經營與內容製作公司（例如Time Warner）的部分所有權。

三、獨占及雪曼的反托辣斯法案

在最早期的各種法律傳統中，仍然會對目前資訊化社會之發展造成影響者，應該算是允許特定的產業中可以存在著獨占或寡占的企業。西元

1800年代後期的美國經濟中，從事於石油、銀行及鐵路業的許多不同之公司結合成為所謂的「托辣斯」（trusts），它們都是屬於獨占（由一家單獨的公司支配著某個產業市場），或是寡占（由少數的幾家公司支配著某個產業市場）的型態。獨占可以讓相關公司收取遠比市場處於競爭狀況時更為高昂的費用。而在寡占的情況下，潛在的少數幾家公司有時候也會相互同意，而「訂定」遠比實際競爭為高的價格。獨占者也能夠強迫供應商以及商業上的合夥人，降低其零件或原料的售價，因為獨占者乃是這些供應商們的唯一市場。此外，獨占者也會盡其所能的採用一些不公平的策略，以排擠或避免可能的競爭者介入市場。

大眾媒介所有權之集中，乃是一項與保護內容之多樣性有所關聯的問題，而其最終也會與第一修正案中所保障的言論及出版自由產生關聯。存在於電訊傳播中的獨占性之問題，與憲法中禁止對商業行為的限制更有相當密切的關係。當獨占性的商業策略會對公眾利益造成傷害之事實被廣泛瞭解之後，法律及輿論開始轉為強烈地抨擊獨占與寡占現象；而國會也通過了「1890年雪曼的反托辣斯法案」（Sherman Antitrust Act of 1890）。

縱然如此，經濟學者專家也認為，在某些特定種類的產業中，競爭似乎並不具有任何意義。例如：電力、水力、電話等產業中，存在著一種自然獨占的現象。他們表示，讓這些產業以競爭性的方式來提供服務給所有的客戶，似乎並不合理。因為，這些產業為了提供服務而必須付出的投資額相當龐大，因此只有讓單獨的一家公司介入此市場才算合理；也唯有在不具競爭的情況之下，此類產業才能有利可圖。此種看法已被接受，並用於我們稱之為「公共財」（public utilities）的許多產業之中。這些事業單位在接受政府嚴格監督的同時，也被授予市場獨占的權利來作為回報，以便政府能夠確定它們不會濫用此種獨占權（Dizard, 1993）。

圖6.7 某些特定種類的產業中，競爭似乎並不具有任何意義。例如電力、水力、電話
　　　等產業中，存在著一種自然獨占的現象

　　當愈來愈多的公司開始介入某項產業並且互相競爭時，也使得電訊傳
播的公共事業紀元開始發生改變。當科技成本變得較為低廉時，競爭也就
逐漸增強，並且使得原先讓那些潛在競爭者無法介入的「自然獨占」門檻
就此消聲匿跡。

四、週率的分配及法規

　　制定廣播方面的相關法規，其主要原因之一在於：必須要在所有可能
會使用到電波週率，而且又是彼此競爭的公司或群體之間，將這些週率加
以分配給無線電廣播及電視來使用。在美國及其他國家（如臺灣）的許多
政府法規中，乃是藉由廣播業，以及某些相關資源，例如：衛星軌道、蜂
巢式電話，以及新的行動式服務的頻率之稀有性，來為相關法令提供合理
性。政府當局必須將頻譜週率公平加以分配，也就是說，何人可以在哪一
個頻道內進行廣播（參閱圖6.8）。

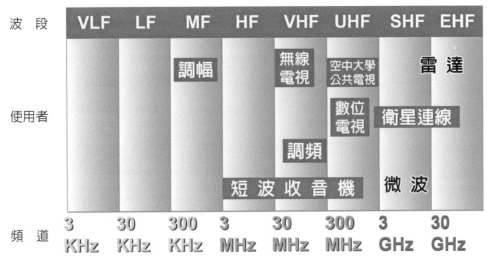

波 段	VLF	LF	MF	HF	VHF	UHF	SHF	EHF

使用者

調幅　無線電視　空中大學 公共電視　雷達
數位電視　衛星連線
調頻
短波收音機　微波

頻 道	3 KHz	30 KHz	300 KHz	3 MHz	30 MHz	300 MHz	3 GHz	30 GHz

圖6.8　可用頻率與分配

　　由於何人可以進行廣播，基本上已是由政府的法規制定者們來做決定，因此他們也必須要決定週率分配，以及換發執照（license）的相關法規。對聯邦通訊傳播委員會而言，它也必須從那些經常申請新週率的團體之中，挑選出最適合的申請者。此外，聯邦通訊傳播委員會也必須要確定是否讓那些已經擁有執照的公司繼續持有該執照，或者是否有其他的團體在提供公共利益方面，可以表現得更加出色。聯邦通訊傳播委員會發展出一套極為複雜嚴謹的審查程序，以便在眾多的申請者中做一選擇，並決定是否應該要發給執照。

　　在執照的分配上，聯邦通訊傳播委員會已備有許多關於內容方針上的腹案。其主要標準便是所謂的「公共利益」（public interest），但是相關的條件卻是由該委員會來認定。事實上，聯邦通訊傳播委員會藉由在各個不同規模的城市中設立廣播電臺，以試圖助長所謂的「在地主義」（localism）。而該委員會稍後又藉由提供優先通路給那些少數族群的所有者，以期促進內容的多樣性。頻譜分配之初、首次對於調頻執照的需求急速增加之後，聯邦通訊傳播委員會便開始保留某些調幅及電視的執照，

以便提供給那些著重於教育與文化內容的電臺使用。

　　時至今日，聯邦通訊傳播委員會認為事實上並無所謂的週率之稀少性，或是無線電廣播電臺（調幅廣播電臺的數量已急速增加）與電視臺不足（尤其是當大約60%的美國家庭已擁有多頻道的有線電視，以用來補足或代替廣播電視臺）的情況之後，使得在法規制定上有關於稀少性的爭論（scarcity argument）就此消聲匿跡。再者，雷根時代的聯邦通訊傳播委員會也不認為先前該委員會在針對執照申請人做挑選的這項工作上，有任何出色之處；取而代之的，他們則是在所有的申請人中以抽籤方式做隨機挑選，或是以拍賣方式來將週率「出售」給開價最高的投標者。

五、技術法規

　　對媒體及資訊科技的發展與散布而言，與基本技術之標準化有關的協議乃是相當重要的。當某一個企業要決定何時來大量生產一項新的科技產品時，相關的標準必須要先制定才行。但此點在某些狀況之下卻有其困難度存在：當某種科技正在不斷地改進及演變，在什麼時刻才是設定標準，以及將其大量生產以供人們購買的最佳時機？舉例來說，在個人電腦方面，當科技改變時，其相關標準也不斷在演變。但在這方面尚不足以造成太大的問題，因為人們在購買他們自己的電腦設備時，並不見得非與其他人的設備要互相一致不可。可是對電視而言，這個問題就比較棘手了，因為我們必須要設定一套單一的標準，以使所有的電視機、發送裝置，以及天線設備都能夠完全相容才行。

　　有關於電視的標準訂定，便是一個十分重要的例子。對於各個國家的發明人員，特別是在美國與英國來說，他們都競相界定與電視有關的基本技術標準；例如：螢幕上的掃描線數目、每秒所顯示的映像數目，以及影像及聲音所使用的週率等。通常，前述標準與規格將影響到全球化貿易與經濟，也與國家強弱有關。

圖6.9　對電視而言，我們必須要設定一套單一的標準，使所有的電視機、發送裝置及天線設備都能夠完全相容才行

第五節　因應數位匯流之管制

　　數位技術的高度發展，讓全球的媒體面貌在短時間內產生鉅變。法律訂定在多數情形下總是滯後於市場與技術的發展進度，當這種滯後性超出一定限度時，就產生管制之障礙。總的來說，數位科技對現行傳播產業及其規範的影響包括：(1)數位技術進步，造成數位化媒體整合的事實；(2)技術進步帶來法規必須跟進；(3)目前分散式立法無法處理宏觀的問題，也無法有效規範整合後所出現的「數位新媒體」；(4)需要重新審視現行相關法規的不足之處，並研擬一整合法規，以有效規範數位媒體。

一、各國規範管制機構之調整

　　為因應科技匯流，經濟合作開發組織（Organization for Economic Co-operation and Development, OECD）與國際電信聯盟（International Telecommunication Union, ITU）皆預期，整合通訊與傳播之監理機關，為未來發展趨勢；如美國聯邦通訊傳播委員會（FCC）擬改以功能別重新規劃其內部組織；英國將五個電信、資訊、傳播相關機關整併為通訊傳播署（Office of Communications, OFCOM），即屬適例。臺灣亦於2006年成立國家通訊傳播委員會（NCC）。各國針對通訊傳播之管制改革，縱使未成立新部會，亦於管制機關之內部組織及功能上加以調整。

（一）美國聯邦通訊傳播委員會（FCC）之改組

為管制無線電波使用秩序，美國聯邦政府於1934年依據通信法案（Communications Act）成立聯邦通訊傳播委員會（Federal Communications Commission, FCC）。1978年，美國商業部又成立了國家通訊和資訊管理局（National Telecommunications and Information Administration, NTIA）。其中，NTIA管理聯邦政府的頻率使用，而FCC管理所有聯邦政府以外機構的頻率使用。

聯邦通訊傳播委員會（FCC）是獨立的聯邦部門，直接向國會負責，負責制訂電信相關政策，管理跨州或跨國間的無線電、電視、衛星、光纖通訊等活動。FCC是各國第一個針對通訊傳播業務成立的獨立管制機構，固有其特殊性，自1996年FCC因應數位匯流科技整合，大幅修正原通信法案，增訂電信傳播法（Telecommunications Act of 1996），重新調整原有之通訊傳播管制架構後，其內部組織也已經多次調整。

（二）英國通訊傳播署（OFCOM）之設立

英國於2000年通訊傳播白皮書描繪了「第三代傳播革命」的藍圖，並提出應該成立一個新的監理機關建立新的監管架構，以促進通訊傳播業之良性競爭及發展。英國文化大臣說明建置OFCOM的好處包括：(1)建立一個單一決策、發展、執行的體制架構；(2)具有高度的應變能力；(3)清楚之責任歸屬；(4)單一窗口可提供多項服務；(5)彈性利用資源之能力；

(6)具經濟規模；(7)共享研究資源與市場分析；以及(8)清楚協調之公共形象等等。

OFCOM於2003年12月完成整合，將既有的五個管制機關：電信管理局、無線電管理局、獨立電視委員會、廣播標準委員會、廣播管理局加以整合，並將以往未受任何政府機關監管之英國廣播公司（British Broadcasting Corporation, BBC）納入管理。

（三）澳洲通訊傳播監理機構（ACA及ABA）

澳洲的通訊傳播監理機構係分散型，首先將決策和管理兩功能分開：決策方面，統由中央政府的「通訊資訊技術暨藝術部」主管，通訊傳播的政策制訂皆由該部會部長負責；在管理方面，則依電信或廣電等不同的事業由不同機關掌管。

1. 澳洲通訊傳播局（ACA）

ACA係依據Australian Communications Authority Act 1997而設立，匯整電信、電波、頻譜之管制機關，事權集中。且委員均具有專業背景，亦設立諮詢委員會引進各方之意見，並設有消費諮詢委員會，推動關於保護消費者權益之事務。

2. 澳洲廣電局（ABA）

ABA係依據Broadcasting Service Act 1992而設立，主管澳洲之廣播電視事業，為一個獨立的聯邦法定管理機關，負責管理無線電廣播及電視、付費電視及網際網路之內容監理。

（四）新加坡通訊傳播監理機關（IDA與SBA）

新加坡在通訊傳播之監理方面，依通訊或廣電不同事業由不同機關掌管：

1. 資訊通信發展局（IDA）

資訊通信發展局在1999年成立，為電信業之主管機關，負責發放、審核電信執照及管理電信業者。職掌包括：提升新加坡資訊及通信產業之效率及國際競爭力；建立、維持新加坡資訊及通信技術教育與訓練之標準，或對該標準提出建議。IDA的定位為電信產業政策之決定者、管理者、發展者及提倡者。

2. 新加坡廣播局（SBA）

廣播局（Singapore Broadcasting Authority, SBA）為傳播及網際網路之主管機關，隸屬資訊、通信暨藝術部。SBA之設立目標為管理傳播產業，以確保傳播內容之品質，以及多樣化與適當性，同時並須鼓勵傳播產業之健全發展，建立新加坡為區域資訊傳播中心。SBA主要負責網際網路相關業務之管理。

由於新加坡政治環境與歐美等民主發展較久之國家有顯著差異，因此，通訊傳播之相關主管機關皆附屬於行政體系之下，獨立性不高，其特色為：(1)以國家整體政策為主要管理依歸；(2)主管機關兼負產業輔導與管制之責；(3)重視產業之國際競爭力。

二、因應通訊傳播匯流之重要政策

（一）美國1996年電信傳播法

美國1996年電信傳播法（Telecommunications Act of 1996）是美國通訊傳播產業在歷經半個世紀的1934年通信法案（Communications Act）管制以來，修正幅度最大的管制改革，影響遍及全美電信產業、傳播產業，以及消費者利益。

該法案於1996年2月8日由柯林頓總統簽署，1996年電信傳播法開放

所有電信市場邁向競爭，包括地區與長途電話服務、有線電視，以及設備製造業。這部法典代表美國政府對於電信市場將以更為彈性與創新的措施，來取代原來嚴格的管制方法。其影響層面不僅及電話、無線與有線廣播電視，更涵蓋電腦網際網路等新興傳播通訊產業。其主要目的是減少管制，促進競爭，以提供美國電信傳播消費者較低廉的價格和較高品質的服務，並鼓勵新電信傳播科技的迅速布署。

1996年電信傳播法案的立法精神在於：以放鬆管制（deregulation）取消「市場進入障礙」（market entry barriers）的方式，鼓勵電信、廣播、無線電視、有線電視等事業的跨業經營，促進競爭。法案除認可了大眾傳播媒體的集中（concentration）、整併（conglomeration），以及垂直整合（vertical integration），放鬆關於媒體所有權及執照更新的相關管制，不再強調基於頻譜稀有所導引出來的嚴格管制理念。

（二）歐盟1997年匯流綠皮書

歐盟在通訊傳播政策上，深切體認資訊社會之事實，以及科技快速發展將對決策者形成重大的挑戰，尤其是電信、媒體與資訊科技等類似性技術產業之間的相互競爭與結盟行為。歐洲聯盟之執行委員會於1997年12月提出「電信、媒體及資訊科技產業匯流及其對於管制之涵義——邁向資訊社會」綠皮書。

歐盟強調科技平臺與網路建設的整合已成為事實，而類似的管制情形也應該適用「水平式」的管制方法，取代傳統的「垂直式」管制方法。另一方面，強調數位化及以知識為基礎的經濟，對經濟成長、市場競爭及創造工作機會之潛力上皆有望提升；同時說明以低廉價格接取世界水準之通訊基礎設施，與普及的傳輸服務對歐洲商業及公民的重要性。

（三）英國2000年通訊傳播白皮書

英國政府設定三項前瞻性目標，並建議將現行分散的電信、傳播及資

訊內容之管理架構整合為單一的管理機制，以促進電信及傳播事業之良性競爭與發展。三大願景如下：(1)創造具有活力及競爭力的市場；(2)確保高品質、多樣化及普遍性的服務；(3)確保消費者與民眾的利益。

面對通訊傳播匯流之議題，通信革命已經展開。英國政府對此通信新環境做出回應，以使大眾普遍享有多樣的高品質服務，使消費者權益受保護，提供安全可靠的新通信服務，讓英國成為世上最具競爭力之通信市場。為達成上述目標，英國政府明示將促進網際網路及更高頻寬服務之接取、擴大英國廣播之區域規模、持續支援獨立之產品業者、考慮社區多媒體服務、在整合之環境下修改法規保護大多數之媒體；英國並於此宣示將成立通訊傳播署（OFCOM），以此單一監理機關建立新監管架構，促進電信及廣播業競爭。

（四）日本通訊傳播產業政策

日本政府自1990年代以後，有感於數位化、IP化等技術快速發展，為因應技術演進而產生變動，採取眾多IT促進政策，如：e-Japan重點計畫、u-Japan政策，訂定相關法律，如高度資訊通信網路社會基本法，並依該法於內閣下設立推動高度資訊通信網路社會戰略本部，以內閣總理大臣為首，率相關部會首長共同推動相關政策。

日本認為IT技術將為日本經濟再生的火車頭，已緊急進行以下的產業體制改革：

1. 有關電信與廣電匯流後的制度改革，促進電信與廣電的融合。
2. 除通訊傳播領域外，就「無所不在的」（ubiquitous）網路化，以及因應2011年網路環境，針對法律規範體系進行全盤檢討，並納入鼓勵新服務的觀點。
3. 政府應排除一切妨礙IP數位化的阻礙，對轉為水平整合做根本性的改造，透過公平競爭，架構光纖寬頻網路，並有效運用電波資源。

4. 有關網際網路上所提供之內容，建立簡便的著作權情報系統；對於不當內容的監管，須建立有效的技術手段；完成NHK電視節目廣播的全數位化；以及加強與亞洲各國進行著作權的保護交流。

未來，寬頻視訊產業同時結合電信、有線電視與衛星產業，將成為國家資訊基礎建設最重要的一環，也是知識經濟發展的基礎。另一方面，因為全球化的關係，不可避免地將面對來自區域或國際性的強烈競爭壓力。而由於寬頻基礎建設將取代資本、土地等，成為未來國力強弱的指標，所以，如何透過法規來讓國家能夠儘快完成基礎建設的建制，才是數位匯流時代國家管制的主要目標。

 問題與思考

1. 關於市場壟斷之政策限制意義何在？媒介產業之市場獨占可能造成什麼影響？

2. 臺灣近年有哪些引起大眾關注的傳播政策相關議題？它們受到廣泛討論或出現爭議的原因何在？

3. 面對數位匯流趨勢，哪些既有傳播法規可能面臨不適用困境？

參考資料

一、中文部分

蔡念中、張宏源（2005）。《匯流中的傳播媒介》。臺北：亞太。

二、英文部分

Bagdikian, B. (1993). *The media monopoly* (4th ed.). Boston: Beacon Press.

Compaigne, B. M. (1982). *Who owns the media? Concentration of ownership in the mass communication industry*. New York: Crown.

Dizard, W. (1993). *The coming information age*. New York: Longman.

Dye, T. R. (1998). *Understanding public policy*. Englewood Cliffs, NJ: Prentice Hall.

Head, S., & Sterling, C. (1994). *Broadcasting in America* (4th ed.). Boston: Houghton Mifflin.

Rivers, W., & Schramm, W. (1980). *Responsibility in mass communication*. New York: Harper & Row.

第二篇

媒介多元化

7

第 1 章 ▶▶▶

印刷媒介

　　印刷媒介是最古老的大眾媒介，至今日，仍然占有一席之地。邁入數位科技時代，它們的內容形式及產業制度，寫下截然不同的歷史，因而衍生出某些例如出版自由與智慧財產等重要議題。雖然自電子媒體介入，印刷媒體流失了部分讀者；但是對於許多人在資訊與休閒的需求上，印刷媒體仍是相當重要的訊息提供者。今日，印刷媒體的科技正快速地進步，逐漸與匯流趨勢形成多媒體出版的未來。就印刷媒體發展而言，科技上的革新，新的媒體形式，隨之產生的新服務、新需求、新市場等，以及對社會環境造成的改變，均是發展過程中值得關注的現象。

第一節　印刷媒介的發展

　　印刷術發明之前，書籍乃是一種極為有限的媒介。在大眾媒介出現前，讀寫能力及閱讀便已存在了數千年之久。在這段長達數千年的時間裡，僅有那些社會菁英中的少數人，能夠擁有書籍；而閱讀則是牧師及神父等神職人員的主要工作。書籍的複製則是由僧侶們以手抄方式來完成，而他們通

常都將一生的時間奉獻於此種手抄書寫的工作上。當然，這些書籍通常也已擁有華麗成熟的插畫。

在希臘、埃及、中國、伊斯蘭、羅馬的文明裡，僅有少數人們接受過高等教育，並且有機會進入圖書館中閱讀。在中國與伊斯蘭教的國家中，文學、科學及哲學方面的書籍，僅能在受過教育的極少數人當中廣爲流傳。在整個中世紀時代的歐洲地區中，除了聖經、宗教性，或是哲學註釋類的書籍外，人們所能獲得的其他種類書籍寥寥可數。到了十四世紀，當一些大學設立，並且訓練了更多人們擔任牧師之神職，以及那些貴族們開始對學習閱讀產生興趣後，這種情況才開始改變。

圖7.1　在印刷術發明之前，書籍是一種極爲有限的媒介。整個中世紀時代的歐洲地區，除了聖經、宗教性或是哲學註釋類的書籍外，人們所能獲得的其他種類書籍寥寥可數（莊博仁　攝影）

最爲人所熟知的印刷技術發展史里程碑，爲所謂「古騰堡革命」。當德國人古騰堡（Johannes Gutenberg）發明了活字版及機械印刷術後，經過了五年的發展，所謂的古騰堡聖經（Gutenberg Bible）於西元1455年時首次問世。雖然有許多人認爲印刷媒體乃是肇始於古騰堡；事實上，有關

於書寫、紙張，以及印刷等技術的早期發展，大部分都是發生於中東地區及中國。西元105年時，中國人便開始利用碎布製造紙張；但是直到西元700年，這項新的技術才由阿拉伯商人引進了西方國家。早在中國的唐朝時代（西元618至906年），就已經廣泛地使用木片來刻印文字。然而，上述的這些發明，並無法造成印刷產業的大肆蓬勃發展。直到西方的工業革命（Industrial Revolution）開始之後，機械逐漸取代人力，歐洲人重新發明了活動字版，此時才有能力來將印刷事業做更爲完善有效的發展及開拓（Carter, 1991）。

在早期的書籍當中，大部分都是屬於宗教性的書籍，尤其是聖經、祈禱類的書籍，以及讚美詩集（歌本）等。其他不屬於小說類的書籍，則傾向於將重點置於道德方面的故事及議題上。雖然如此，小說類、詩歌類，以及其他與休閒娛樂有關的書籍，也同時在相當早期便已出現。

早在印刷術發展之前，不論是在歐洲或其他地區的文化中，將故事類的內容轉變爲小說型態業已出現。事實上，我們目前仍然可以發現，書籍中敘事史詩類的故事，早就以口耳相傳的方式存在了數個世紀之久。舉例來說，早在冰島人有文字紀錄之前，他們的傳說就以口頭方式相傳、記憶，並且世代相傳。同樣地，以手寫方式將這些相同的傳說以及許多其他的故事加以記載，使得他們在使用印刷技術之前，就能將這些事蹟加以保存與流傳。

印刷媒體促成的一項主要人類及社會發展，便是讀寫能力的增進，並且將以歐洲人日常所用之語言所著述的書籍加以散布。在十二世紀以前，著述的傳播幾乎都是以羅馬天主教廷所使用的拉丁語文爲之。因此，爲了要能夠具有閱讀書籍的能力，拉丁語系以外的人們就必須要學習第二種語言。接著，以人們日常所用之語言所著述的書籍逐漸普遍；各種書籍開始以本國的語言來編寫，包括義大利文、法文、德文、英文，以及瑞典文等。大約十四世紀至十五世紀左右，在社會的菁英分子、中產階級，以及例如哥倫布船長等專業人士之中，讀寫能力已經變得更爲普遍。甚至到了

第七章　印刷媒介

135

今天，對許多未開發或開發中的國家來說，這種文盲情形依舊存在：在這些國家中，僅有社會中的菁英分子與中產階級具有讀寫能力，而他們才會是印刷產品所針對的目標。

第二節　科技化趨勢

　　印刷媒體的生產體系持續不斷地變遷。從十九世紀起，印刷媒體產業便因高速印刷而產生了革命性的改變，此種進步不斷地持續至西元1900年代。對書籍、雜誌、報紙而言，只要有利的配銷體系持續存在，快速而集中式的印刷術就會永遠不可或缺。對於新孕育的印刷媒體發展而言，運輸及遞送的技術都是非常重要的。大眾媒體的成長，乃是決定於工業經濟以及工業科技以外的部分，特別是散布的方式影響更大。在過去的時代裡，鐵路所扮演的角色尤其重要，因它能夠運送數量極為龐大的書籍和雜誌。

　　伴隨著各種運輸方式之改良，郵寄服務也出現了成長。當報紙通常只是直接遞送到城市之中，而書籍也是以大宗的方式沿著鐵路及航運路線而運送的時候，郵寄就成了使雜誌能夠被送到更廣大之讀者群手中的一種重要、而人們又能負擔得起的方式了。當運輸方式產生改進，並透過立法而使郵寄成本降低，郵寄服務也就變得更為便宜了。許多工業大國如美國因此決定降低並補助（subsidize）雜誌的郵寄費率，以便能夠對雜誌產業有所幫助，進而提高讀者們對雜誌的閱讀慾望與興致。郵寄不但有助於書籍的銷售，甚至還能夠幫助某些報紙的傳散。

　　電報、電話、衛星，以及各種新式服務，出現一起成長的狀況。嶄新的先進科技不斷地對新聞及資訊的傳送產生革命性影響，而且不論是對大眾媒介，或是直接對個人及企業的使用者而言，均是如此。事實上，無論是銀行家、政治領袖，或是新聞媒體，都倚賴相同的新聞傳送科技：從

早期的跑差、信差、帆船、蒸汽船、火車、旗號手、傳信鴿，甚至到先前的電報。在歷代的這些傳送方式中，其技術上的主要改變乃是傳送更為快速、容量更為龐大，以便能夠傳輸更多的資訊。在某些時候，速度與容量是無法兼得的，例如一隻傳信鴿所能攜帶的資訊勢必有限（Smith, 1980）。

　　利用衛星來傳送資訊並將其列印出來，已成為極為普遍的一種方式。已完成版面安排的報紙原稿，也能夠藉由衛星將其自編輯中心的辦公室，傳送到遠方的印刷廠中。舉例來說，美國的幾家主要國內報紙，包括：《紐約時報》（*The New York Times*）、《華爾街日報》（*The Wall Street Journal*）、《今日美國》（*USA Today*），它們都是利用衛星傳送版面，在許多不同的地方印行，以便在遞送上能夠達到更為簡易、低價、快速及地方化的目標。過去20年來，高速印刷成本已更為低廉，也更容易被廣泛地取得。不論是地方性的印刷廠，或是使用電腦印表機與影印機的個人印刷者，他們在印製上的速度都已經變得更為快速，內容也更為精緻複雜。

圖7.2　在過去20年來，高速印刷的成本已經更為低廉，在印製上的速度都已經變得更為快速而且內容也更為精緻複雜

電腦化也對印刷媒體造成許多其他面向的影響。首先，電腦藉由將鉛字以照相處理，再將其轉換成金屬印刷底版的方式，取代了自動排字機。然而，有關每頁的版面布置及相關圖片的黏貼，仍然是以人工方式處理。當每一頁有愈來愈多的組成要素都被儲存於電腦中時，大部分的版面布置也就可以在電腦中直接完成。藉由掃描或是將照片以數位化方式處理，使得上述的這種過程更加簡化；因此這些圖片也就能夠以電子化的方式加以編輯，並被定位於張頁之中。藉由新的軟體使用，能讓使用者們得以設定字型、產生標題、將本文排列成行、將文字說明環繞於照片或插圖四周、將照片加以編輯修剪與定位，使得版面布置變得更多元與彈性化。

表7.1 印刷科技的里程碑

西元年代	事件
105年	以碎布所製造的紙張在中國發明
600年代	在中國採用木片來刻印文字
700年	阿拉伯商人們將紙帶入了歐洲
1000年	可移動式的黏土字版印刷在中國發明
1234年	可移動式的金屬字版印刷在韓國發明
1450年	可移動式的金屬字版在德國由古騰堡（Gutenberg）發明
1800年代	鋼製印刷機在英國發明；蒸汽動力印刷機在德國發明
1846年	輪轉式印刷機（將字版置於滾筒上）在美國發明
1890年	自動排字印刷機在美國發明
1970年代	以電腦為基礎的照相排字與排版（typesetting）透過衛星將原稿傳送至印刷中心
1980年代	桌上型出版
1990年代	線上（on-line）通路以及地方性的出版；以電腦媒體、光碟機（CD-ROMs）和電腦磁碟機來執行出版

資料來源：蔡念中、張宏源（2005）

隨著科技進步，功能更強大以及速度更快的裝置，也被組裝於桌上型或移動式的設備之中。例如：雷射印表機，以及能夠將照片或插圖以數位化方式處理成電腦可判讀之形式的掃描器等設備，不但價格更爲便宜，也更易於廣爲散布。上述這些硬體設備，再配合上相關軟體，便能夠讓使用者們在桌上型電腦中執行強而有力的版面布置以及頁面修飾。前述這些軟、硬體之結合，也就是我們所謂的桌上型出版（desktop publishing），對於減低或去除印刷媒體之集中化，有著極大的影響力。科技發展至今，任何人都可以製作地方性或特定性的報紙、時事通訊、雜誌、廣告傳單、海報，以及「個人化」卡片或信函等等。雖然如此，電腦的硬體及軟體仍是難以取代寫作上的才能、視覺上的設計能力或者編輯技巧等等「軟實力」。

　　時至今日，當人們要傳送印刷媒體時，傳眞、電子郵件，以及各種資訊網路服務，都已成爲可供選擇的多元替代方式。就目前而言，電子式的各種管道已能夠承載大量的資訊，尤其是在簡單的文字形式上；因而使得大眾媒介在將其產品加以散布時，有多種途徑可供選擇。同時，許多的

圖7.3　科技發展至今，任何人都可以製作地方性或特定性的報紙、雜誌、廣告傳單、海報以及「個人化」卡片或信函。雖然如此，電腦的硬體及軟體仍是難以取代寫作上的才能、視覺上的設計能力或是編輯上的技巧

個人、公司、團體等，藉由影像視訊服務，其傳輸方式與電子郵件有些相似，以便獲取原始的文本內容，而對大眾媒介的倚賴不再那麼強烈。對於那些使用線上資訊服務（on-line information services）的人們而言，新聞服務與新聞媒體之間的區別，也許至此已然消失。

另一種利用電腦媒體以供發行的新形式，則是所謂的「光碟機」（CD-ROMs）或是電腦磁碟機；可將其用來儲存、讀取，或使「印製的」資料，例如：小說、百科全書，以及參考書籍等進行再生。這些新的電腦媒體可將傳統的印刷資料與聲音、影像及圖形相結合，形成所謂的「多媒體」（multimedia）出版。而多媒體出版亦成為現今的主流出版與閱讀形式。

第三節　數位媒體的挑戰

隨著二十一世紀來臨，人類傳播歷史進入數位化新局，傳統的印刷紙媒面臨巨大挑戰。新科技出現，民眾媒體使用習性劇變，傳統紙媒無論想創新或另闢營收戰線，都必須付出極大心力力求生存。

根據美國互動廣告局（IAB）公布與PwC合作調查的2013年網路廣告營收報告，網路已是最大的廣告媒介，締造了428億美元的廣告營收，超越廣播電視廣告的401億美元、有線電視廣告的344億美元、報紙的180億美元、廣播的167億美元、雜誌的134億美元，以及戶外廣告的79億美元。另，2013年美國只有網路廣告有較大幅的成長，報紙廣告呈現衰退，雜誌廣告嚴重衰退，營收減少了41%（錢震宇，2015）。由此趨勢，已可預測紙媒的廣告收入只會愈趨下滑，且幅度只會更加明顯。到了2016年，具公信力的美國Pew Research Center的新聞媒體現況報告出爐，相較於2014年，2015年報紙平日發行量整體持續衰退6.7%，雜誌零售與發行量亦呈現微幅下降趨勢。可以注意的是，閱讀印刷的報紙仍然是讀報

紙族群的主流，但從研究數據可知，這個閱讀純紙媒的族群正在快速縮減中；數位版雜誌的零售則在2012年開始就持續飆高（Pew Research Center, 2016；IEObserve國際經濟觀察，2016）。

因此，面臨嚴峻寒冬的傳統印刷媒體業，數位化會是重要出路。然而數位化後的工作內容、營收模式、行銷策略等等，也必隨之轉變，所有舊有的思維都會被打破。傳統紙媒若無法保有變形彈性、快速應變能力，將被吞沒在這股無盡的數位浪潮中。著眼於數位匯流、多角化經營、策略聯盟、加值行動載具等等，都可能是紙媒融入數位匯流時代的創新途徑。

 問題與思考

1. 你是否為平面媒體讀者？報紙、雜誌對你來說有何意義或重要性？
2. 印刷媒體與數位媒體的差異，可從哪些面向進行觀察？
3. 面對數位匯流的挑戰，哪些策略可幫助傳統平面媒體產業轉型或維持營收？試舉一實例說明。

參考資料

一、中文部分

IEObserve國際經濟觀察（2016）。〈紙媒面臨濃厚死亡氣息，數位廣告平臺巨頭壟斷〉。泛科技。取自https://panx.asia/archives/51759

蔡念中、張宏源（2005）。《匯流中的傳播媒介》。臺北：亞太。

錢震宇（2015）。〈紙媒面臨的極端氣候〉。鉅亨網。取自https://tw.money.yahoo.com/%e6%99%82%e8%ab%96-%e7%b4%99%e5%aa%92%e9%9d%a2%e8%87%a8%e7%9a%84%e6%a5%b5%e7%ab%af%e6%b0%a3%e5%80%99-090028325.html

二、英文部分

Carter, T. F. (1991). Paper and block printing - From China to Europe. In D. Crowley & P. Heyer (Eds.), *Communication in history*. New York: Longman.

Pew Research Center (2016). State of the News Media 2016. Retrieved from http://www.journalism.org/2016/06/15/state-of-the-news-media-2016/

Smith, A. (1980). *Good-bye, Gutenberg*. New York: Oxford University Press.

第 8 章 ▶▶▶

廣播產業

在電影、電視及其他多媒體中，有一大部分的資訊及其帶給人們的衝擊，是來自於音效部分。而那些完全倚賴音效的聽覺媒介，如無線電廣播及錄音產品，更是單靠聲音就替聽眾編織出社會的面貌。無線電廣播的發展，由最先的調幅（AM）進展為調頻（FM），再演化至目前的網路廣播、數位廣播。隨著科技、社會與趨勢變化的交互影響，聽眾及其習性的改變，廣播內容的形式與類型亦隨之產生變化。

第一節　廣播產業的發展

廣播為聲音媒介發展歷程中最重要的大眾媒介產業。從遠古時代聲音即是人類獲取訊息的主要途徑，人類也藉由聲音來作為娛樂，或是與他人相互聯絡的方式，由來已久。早在無線電廣播出現之前，美國及歐洲地區就已存在了為數相當多的音樂企業，它們乃是立基於表演、書面的歌詞，以及印製的散頁樂譜（sheet music）之上。由於表演者們在各個鄉鎮之間旅行，並將各種音樂呈現給當地的人們，使得流行音樂及古典音樂變得相當普及。隨著印刷術發明，藉由所謂散

頁樂譜之流傳，使得音樂的散布變得更爲容易。在最早被印製的各種資料中，有一部分便是歌曲的歌詞及音樂的樂譜。爲了製造可供大眾共享的音樂，使得各種不同的嘗試不斷被創造出來；廣播的勃興也加快了音樂傳散的速度、擴大傳散範圍。因此，音樂與廣播兩產業間相輔相成，互爲對方做出經濟與發展上的貢獻。

一、無線電

　　西元1896年，義大利人馬可尼（Guglielmo Marconi）在英國藉由專利（patent）之取得，樹立無線電的早期發展里程碑。在西元1890年代末期及1900年代初期，他試圖在其祖國義大利，將無線電用途擴展到商業及軍事上，但義大利政府卻對他的計畫不感興趣。即便如此，馬可尼的計畫在英國大爲成功，隨後並在美國廣爲發展。在這兩個國家，馬可尼藉由他敏銳的商業眼光及才能，支配了無線電及雙向通訊的早期使用。由於無線電主要是使用於不同國家之間對船舶航行上的通訊聯絡，因此馬可尼的公司便設立了一系列海岸無線電站臺，以便能夠接收及傳送那些橫跨海洋或是來自於船舶上的訊號。到了西元1913年，馬可尼便已支配了整個歐洲地區以及美國境內的無線電業。至第一次世界大戰期間（西元1914～1918年），無線電已被視爲是一種雙向、點對點的空中式電報。無線電成功成爲商業上、航運上及軍事上使用於長距離通訊，以及一種可攜式的雙向通訊媒介。

　　第一次世界大戰結束之後，雙向式的無線電更朝著大型企業的組織方向發展。馬可尼試圖取得美國方面的專利權，以期能夠合併成爲一個橫跨歐美的通訊獨占企業；但是由於美國政府反對國外對其無線電的控制，使得馬可尼的構想無法實現。另一方面，美國海軍仍暫時掌握著無線電技術及相關資產的控制權，並且提議由政府來經營無線電事業。經過協商，迫使馬可尼別無選擇地必須將其在美國的資產讓售給奇異電子公司（General Electric）。而後來一些主要的公司，包括：奇異電子公司（GE）、

美國無線電公司（RCA），以及美國電話電信公司（AT&T）等，也於西元1920年時建立了專利聯盟（patent pool）制度，使得這些企業都能夠生產完整的無線電設備，造福世人。

二、無線電廣播

如前述，第一次世界大戰期間，由於科技上的發展，使得無線電技術能夠超越以電報暗碼形式所執行的雙向無線電傳送，進一步發展至能夠廣播音響、聲音，以及音樂。在初期，所有涉足無線電業的主要公司，都不認爲廣播能成爲具有潛力的市場。

然而，一些發明家和業餘的愛好者們，很快就開始了音響廣播式的聲音傳送。西屋公司的一位工程師康拉德（Frank Conrad），在西元1920年時，成立了一個與該公司位於匹茲堡之工廠相互聯繫的固定廣播站。此時，西屋公司也瞭解到固定的無線電廣播能夠有助於無線電的銷售量，便於西元1920年時在匹茲堡設立了一家稱爲KDKA的無線電站臺。由於沒有相互競爭之訊號干擾，使得KDKA的廣播在美國及加拿大許多地區中都能被接收到。這種情況鼓勵了人們購買無線電廣播接收器之意願，在西元1922年時銷售量爲10萬台，到了1923年時已高達50萬台（Sterling & Kittross, 1990）。

至此開始，某些個人及團體便開始思考並關注各種與無線電廣播有關的發展及獲益機會。廠商們爲了提升本身利益，開設無線電站臺；某些電子公司，例如RCA無線電集團（RCA Radio Group）也開始設立廣播電臺，如此才能播放一些節目，進而挑起人們購買收音機的慾望。報紙將無線電廣播視爲是一種新聞媒介，而學校及教堂則將其視爲一種具有教育潛力的新途徑。爲了避免愈來愈多加入此種新媒體的業者間形成頻率上之相互干擾，美國早期的管理單位商務部乃被要求針對無線電廣播執行監督之責任。於西元1923年時，所核發的執照總數高達數百家之多。

三、付費廣播：「廣告」的新舞臺

美國電視節目的營運模式可回溯至初期廣播萌芽的時代，當時大多數的廣播電臺是由收音機製造廠商所支持的。收音機製造商為了拓展產品的市場，大力支持廣播電臺節目的播出。一旦收音機市場逐漸穩定，廣播電臺也逐漸增多，電臺為求生存就必須增加節目的豐富度與吸引力；因此，一個具規模的電臺就產生包括藝人車馬費、專業器材與人力等多方開銷。是故，這些初期的廣播電臺開始想方法開闢財源。最早，美國電話電信公司（AT&T）的廣播電臺WEAF依據AT&T先前經營電話業務的部分經驗，將無線電廣播作為傳輸平臺，開放讓其他內容業者使用，並收取費用。此種構想演進成讓各個收音機的製造商們贊助節目的製作費用，再由廣播電臺在節目中提供這些收音機產品的廣告宣傳。

之後，根據美國資深廣播電視節目主管Vane和學者Gross（蔡念中，1996），為了籌措財源，也為了經濟上的理由，廣播電臺開始套用「公共電話」的使用模式，亦即廣播電臺可供民眾以付款方式接收訊息。AT&T曾在紐約設立電臺WEAF即採用上述方式，並在錄音室內安置一間類似公共電話亭的設備供人使用，卻乏人問津。直到1922年8月，WEAF播放了第一個「廣告」（commercial）：由房地產公司所付款播出的10分鐘商業訊息，從而影響了AT&T的經營策略，商業廣告也逐漸在廣播媒介上立足生根。

AT&T將此種做法稱為「付費式廣播」（toll broadcasting），這與長途電話或付費電話的做法是相同的。由於AT&T利用其本身的電話線路來將許多屬於它的廣播站臺相互連接，因此這也是第一個「廣播聯播網」（network）。廣告商們對此種做法的反應可說是趨之若鶩，而使得付費式廣播成長極為迅速。AT&T嘗到甜頭之後，開始夢想能夠獨占這個新興的媒體產業，並且馬上付諸行動，成立了以WEAF為首的廣播電臺網路。然而，美國政府及其他主要的一些電子公司，對於AT&T在廣播業及電話

業中都獨占鰲頭的情況並不樂見，使得批評與反對的聲浪日益高漲（Sterling & Kittross, 1990）。

　　至於其他一些早期的廣播業者們，對於如何經營無線電廣播，以及應該如何來獲得節目製作所需的費用等，仍一知半解。初期，RCA及其所屬的無線電集團仍然將它們的廣播電臺——KJZ，視為提升無線電銷售量的一種手段。它們藉由向聽眾收取所謂的執照費用來支付節目的製作成本，並且要求收音機的製造商們共同負擔節目製作費，以使它們能夠將收音機銷售出去。然而，它們也並不樂於見到AT&T介入無線電廣播業；經過協商之後，於1926年時終於達成了下列協議：AT&T退出無線電廣播業（仍然擁有其電話業的獨占權），並且同意僅是以中立的身分來扮演其他網路在傳輸方面的聯繫角色。此種解決方式形成了一種政策上的模式，也就是電話電信公司不得涉足於傳播方面的業務。

　　無線電廣播在提供能夠吸引人們的休閒活動時，也提供廣告商們與各個家庭之間的直接接觸通路。為了能夠讓收聽廣告內容的聽眾人數增加，廣告商們無所不用其極，藉由使用音樂、喜劇，以及其他娛樂性的方式，以期達到目的。他們引導其廣告在娛樂節目的時段中播放，使得廣播電臺也不得不朝著這個方向發展。剛開始，一些法律制定者以及廣播業者們，皆擔心在廣告播放過多的情況下，會造成聽眾對無線電廣播產生排斥；但是由於聽眾們對於這種新的媒體需求若渴，以至於在沒有過度反應的情況下就接受了這些廣告（Barnouw, 1966）。

四、無線電廣播聯播網（network）的興盛

　　美國無線電公司（RCA）於1926年時設立了它的無線電廣播網路，稱為「美國國家廣播公司」（National Broadcasting Company, NBC）。當RCA依據其無線電集團（RCA Radio Group）與AT&T所簽訂之協議而將後者收購之後，它便擁有了兩個聯播網，稱之為RCA Red及RCA Blue。但是它很快地就遭受到來自於培利家族（Paley family）所擁有的「哥倫

比亞廣播公司」（Columbia Broadcasting System, CBS）之競爭。兩家公司的聯播網各自擁有地方電臺，而且它們也都各自吸引了許多的分支電臺。到了1937年，美國國家廣播公司擁有111個分支電臺，而哥倫比亞廣播公司則擁有105個分支電臺（Sterling & Kittross, 1990）。

　　無線電廣播網路乃是由某些已經預見到這種新興媒體所擁有的巨大潛力，並且本身深具強列企圖心的企業領導人所整合而成的。如美國無線電公司／美國國家廣播公司之David Sanoff，以及哥倫比亞廣播公司的William Paley，他們兩人都是俄國移民的後裔，對廣播的發展有著重大貢獻。事實上，到了1927年時，美國的無線電廣播產業已經漸漸發展出成熟的商業化運作模式。可以從幾個面向來說明：

　　‧收音機普及、全國性的聯播網成形，為數龐大的收聽家庭成為廣
　　　告商覬覦的對象。
　　‧無線電廣播法案（Radio Act）將各電臺間的頻率干擾問題加以解
　　　決，採用核發執照的方式來加強控制。
　　‧各個無線電臺在技術能力上，已發展至能夠傳送更為清晰、更強
　　　的訊號。
　　‧廣告已經成為無線電廣播業者們在經濟上賴以維生的主要方式。
　　‧眾廣告商對於透過網路及地方電臺來接觸大量聽眾，開始產生極
　　　大興趣。

　　聯播網因為有「規模經濟」（economics of scale）的優勢，廣播公司得以在其中心電臺或分支電臺內製作高品質、高成本的節目，並將這些節目與它們的各個自營電臺及許多的會員電臺共同分享，於此能夠將製作成本由這些電臺來加以分攤，而降低每一個電臺的成本支出。對於全國性的廣告商而言，也能透過其涵蓋全國範圍的無線電臺，提供一個能同時將廣告宣傳內容在全國播放的機會。因此，聯播網制度也創造出一個全國性的廣告市場。

早期的無線電廣播聯播網節目內容，大部分都以音樂為主（至少占了整個節目的四分之一以上）；但它同時也包括新聞、喜劇、各種不同的劇場、連續劇、戲劇、懸疑劇、冒險動作劇等。在這些種類的節目中，許多都是與我們目前的電視節目有所關聯的，例如：連續劇、冒險劇場、偵探劇等，都是由廣播節目中發展而來。而以無線電廣播本身來說，它在運作上也採用了許多取自於音樂、馬戲、輕鬆歌舞劇、長篇連載小說、短篇小說等的各種類型。由於當時錄音技術還無法達到相當高度保真性（fidelity），因此當時的音樂仍是以現場播出為主。

這個時期的無線電廣播網路與其他的媒體相較之下，其重要性可說是達到最高峰。其中，甚至發生一起因為廣播傳播而引發社會恐慌的重要指標性事件。西元1938年10月30日哥倫比亞廣播網在其常態節目中播出Orson Welles所導演的廣播劇《火星人入侵》（*War of the Worlds*），該劇虛構火星人進攻地球的情節，劇中大量引用新聞快報的方式來增加戲劇真實性，並邀請「專家」呼籲民眾如何自保或逃生。以假亂真的劇情安排，據事後估計，大約600萬的聽眾中，至少有100萬人感到恐慌（Lowery & DeFleur, 1983），很多惶恐的聽眾逃離家園、跑回家中，甚至以結束生命的方式來逃避。在當時的時空環境中，廣播的收聽率高，影響力亦造成很大的效果。此事件亦成為傳播理論研究上，有關媒體大效果論的代表說明範例之一。

另一方面，由1939至1945年止，花在無線電廣播上的廣告支出，幾乎成長了一倍；並且在1943年時，還一度超越了花費在報紙廣告上的支出。戰爭期間，不論對國內或國際而言，無線電都會是最主要的資訊媒介。在第二次世界大戰時期，無線電廣播網路仍在市場上維持著極強的氣勢，蔣中正委員長與美國總統羅斯福均曾利用廣播對民眾信心喊話；而就國際性的觀點而言，將無線電廣播使用於宣傳的用途上，已經使得許多人對其影響力深感震驚，因而展開了一連串的研究與調查。

五、無線電廣播網的衰退與轉型

直到西元1947年以前，雖然電影院也在該年開始獲得廣大的回應，並且達到高峰，但是無線電廣播網路的發展依舊極為順利；但是，約1948年，電視所涵蓋的區域以及觀眾都開始增加，並成為全國性的主要大眾娛樂媒體時，調幅AM無線電廣播網路就開始走下坡。

西元1933年時，阿姆斯壯（Edwin Armstrong）——美國無線電公司的一位工程師——發展出了調頻（FM）無線電廣播。與調幅（AM）相較，調頻具有高保真性的聲音特質（也就是較大的週率範圍、更清晰的音效，以及較少的靜電），因此立體音效廣播便是以調頻來作為起步。在早期的發展中，阿姆斯壯也扮演了相當重要的角色，包括引進且改良能產生更佳效果的新科技產品——真空管（vacuum tube）。這種新的調頻無線電廣播媒介，因具有更佳的音響效果，同時也能容納較多電臺，因此具有更強的發展潛力。然而，雖然阿姆斯壯極力提倡此種新媒介，且美國無線電公司（RCA）也提供給他初期所需的經費，但RCA內部的管理階層，包括他的朋友David Sanoff在內，仍舊延遲了此項調頻產品實際問世的時間。在西元1930及1940年代時，RCA的管理階層仍然是對發展電視方面有著更強的興趣，因為他們認為電視具有更快速獲利的潛力。

調頻無線電廣播在西元1947年時就已經推出，但是直到西元1960年代以前，都是處於蟄伏不前的狀態之中。在此之前，調頻無線電廣播的經營方式，仍舊是採取與調幅（AM）廣播「同步播送」（simulcast）相同的節目內容；而且調頻電臺也是由那些擁有調幅電臺的個人或團體所擁有。當聯邦通訊傳播委員會（FCC）在西元1963年時限制了調幅與調頻同時播放之後，調頻電臺才開始出現快速的發展。

六、無線電調頻廣播與特殊形式

當電臺數目持續增加，經營者勢必要尋找新的方法來吸引並留住聽

眾，並且將這些聽眾群銷售給廣告商們。由於在黃金時段中，一般追求休閒娛樂目的的聽眾們，已經逐漸轉移到電視節目上，因此，一種窄頻廣播（narrowcast）的新趨勢也隨之出現，也就是以更為特定的內容形式，將其重點放在特定化或是區隔化（segmented）的聽眾群上。就聯播網本身而言，也開始出現區隔的現象。美國廣播公司（American Broadcasting Company, ABC）所屬的無線電廣播網，在西元1968年時，就區隔為當代性、資訊性、休閒娛樂性，以及調頻廣播服務等數個子部分。

西元1960年代末期之後，由於無線電廣播產業以及聽眾群體的發展，導致調頻無線電廣播終於進化成為一種極為成功的商業化媒體。伴隨著流行音樂的蓬勃發展，無線電廣播也持續成長。有關調幅無線電廣播執照的取得，不僅愈來愈為困難，費用也日益高昂；相較之下，調頻無線電廣播執照的取得，就顯得容易多了。而特殊化的區隔內容形式仍然持續地穩定發展；在這些形式之中，有某些是與音樂上的品質具有較密切的關聯，例如：古典音樂、爵士樂，或是以唱片為導向的搖滾樂；而調頻廣播所能提供的高保眞度，對這些節目形式而言，自然是一項極具優勢的條件。最後，由於高保眞度（high-fidelity）以及立體聲（stereo）的系統變得愈來愈為流行，使得為數日增的聽眾們也對較高的音響品質產生了相當的興趣與需求。許多的調頻廣播電臺開始以立體聲效來播送廣播節目，這對於那些對聽覺品質要求高的聽眾而言，可說是能夠投其所好及所需的決定性要素（Jones, 1992）。

上述這些發展，持續支配著整個無線電廣播業。在西元1993年時，調頻廣播電臺擁有77%的聽眾群；但是其他新科技，例如：數位廣播及衛星無線電直播、網際網路等等，都可能對其既有的支配優勢產生實質上的威脅。

第二節　科技化趨勢

　　1880年代末期，物理學家麥斯威爾（James Clerk Maxwell）以及1888年的赫茲（H. R. Hertz），開始對所謂「無線電波」（radio wave）展開各種試驗。而在一個固定週期內無線電波所完成的循環次數，我們就將其稱為週率或頻率（frequency），並且以「赫」（Hz，Hertz）作為測量單位。由於無線電波所使用的電磁能量會使磁場產生極微小的混亂狀況，而此種變化在稍遠的地方就可以偵測得到；因此，它也就能夠在空氣之中自由移動。在一個無線電廣播系統中，播音員的聲音透過擴音器而轉換成電波的形式，這個原理就與電話的發話器相當類似。此種聲音的訊號會與另外一個頻率較其高出許多的電磁波相結合，再透過一個調幅無線電廣播的發報裝置，將其播送出去。而天線便將這些電磁波加以接收，然後在我們的收音機內，會將頻率較高的電波排除，並將播音員的聲音恢復原狀而使其再生（Head, Sterling, & Schofield, 1994）（可參考圖8.1）。

　　義大利科學家馬可尼針對要使收音機能夠發生作用所必須具備的各種組成要件進行試驗，包括：天線、地面系統、訊號偵測器、調諧器、接收器等。他於西元1896年及1904年時，分別在英國及美國申請了專利權。另一位科學家佛列斯特（Lee de forest）則解決了許多與無線電訊號之產生及偵測等有關聯的問題，並於1906年時發明了真空管或稱三極真空管（triode），此項裝置由阿姆斯壯（Edwin Armstrong）於1918年時再度加以改良，而對增幅擴大的問題提供了解決之道。真空管（vacuum tube）之發明，乃是藉著對存在於一個玻璃管內的電荷（electric charges）流動加以控制，使得微弱的訊號不但能夠增幅擴大，且還能精確地改變週波數。

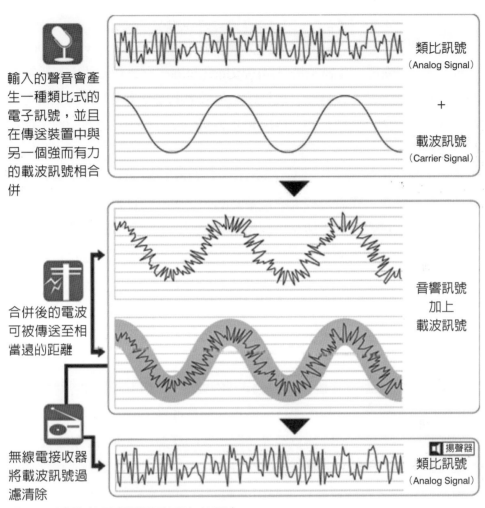

輸入的聲音會產
生一種類比式的
電子訊號,並且
在傳送裝置中與
另一個強而有力
的載波訊號相合
併

類比訊號
(Analog Signal)

+

載波訊號
(Carrier Signal)

合併後的電波
可被傳送至相
當遠的距離

音響訊號
加上
載波訊號

無線電接收器
將載波訊號過
濾清除

🔊揚聲器
類比訊號
(Analog Signal)

圖8.1 調幅無線電廣播如何使用無線電波

　　無線電廣播電臺使用各種不同的頻率來進行無線電廣播,並直到
1927年以後,這種情況才因聯邦無線電委員會(Federal Radio Com-
mission)將其標準化而獲得改善。剛開始時,調幅波段設定在535至
1,605KHz,並在1988年時延伸至1,705KHz。所謂的「調幅」(amplitude
modulation, AM),乃指聲音狀態的資訊,以無線電波的高度或振幅變化
方式來做傳輸。一般而言,調幅的訊號(地波與天波)能夠比調頻訊號

（直射波）傳送得更遠。

1933年時，美國無線電公司的工程師發展出調頻（frequency modulation, FM）無線電。在調頻無線電中，聲音狀態的資訊乃是藉由無線電波的週率變化之方式來做傳輸。但調頻在正式被引進於市場的時間上稍有延遲，其部分原因乃在極高頻（very high frequency, VHF）的波段中，哪些可供調頻使用，而哪些又該讓電視來使用的問題，一直爭論不休，無法獲得協議。目前所使用的為88至108MHz。與調幅相較之下，調頻具有高保眞性的聲音特質（也就是較大的週率範圍、更清晰的音效，以及較少的靜電），因此立體音效廣播便是以調頻來發展。

由於調頻訊號僅能在人們聽力所及的範圍內來傳送，所以它在距離上便會受到相當的限制。然而，此種限制事實上也代表了在每一個各別的區域內，可以存在較多的調頻電臺；這乃是因爲在鄰近城市中的調頻電臺，彼此間比較不會產生訊號重疊的問題。而且許多困擾著調幅的其他各種相互干擾之問題，在調頻之中也不會發生。

時至今日，過去廣播只能從收音機裡收聽，節目播出的時間如果與聽眾時間無法配合，就只能錯過。而現在科技進步，除了收音機之外，已可以從電腦、手機、MP3播放器等裝置上收聽廣播。「線上收聽」是指可以從電腦上利用網路來收聽電臺的節目，除了可以立即收聽到廣播電臺正在播出的節目，有些電臺會將播出過的節目鏈結到網站上，聽眾就可以利用自己有空的時間上網收聽節目。以臺灣來說，網路電臺約可分爲以下兩類：

1. 線上直播電臺（Live）

指傳統電臺的線上播音，也就是廣播電臺在播放節目同時，直接透過音效壓縮的技術，將聲音內容轉換爲數位音檔，再運用網路傳送。臺灣目前有提供線上收聽的電臺超過30家。

2. 網路隨選電臺（Audio on Demand）

為服務網路族而專門設計製作的廣播節目，或是傳統電臺將已經播過的節目音檔用相同的方式傳送到網路。雖是純粹透過網路傳送節目，但其節目內容及聲音品質並不比傳統電臺遜色。臺灣目前有提供網路播音的電臺超過20家。

第三節 內容類型

在無線電廣播出現之前，即使是留聲機或電唱機的時代，流行音樂即依據民族特性與歷史傳統，而有不同的形式及類型，並且留傳至今。在廣播網內容中，最為流行的音樂形式乃流行爵士樂、輕柔的古典音樂，以及電影及劇場的樂曲。某些重要的音樂類型之發展，例如：一些地區性廣播網，即以播放那些具有地方風格的音樂為主。這些無線電廣播的分類模式，乃是建立於某些主要的地域性特質。

圖8.2 在廣播網中，最為流行的音樂包括：爵士樂、輕柔的古典音樂、流行歌曲，以及電影及劇場的樂曲（王齊賢 攝影）

1930與1940年代的美國地區無線電廣播，除了音樂之外，也製造出許多的廣播劇類型。臺灣地區在民國40～50年前後，廣播劇同樣大行其道。但是，當原先在黃金時段中收聽無線電娛樂節目的大部分聽眾開始轉向電視節目，廣播電臺這套經營公式也就風光不再了。

　　1950年代末期，當大部分的廣播電臺一個個背離聯播網而自謀發展之時，它們開始聚焦於特定的節目形式——將目標鎖定於某些更為特定的聽眾群；在節目製作的策略上，也以針對特定類型或聽眾喜好的音樂節目表為導向。

　　1960年代初期，位於洛杉磯KHJ電臺的比爾‧德瑞克（Bill Drake）將廣播形式加以精煉，變成只播放排行榜熱門的單曲唱片。凱塞‧卡森（Casey Kasem）則是藉由來自「告示牌」（Billboard）的資料，發展出熱門金曲的變動排行榜，並且將其以排行順序播放。卡森更創造出最早期、廣受歡迎的無線電節目製作服務「美國熱門金曲」（American Top 40）。數以百計位於美國、歐洲，以及亞洲地區的廣播電臺，目前仍常態性每週播放熱門金曲排行節目。

　　然而，1970年之後，熱門金曲所造成的整體衝擊就開始下降。這乃是因為調頻無線電廣播電臺開始將搖滾樂區分為不同的形式，例如：唱片導向的搖滾樂（album-oriented rock, AOR），以及老式的搖滾樂。在1960年代末期，廣播電臺的數量，特別是調頻廣播開始快速增加，並且積極地尋找目標聽眾群。各個電臺致力於找出能將它們自己與別人加以區隔的途徑，以及尋找為數更多的獨特與忠誠之聽眾。搖滾樂被區分成許多種的方向，而以不同的音樂類型來將其反映出來，並且也在某些調頻無線電的節目類型中獲得迴響。

　　搖滾樂乃是根源於許多不同種類的音樂所組成，而它又開始再度被分割為許多不同的分支系統。在早期，人們所一般認知的「搖滾樂」方面，大致包括：迷幻音樂、龐克音樂、迪斯可、鄉村搖滾、搖滾民謠、新搖擺搖滾、重金屬音樂等等。在1980及1990年代時，更加入了布魯士搖

變遷中的傳播媒介：從類比到數位匯流

滾、重搖滾、咆哮音樂、雷鬼音樂、繞舌歌，以及街頭舞蹈音樂等。到了1990年代，成打以上的音樂次類型，都是由1960年代時的搖滾樂、流行音樂，以及靈魂音樂所衍生而來的。

到了1980及1990年代，調頻廣播已經支配了音樂導向的無線電廣播形式。由於調頻電波所涵蓋範圍較小，因此有更多的調頻執照可取得；而對於為數眾多的調頻電臺而言，它們藉由提供逐漸增加的特定節目多樣形式，以追求吸引更為區隔化的聽眾群體。某些主要的調頻節目形式，略述如下：

1. 成人的當代歌曲（Adult Contemporary）

為老式以及輕柔搖滾混合之熱門歌曲。

2. 熱門金曲或現代金曲廣播（Top 40）

大部分都是屬於現代的熱門歌曲，通常是由流行音樂、搖滾樂、繞舌歌／街頭舞蹈音樂混合而成。

3. 鄉村音樂（Country）

逐漸地被區分為傳統鄉村音樂、現代／都市鄉村音樂，以及搖滾／鄉村之混合音樂。

4. 唱片導向的搖滾樂（album-oriented rock, AOR）

乃是由當代樂團所錄製的唱片（通常都是與錄影帶同時發行），區分為重金屬與其他形式，並且包含專為年長者所錄製的老歌之混合。

5. 傳統搖滾樂（Classic Rock）

指1960及70年代的搖滾樂。

6. 中庸路線的音樂（middle-of-the-road, MOR）

一種輕柔的現代歌曲與老歌之混合體；通常會與討論式節目、新聞報導、氣象報告等節目相混合；特別是在針對通勤者為主的通車時間內之節目出現。

7. 老式歌曲（Oldies）

1950年代及60年代初期的搖滾音樂、流行歌曲、旋律式布魯士音樂（R&B）。

8. 都市的當代歌曲（Urban Contemporary）

包括非裔美國人的音樂、繞舌歌、街頭舞蹈音樂、舞曲、歌劇，有時也會有西班牙風格音樂。

上述這些形式的音樂，幾乎都是屬於商業性無線電廣播的節目。有許多非商業性的節目類型，則是在某些調頻廣播電臺中進行發展；而這些電臺所使用的週率，則是專為非商業用途而保留的。這些節目的類型包括：

1. 古典音樂（classical）。
2. 試驗性或另類的（experimental or alternative）搖滾樂及民謠，大部分出現在大專院校所設立的校園廣播電臺中。
3. 爵士樂（jazz），在商業及非商業性的廣播電臺中都會出現。

然而，音樂並非是無線電廣播中唯一的節目形式。當廣播電臺趨向於特殊化時，新聞報導、討論類的節目、氣象報告，以及體育資訊等仍然持續不斷。許多的調幅廣播電臺傾向於將其重點置於新聞報導、討論類的節目，以及體育類等較不注重音樂或音響品質的節目形式。然而，有為數不少的調頻廣播電臺，則是以針對通勤時間的廣大聽眾為目標，推出混合了討論類內容、現場叩應（call-in）、音樂、重點新聞及天氣預報等的綜合

圖8.3　當廣播電臺趨向於特殊化時，新聞報導、討論類的節目、氣象報告，以及體育資訊等仍然持續不斷，甚至在重要性上更加成長

節目，以吸引更多元之聽眾群。

第四節　數位廣播

　　近年，數位音訊廣播（digital audio broadcasting, DAB）是數位匯流發展開端之另外一項突破。數位廣播將廣播傳輸過程中的音源訊號，透過數位科技來處理，使這些數位音源訊號在傳輸過程中能夠原音重現，而避免像過去傳統類比訊號容易受傳輸過程的各種干擾而產生失真現象，可說是繼傳統調幅（AM）、調頻（FM）廣播之後的第三代廣播系統。該系統具有單頻成網及行動接收之特色，在資源使用上單頻網路有節省頻譜、節省功率及避免多路徑干擾等優勢。此外，數位廣播亦可透過人造衛星或地面廣播電臺進行廣播，使收音品質提升至CD音響的水準；同時亦可同步傳輸影像及數據，提供附加價值的服務。因此也有人以「可以看的廣播」形容之。

另外一種相關的發展則是所謂的「無線電直播衛星」（radio direct broadcast satellite，DBS radio或是RDBS），此種方式可將訊號直接由衛星傳送至家庭內的接收器中。有許多的電臺已經藉由衛星來接收廣播網的節目、新聞服務，以及節目製作服務等，然後再將它們播放至各個家庭之中。另外一種被廣為發展的替代方式，便是透過有線電視系統所提供的數位化音樂服務。不論是數位式的音響廣播，或是無線電衛星直播，它們都必須要有新的接收器及天線才行。

　　數位音訊廣播起源於德國，1980年德國開始發展研究數位音訊廣播，並在1985年於慕尼黑近郊進行數位音訊廣播之研究與實驗，到了1987年以德國、英國、法國、荷蘭、丹麥等國所組成的EUREKA聯盟（European Research Coordinating Agency），共同制定了DAB的規格，稱為Eureka-147。因此，歐洲各國在DAB的發展上可說居於承先啟後的地位，例如：在1992年試播的瑞典，1994年試播的法國、挪威、芬蘭等。但真正將DAB帶入數據廣播紀元（age of digital radio），則屬1995年9月27日同時提供正式DAB服務的英國BBC電臺與瑞典SR電臺。同時根據EuroDab Forum 稍早的估計，到1997年歐洲有超過1億人口收聽DAB。而1990年4月在美國亞特蘭大舉行的NAB（National Association of Broadcasters）年會中，EBU（European Broadcasting Union）正式發表Eureka-147的數位音訊廣播系統，也引爆了廣播傳輸技術的大戰，令美國廣播業界產生相當大的震撼，隨即在同年8月規劃出新的DAB規格（InBand）。

　　世界許多國家皆已開始DAB數位廣播的正式開播或試播。其中英國（1995年）最早開始DAB數位廣播電臺經營，倫敦於2001年已可藉由DAB收聽到50個商業電臺與BBC節目。亞洲國家如中國大陸（2006）與印度、新加坡（目前DAB覆蓋率已達99%），加拿大、南非及澳洲（1999年開始測試，2009年正式開播）等國家，也都開始DAB數位廣播電臺的測試或正式營運。據統計，2006年，全世界約有5億人口可接收到DAB數位廣播，共計有1,000個DAB電臺（蔡欣怡，2007），已重新形塑此歷史

悠久之聽覺媒介的面貌。

　　數位廣播除了DAB之外，一般人對數位廣播的認知，大都以網際網路上的廣播網站所播出之內容為主；另外，當今更有許多運用APP軟體而作播出服務的廣播電臺。因此，廣播媒體在數位科技的推動下，已經進入了大變革時期，不論是何種性質的廣播媒體，公營、民營、資訊型、音樂型、體育報導類等等，都將隨著科技演變，對消費者提供最適宜的服務。

 問題與思考

1. 聽覺媒介與視覺媒介各有何特性？就閱聽人使用上有何優缺點？

2. 哪些策略可幫助廣播產業永續經營？

參考資料

一、中文部分

蔡念中、張宏源（2005）。《匯流中的傳播媒介》。臺北：亞太。

蔡念中（2003）。《數位寬頻傳播產業研究》。臺北：揚智文化。

蔡念中（1996）。《電視臺節目外製外包制度研究》。臺北：電研會。

蔡欣怡（2007）。〈數位廣播發展現況分析〉。公共電視臺研究發展部岩花館。取自 http://web.pts.org.tw/~rnd/p9/2007/200707DAB.pdf

二、英文部分

Barnouw, E. (1966). *A history of broadcasting in the United States*. New York: Oxford University Press.

Head, S., Sterling, C., & Schofield, L. (1994). *Broadcasting in America* (7th ed.). New York: Houghton Mifflin.

Jones, S. (1992). *Rock formation: Music, technology and mass communication*. Newbury Park, CA: Sage.

Lowery, Shearon, & DeFleur, Melvin L. (1983). *Milestones in Mass Communication Research*. NY: Longman Inc.

Sterling, C., & Kittross, J. (1990). *Stay tuned - A concise history of American broadcasting*. Belmont, CA: Wadsworth.

第 9 章▶▶▶

電視與多頻道產業

　　本章以論述使用多頻道傳輸平臺（有線電視、無線電視、衛星電視等）傳遞資訊及娛樂節目至家庭中的大眾媒介為主。我們將可瞭解有線電視產業是如何在鄉村地區中發展，並於稍後再擴展至郊外及城市中，形成了一種新興的多頻道傳輸平臺。隨後亦對有線電視的科技沿革進行追蹤——從最早期的共同天線之簡陋系統，以全於目前能夠將家庭與「資訊高速公路」相互連接的互動式網路。今日，數位化浪潮亦朝電視產業席捲而來，造成巨大影響。數位化電視科技、產業及觀眾收視行為的變遷，都是明顯易見的當代重要媒介現象。

第一節　電視媒介的發展

一、電視科技

　　在西元1920及1930年代，電視在技術上已經有了一系列階段的發展；這些發展主要是來自於個別的發明家，例如：Philo Farnsworth、Allen Dumont，以及由美國無線電公

司的Vladimir Zworykin所率領的一群工程師們研發而成。在1922年時，Farnsworth便提出了以一系列的線條來掃描影像的觀念。電視最終的標準規格，乃是由一個代表了15家製造廠商並由政府所委任的協調委員會——「國家電視系統委員會」（National Television Systems Committee, NTSC）——所制定出來的。該委員會於1941年時所制定的美國黑白電視標準規格，每個畫面有525條掃描線，每秒中有30個畫面，仍然延用至今。

到了西元1940年代末期，經過改良的攝影機，以及美國電話電信公司（AT&T）為了將各個電臺與網路相連接而發展出來的同軸電纜（co-axial cable）技術，使得某些不確定因素為之降低，並且造成各個電臺在1948年時爭先恐後開始投入電視廣播的市場。然而，以當時的聯邦通訊傳播委員會（FCC）之技術標準而言，它並無法讓美國境內出現過多的電視臺，也無法避免電臺之間訊號的相互干擾；因此，聯邦通訊傳播委員會在西元1948至1952年間，對新的電臺之申請案實施了強制凍結。在凍結政策生效之前已被核准的108家電視臺，仍然可以繼續營運。

1952年時，聯邦通訊傳播委員會不但將電視波段中的「極高頻」（very high frequency, VHF）部分加以釐清——即第2至第13頻道；並且也開放了「超高頻」（ultra high frequency, UHF）的波段——即第14至第83頻道，稍後又縮減至第69頻道。由於極高頻的分配，使得任何城市中能夠獲准核發執照的電臺數目被限制在三家以內。但是，當超高頻及有線電視開始發展以後，情況就完全改觀了。

1945年以後，美國三大電視網開始成長；它們的發展乃是以三家無線電視公司作為基礎：美國國家廣播公司（NBC）、哥倫比亞廣播公司（CBS）以及美國廣播公司（ABC）。事實上，電視中的大部分節目製作與規劃，都是源自於無線電廣播；在1960年之後，有許多的節目製作也來自於好萊塢的電影製片場。由此開始，電影產業必須與電視一較高下，以挽回那些流向電視的觀眾群。

到了1956年，自紐約發跡的電視業已展現十足的活力。許多人認為1950年代是電視的「黃金時期」，最主要因素乃是在於它較著重於原著的戲劇。而造成這種現象的部分原因，則是早期的那些經濟富裕、受過良好教育又居住在都市的觀眾們，他們較喜歡觀賞現場演出的戲劇。然而，到了西元1957年時，幾乎是所有娛樂節目的製作都移到了西岸地區，以利用好萊塢所擁有的充沛製作人才資源。而電視網的新聞及連續劇節目，仍然還是在紐約製作。新聞節目由各個電視網公司自行製作；但除了連續劇仍由電視網公司製作之外，也有廣告代理商或肥皂公司們來贊助製作的節目。

二、美國三大無線電視網

　　1945年，美國三大電視網開始成長；它們乃是以三家無線電視公司：美國國家廣播公司（NBC）、哥倫比亞廣播公司（CBS）以及美國廣播公司（ABC）作為基礎而發展的。美國無線電公司（RCA）雖然控制著電視的技術，但是它所需的電視網系統──美國國家廣播公司（NBC）──卻並未能真正地主宰節目製作及電視觀眾。主導哥倫比亞廣播公司（CBS）的培利（William Paley），將其經營重點擺在節目製作上，並不惜以高薪來延攬美國國家廣播公司（NBC）的簽約明星。當三大電視網開始朝著各種不同的特色發展時，哥倫比亞電視公司（CBS）與國家廣播公司（NBC）兩大系統是處於節目收視的領先群，美國廣播公司（ABC）則是處於較弱勢的地位。這是因為聯邦通訊傳播委員會（FCC）的「連鎖廣播」（chain broadcasting）公聽會及相關法規制定以後，美國國家廣播公司才在西元1941年時，另外成立了美國廣播公司這個無線電廣播及電視網路，因而使得該網路的規模與權力受到了限制（Head & Sterling, 1994）。這三大美國電視網，正如同臺灣早期無線電視三臺各有其節目優勢，吸引不同的收視觀眾；同時，也各自盤算企圖統合各種勢力以壯大自己。

例如，美國廣播公司（ABC）與好萊塢的製片商們開始搭上線的起源，乃是於1954至1957年間，購買了由迪士尼電影製片場（Disney studio）所製作的電視系列影集「迪士尼樂園」（Disneyland）。但稍後則由美國國家廣播公司（NBC）於1961至1971年，以不同的片名向該製片場購買此系列的影集。美國廣播公司之後又於1955至1959年間，購買了「米老鼠俱樂部」（The Mickey Mouse Club）這個影集。1950年代末期時，美國廣播公司更推出了冒險動作影集，使得該公司在觀眾群的競爭優勢上，又向前邁進了一大步。

到了1960年代，電視已經在美國獲得廣泛的散布。那年，全美國共有6,500萬人收看約翰·甘迺迪（John F. Kennedy）與理查·尼克森（Richard Nixon）在電視上所舉辦的總統競選辯論。那些由收音機中聆聽辯論的人大都傾向認為尼克森會贏得選戰，而收看電視辯論的觀眾則傾向於相信甘迺迪會擊敗對手；這乃是因為甘迺迪在螢幕上給人容光煥發的印象，而尼克森相對地就顯得有些老態龍鍾了。另外，彩色播送於1965年開始逐漸普遍，更增加了電視所帶來的視覺衝擊與吸引力（Barnouw, 1990）。

電視網的經營策略在1970年代發生了改變。美國廣播公司持續朝著以年輕人為目標而製作許多的節目，並且在收視率的排行榜上連續數年奪魁，例如：在1974至1984年間的「快樂時光」（Happy Days）。而該公司在新發展的迷你影集系列上，例如：1977年描述一個非洲裔美國人家庭被帶往美國為奴隸的歷史故事「根」（Roots），也獲得了極大的迴響。

三、公共電視體系

公共電視的觀念，肇始於1967年時「卡內基教育電視委員會」（Carnegie Commission on Educational Television）依據1967年「公共廣播法案」（Public Broadcasting Act）所提出的建議。依此建議所設立一稱

之爲「公共廣播公司」（Corporation for Public Broadcasting, CPB）的基金組織，並在1969年時成立所謂「公共廣播服務」（Public Broadcasting Service, PBS），由其扮演各個公共電臺的網路協調者角色。某些主要的公共廣播服務電臺，例如：波士頓的WGBH電臺，也同時是節目的製作者。某些節目則是由兒童電視工作室（Children's Television Workshop）所製作，例如：1969年以來的世界知名兒童劇場「芝麻街」（Sesame Street）。

　　美國公共電視服務網係由公共廣播公司（CPB）所建立，乃一由各會員臺所組成的非營利性文教傳播機構。1983年時全美共有171座會員臺；至1991年已累計達324臺（張慶仁，1995）。短短八年間，會員臺成長率高達50%。此公共電視網遍及美國、波多黎各、維京群島、關島和美屬薩摩亞群島。公共電視設立宗旨在提供高水準的教育文化、公共事務和兒童節目給非營利性電視臺播送，以平衡一般商業性電視臺通俗性的節目充斥。其運營經費來自政府、私人商業性或慈善性基金會、大專院校及個人捐助等。

第二節　邁向多頻道科技

　　1948年夏季，居住在賓州曼哈諾伊（Mahanoy）的市民們，發現他們並無法與其他很多地區的民眾一樣收看電視。曼哈諾伊市與最近的電視臺，相距有大約60哩之遙；而附近的山脈將電視訊號完全阻隔，即使是市內最高的屋頂天線也無法接收到訊號。在曼哈諾伊市的居民華爾森（John Walson）將位於山頂上的天線與位於山谷底下的店鋪加以連接，這途中總共連結了八戶住家的天線。爲了避免天線在山脈之上林立，華爾森想出了一個點子，使用一個單獨的天線來提供數個家庭之所需。就在此時，「有線電視」產業因之誕生，源於爲了改善無線電視收視不良的問題。

一、社區天線服務

有線系統在過去都是扎根於鄉村地區，並以同軸電纜的方式將電視節目傳輸到那些無法接收無線電視訊號的偏遠地區之中。除了提供美國三大電視網的節目外，這些業者引進了遠距訊號（distant signals），它們通常都是來自於鄰近主要電視市場中的獨立電視臺之節目。

在1960到70年代，聯邦通訊傳播委員會（FCC）希望能夠協助UHF電臺（頻道14～69）站穩腳步，並且顧慮引進遠距離訊號後，將損傷那些獨立的UHV電臺之根基。且部分電視廣播業者也認為：有線電視業者將他們的節目重新加以傳輸，卻不與其分享利潤的情況，是相當不公平的。為了保護地方上的電視廣播業，政府的法令制定者藉由限制遠距離訊號及複製節目等仲裁方案，以阻擋有線電視及其競爭者的服務範圍。然而，在缺乏節目來源的情況之下，有線電視也就無法吸引到足夠的郊區居民與城市居民。到了1960年代後期，許多城市居民已經擁有數家電視廣播訊號的通路，而這些電視臺在節目收視的選擇提供上，遠超過三大無線電視聯播網所能提供的類型。

對有線電視業者而言，由於他們一直無法突破收視觀眾間之通路，僅能侷限於鄉村地區，再加上缺乏節目的來源，使得有線電視一直處於停滯的階段。解決這種節目缺乏問題的方法之一，便是在特定的頻道中提供電影，或是現場的體育報導。有線電視的訂戶必須支付一筆額外月費，以接收這些頻道：此種服務就是後來所稱的付費電視（Pay TV）。在早期，地方上的有線電視業者自己挑選電影在他們系統中尚未使用的頻道上播放，並且使用鎖碼的系統，付費才可觀看。

二、覆蓋範圍擴大

1950年代初期，同軸電纜已具有足夠的容量來傳送當時所有的廣播電視訊號。當有線電視業者涉足於都市區域的市場後，他們便開始尋找增

加其頻道數目的各種途徑，藉以吸引更多的新訂戶。他們所面臨的問題便是：要從哪裡來獲得新的頻道。其中一個解決方式便是設立更高的天線，以便接收來自距離更遠的電臺訊號。在有線電視頭端（head ends）——負責將訊號發射出去的起源處——的天線，其高度達到了數百呎，以便能夠在高度上與臨近城市中的電視傳送裝置相匹敵。然而，由於電視訊號在傳送過程中是以直線的方式前進，縱然是對於最高的天線而言，那些遠距離的傳送裝置在距離上還是過於遙遠，以至於它們的訊號都落在這些天線的高度下。這些遠距離訊號雖然也能夠經由同軸電纜來做傳送，但是仍然存在一項問題：在這些訊號嚴重退化之前，一個訊號究竟能夠通過多少數量的增幅器。此外，要將這些電纜加以串聯的唯一方法，便是透過電話或是電線桿，而電力公司在這方面可說是幾乎幫不上忙。他們不但收取所謂的電線桿安裝費用，並且發起了一項法律上的行動，將有線電視業者排除在設立電線桿的範圍之外。

1940年代另一項「新科技」——微波（microwave）——帶給有線電視業者一線生機。就像同軸電纜一般，微波也是使用於城市間的巨大容量之電話電路之中，並且還能夠傳送影像訊號。有線電視業者每隔30哩便設立一座塔臺，以便能夠截取訊號並將其轉送至下一個塔臺，以此種周而復始的方式在整條路線上將訊號加以傳輸，建立了屬於他們自己的微波網路。當這些訊號到達控制站後，它們便會被轉換成為正常的電視頻道訊號，並在有線電視系統中播放。

微波系統使得引進數百哩之遙的遠距離訊號成為可能之事。在其出現之初，家庭票房（HBO）頻道便曾使用微波無線電廣播，而發展出一個涵蓋美國東北部人口密集區域的地區性配送系統。然而，要將此種網路延伸至整個美國境內，以及要將當時已經存在、為數高達數千個的系統加以連接，以當時的狀況而言，所需的費用可說昂貴到不可能付諸實現。而衛星傳送的發展，則使得在同一時間內將成打以上的頻道傳送到數以千計的地區中成為可能之事。

第九章　電視與多頻道產業

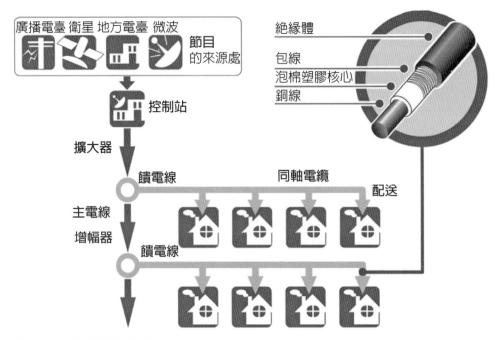

圖9.1　有線電視訊號傳送過程

三、付費電視

　　付費電視的普及化也代表了科技的挑戰，促使有線電視被迫步上通往資訊時代之路。當新的訂戶希望能夠收看付費電視時，有線電視公司就必須派出人員至該訂戶家中裝設一組置於電視機上的轉換器（converter），以便該訂戶能夠解讀並收視這些頻道。但是這些付費訂戶們常常發覺：雖然新的頻道中有許多娛樂電影節目存在，可是他們所能收視的卻不多。此種重複播放以及付費頻道之間相互播放同樣影片之情形，導致許多訂戶一度中止了付費，但是他們對於廣播電視的內容又不甚滿意，因此使得這些客戶又回頭去使用付費電視服務。

　　有線電視的控制站採用某些方法以開啓或關閉付費電視客戶頻道之做法，有其存在必要。有線電視與電話系統的訂戶在線路使用上具差異：前

變遷中的傳播媒介：從類比到數位匯流

者是共同使用一條線路，而後者則是分別擁有各自的線路。當要「關閉」某位訂戶的使用權時，有線電視業者也必須同時關閉附近地區每一個訂戶之使用權。這個問題現在已能經由可定址轉換器（addressable converters）來加以解決，該裝置可對應於授權給接收某些特定頻道或節目的數字式電腦代碼，而自行開啟或關閉。事實上，如前述定址系統的問題，在有線電視數位化之後，已完全解決。

付費電視在技術上的第二步發展，則是所謂的互動式電纜（interactive cable）。訂戶可藉著按下有線電視轉換器上的按鈕，來指定節目，它能夠自動地將這些指令加以記錄，作為日後收費之用，同時也能夠透過系統發送出特定的授權碼。當然，一套雙向式的系統也能夠將其他型態的資訊送回有線電視控制站，這些資訊包括：家庭電視購物、銀行交易、選舉投票，甚至是電視測驗遊戲節目中的答案選擇。這些功能聽起來似乎頗為簡單，但它卻需要將目前在設計上僅供單向傳送的有線電視網廣泛地加以重建之後，才有可能達成。第一個互動式有線電視系統的出現，是在1970年代末期，然而它卻在將近十年以後才受到大量民眾的青睞。

四、光纖化與數位化

經過多年，隨著能夠處理頻率愈來愈高的有線電視增幅器之發展，使得有線電視系統在頻道容量上產生了相當大的擴充。到了1980年代末期，能夠傳送50個以上頻道的系統已經相當普遍，且某些系統甚至能傳送超過70個以上的頻道。雖然如此，同軸電纜技術在傳送容量上已達到了它的最高極限。有線電視業者轉而使用光纖電纜（fiber optic cable），來將訊號由控制站傳送至訂戶家中。在整個傳送過程中，理論上光纖電纜可以傳送高達數百個以上的頻道，而遠高於同軸電纜所能傳送的數十個。

然而，若要將同軸電纜引進訂戶家庭中，在替換成本上相當昂貴；而將光學介面使用於個人的電視機上，其費用更是昂貴到幾乎不可能實現。而數位化（digital）傳送技術的成功研發，已經可以藉著提供被壓縮

的（compressed）視覺訊號，將同軸電纜的承載極限推進至另一個新的境界。在以往只能容納一個頻道的空間，藉由數位化壓縮技術，已經可以使其容納5至10個頻道。

有線電視在演進上的下一階段，即是朝著再次研發互動式有線電視來發展，以享有電話、電腦及大眾媒體三者相融匯之後所帶來的好處。1993年時，美國聯邦通訊傳播委員會授權認可了一種稱為個人通訊網路（personal communication networks, PCNS）的新型無線電話服務，此種網路將無線電話的低成本及便利性與蜂巢式無線電（cellular radio）相結合。它能夠藉著將個人通訊網路天線與業者的網路相連接，使得有線電視業者能夠涉足於電話產業之中。此種網路也提供了雙向式的功能，並在不需要完全重新建立電纜系統的情況下，提供範圍相當廣泛的家庭銀行、家庭購物及互動式的電視節目等。這些先進的服務，並非僅限於家庭的使用者才可享有。許多有線電視公司也提供了高容量的資料、聲音及影像，並在它們的服務地區內，藉著長途電話網路與這些大型企業分布於各個地區的辦公室相互連接。

五、競爭者的挑戰

由於費率方面的法規鬆綁，有線電視業者的收益增加，並使得有線電視系統的身價在1980年代末期大幅飆漲。新的都市有線電視系統大部分都已擁有50個或更多的頻道，也得以開放更多的有線電視網。而費率法規的鬆綁，也意味著有線電視業者能夠創造更多收入，用來支付拓展電視網所需之成本。這種節目製作及利潤上的誘惑吸引了某些新的競爭者，使他們蠢蠢欲動於投資在此種多頻道產業中。

除了有線電視的多頻道平臺之外，隨著數位化的發展，新的多頻道產業競爭亦隨之展開。舉例而言，無線電視（VHF與UHF，頻道2～69）與衛星電視（含直播電視）原本也是一個多頻道的平臺，但在數位化壓縮之後，擴展了數倍的頻道空間，成為與有線電視相競爭的強大對手。1980

年代中期，直播衛星（direct broadcast satellite, DBS）業者出現，不同於有線電視，直播衛星可以在家中裝置碟型天線，接收各種不同類型的電視節目。一般而言，較熱門的頻道是必須付費的。另外，對於來自於家用錄影帶的威脅，有線電視也有其因應之道，就是製作更多的節目並提供新的付費收視服務，以便讓使用者能夠在家中以電子方式隨時點播他們想要看的電影，而不必再大老遠跑去實體錄影帶出租店租片。時至今日，網路影音的直播與隨選特質，加上豐富多元之內容類型，已對上述論及之所有多頻道平臺產生嚴重襲奪效應。

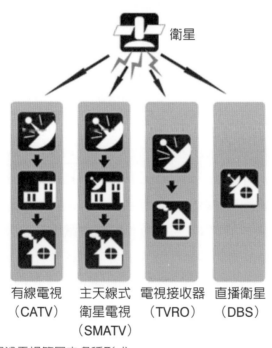

圖9.2　透過衛星配送電視節目之多種形式

第三節　產業特性

一、產業結構

　　表面上看來，有線電視似乎是一種高度地方化的媒體，這乃是因為有線電視的特許權，均是依區域的單位來授予所造成的。全美國總共有大約13,000家個別的有線電視系統，每一個系統都能夠接收廣播及衛星訊號，並將它們轉傳至各自擁有的訂戶家中，訂戶每個月支付給有線電視網訂閱費用。地方上的有線電視業者也必須負責系統的維修、收費及客戶服務等項目。有許多的系統將其基本頻道中的廣告時段，銷售給該社區中的廣告客戶來使用。對於這些系統公司而言，其他的收益來源還包括了家庭購物頻道，這些頻道也必須依據在該系統的活動範圍內所創造的銷售額，提撥一筆佣金給有線電視業者。

　　大部分的系統，都是由有線電視的多系統經營者（MSOS）所擁有；在這些多系統經營者中規模最大的公司，可以控制為數達數百家的系統，所服務的訂戶也能夠橫跨數州、高達百萬戶以上。規模最大的多系統經營者便是電訊傳播公司（TCI），在所有的有線電視訂戶中，該公司占了大約15%。電訊傳播公司與其他「五大」多系統經營者——包括：時代華納（Time Warner）、大陸有線視訊（Continental）、Comcast及有線視訊系統公司（Cablevision Systems），總共擁有超過三分之一以上的有線電視訂戶數。大規模的多系統經營者藉著它們在市場上的強勢力量，在節目版權費及購置設備方面都能夠爭取到相當大的折扣。它們同時也制定了共同的政策，範圍包括：地方性的節目製作及價格訂定、地方上的行銷策略等，通常還會決定哪個有線電視網將在地方性的系統中播放。

二、基本有線電視網與付費電視

多數的基本有線電視頻道節目是經由衛星方式來做傳送。這些基本頻道的收益來源包括兩方面：廣告收入以及聯營費（affiliate fees）。此種聯營費是由地方上有線電視業者支付予有線電視網，通常都是以訂戶數量來作為收費標準，以使業者獲得播放該網節目的權利。而許多的基本頻道也提供地方性的廣告時段。

然而，並非所有的基本網路都是傳輸影像式的節目，也有提供各種不同類型音樂節目為主之節目；某些還能提供具有HD DVD品質的數位化音響服務。目前更幾乎大部分有線電視業者，將其網路與網際網路（Internet）相互連接，擴增服務範圍。很顯然地，家庭票房影院（HBO）頻道依舊是最大的付費電視網路。其他的主要頻道公司包括了：Showtime、迪士尼頻道（Disney Channel）、Cinemax。但付費電視網路的收益通常還是來自於會員訂戶費。由於僅有一項收入來源，因此與基本有線電視網相較之下，付費電視網的會員訂戶費就要高得多了。計次付費（pay per view）節目也是經由衛星來傳送，並且以會員費之收入作為財務來源，此會員費乃是根據那些指定付費收視之節目的訂戶數量來計收。

三、監督及所有權

管轄機關上，美國的各大州中，有線電視大都是歸市府、縣郡層次的單位所管制。地方上的法規通常都委派給一位市府人員來執行，這位人員則是由地方上的有線電視委員會所推舉。當地方上的有線電視特許權要重新選定時，這些委員會便負責監督及考核它們的有線電視公司之績效，以為參考。根據1992年有線電視法案之規定，這些委員會也可以制定地方上的基本有線電視服務費率。

範疇廣大的傳播通訊產業中，針對所有權股份所做的規定，可能沒有任何一個部分和有線電視一樣，如此受到關切與重視。美國有線電視之所

以能夠生存並成為一個獨立的產業，完全倚賴於90年代初期，法規禁止了地方上的電話公司併購有線電視系統，或是在其活動範圍內提供電視服務。當這些限制解除之後，電話產業很快就朝著取得有線電視公司股份的方向邁進。廣播電視網及大型的廣播與出版集團擁有者，則受到其他的所有權法規之限制，而不能夠支配有線電視產業。

（一）所有權的集中（Concentration of Ownership）

由於受到相關法規之保護，美國有線電視因而孕育出屬於它們自己的業界巨擘。到了1992年時，共計有15家大規模的有線電視多系統經營者（MSOs）控制了全美國超過一半以上的有線電視訂戶，因此也引起了國會以及反托辣斯法令制定者的注意。

（二）垂直整合（Vertical Integration）

電訊傳播公司（Telecommunications Inc.）藉著獲得其他有線電視多系統經營者之所有權的方式，變得更趨向於水平式整合（horizontal integration）的途徑前進，而該公司同時也透過獲得有線電視公司節目製作網路之股份的方式，朝著更具垂直式整合（vertical integration）的方向邁進。該公司擁有Discovery Channel及透納廣播公司（Turner Broadcasting）的股份，並且發展出自己的子公司——自由媒體（Liberty Media），而這個子公司也持有其他許多網路公司相當多的股份。透納進行著屬於自己的垂直整合之遊戲，它先獲得了米高梅（MGM）電影製片廠的所有權，隨後又購買了兩家小型的好萊塢電影製片廠，以便這些製片商能為它的網路系統製作新的節目。而電訊傳播公司的另一家子公司——坦普企業（Tempo Enterprises）則銷售其訂戶給衛星服務公司。

另一類似發展案例，則是時代公司（Time Inc.）——擁有HBO及排行第二的多系統經營者，與華納公司（Warner）——大型的多系統經營者並擁有出版業與音樂產業之股份，兩者合併成為一家新的多媒體集團——時

代華納公司（Time Warner）。此外，也有電訊公司與電腦科技整合，例如：電訊傳播公司與電腦軟體界的巨擘「微軟公司」（Microsoft），便達成了一項創辦互動式電腦頻道的協議。

四、全球性的多頻道電視

論及世界上有線電視系統涵蓋範圍最為廣泛的國家，美國及加拿大名列其中。在其他國家，有線電視的起步相較稍遲，此乃因為由政府所經營的強而有力之電話及廣播獨占事業，均成功地保護了它們在市場上的獨占權利。而有線電視公司的發源處，大部分都僅限於在大城市中的富裕地區。直到1990年代初期，例如：英國、日本及臺灣等地區，才開始建立全國性的有線電視網。在那個時候，技術上已躍進為使用同軸電纜，因此也導致如法國等國家的電話及電視服務業，直接朝著數位化的光纖系統發展。在大多數的歐洲共同體及遠東地區國家，直播衛星已成為多頻道電視配送系統中的寵兒。

第四節　多頻道節目與觀眾

對於節目製作而言，有線電視最重要的貢獻或許就是所謂窄播（narrowcasting）的概念，創造出那些針對特定興趣或特定收視群分眾的頻道。例如：以電影為主的HBO、以體育為主的娛樂休閒體育網（ESPN）、以音樂為主的音樂錄影帶頻道（MTV）等等，也獲得了愈來愈多來自於一般大眾頻道的廣播電視網觀眾之青睞。

一、類型頻道

在有線電視頻道中所播放的節目，大部分都是我們在廣播、電視中所能接收到的節目類型，只不過是將其修正為頻道播放的形式罷了。在最早

期的有線電視網中，播放一些相當普遍的節目類型，例如：新聞報導。有線電視網節目的第二波則是依「次類型」（subgenres）之走勢，例如：商業、財經頻道的發展。當節目製作者絞盡腦汁要想出能夠供給數百種頻道的點子時，就已形成各種節目內容的區別都各自擁有其專門頻道的景況。到了1995年時，光是「新聞報導」的範疇，就被擴展成為下列數種頻道：全球新聞——例如：有線新聞網（CNN）；地區新聞——例如：新英格蘭有線電視新聞網（New England Cable News）；商業新聞——例如：消費者新聞與商業頻道（CNBC）；等等。上述的這些頻道，稱為類型頻道（genre channels），在這些頻道中所出現的內容，幾乎都是屬於相同類型的節目。

並非所有的有線電視節目類型均是模仿自商業電視。例如：「探索頻道」（Discovery Channel），便是源自公共廣播電視，並將其擴大為自然性與歷史性節目的頻道形式。而學習頻道（Learning Channel）以及知性延伸大學（Mind Extension University）這兩個頻道，便是針對公共廣播服務中的另一項特色——電視課程——而成立的。最為流行的有線電視類型之一，便是模仿自無線電廣播的唱片播放員形式之音樂錄影帶頻道（MTV）。而在有線電視中可以發現到的社區布告欄之類型，乃是地方報紙的延續，它的內容中包括有分類廣告，以及即將來臨的社區大事之預告或宣傳。

相對地，也有一些類型是起源自有線電視本身，但它們也與定期性的廣播節目有些關聯。社區節目是在當地社區所製作的節目，通常都是使用有線電視業者所提供的攝影棚來完成製作；公共近用節目乃是由當地居民製作，並在專注於社區節目的頻道中播放。在許多的有線電視系統中，也可以發現許多針對市議會及地方委員會之會議過程為主的政府近用（government access）頻道。而其他一些社區組織也會有它們自己的頻道，但這必須取決於地方有線電視特許權的相關規定，舉例來說，地方上的學校、大專院校、公園與娛樂部門及消防部門等，有時可以有自己的頻道。

圖9.3　地方上的大專院校，有時候也會有它們自己的頻道，例如：照片中為世新午間新聞播出

　　地方原創（local original）頻道也是由當地製作，但它是由當地的有線電視業者而非當地居民來製作，這些頻道通常都會報導當地高中學校的體育及文化活動。

　　家庭購物頻道——例如：家庭購物網（Home Shopping Network），鼓勵收視者透過免付費服務電話來訂購商品。具有節目長度的商業廣告，長久以來便被禁止在廣播電視中播放，因此購物網可說是起源自有線電視的一種內容類型。而在廣播電視中被禁止的成人頻道，也是起源自有線電視。

二、目標觀眾頻道

　　另外一種頻道稱為人口特性頻道（demographic channels）——乃是建立在觀眾群體上，而非依據節目的內容類型。此種頻道的節目取自於多種節目類型並將其加以組合，以投合目標群體的觀看口味。在最初的基本有線電視網中，有一個名為「黑人娛樂電視臺」（Black Entertainment Television, BET）的頻道，便是最佳範例。該頻道中，包括了充滿緊張氣

氛的喜劇、音樂錄影帶、黑人大專院校的體育活動、新聞報導及公共事務節目等等，而其觀眾群則以非裔美國人為主。其他的目標觀眾群頻道包括了：婦女——例如：生活頻道（Lifetime）；兒童——例如：尼可兒童頻道（Nickelodeon）；西班牙語系觀眾——例如：聯合影視（Univision）及節日影視（Galavision）等頻道；日語系觀眾——例如：日語電視（TV-Japan）頻道。

另外一種鎖定觀眾群的有線電視頻道，可稱為生活型態頻道（life-style channels）。原因是這些頻道的節目係針對具有共同興趣或生活方式的觀眾群體所製作，而不考慮他們在人口統計學上的特性。這些頻道所針對的群體包括有：經常出外旅行者——例如：旅行頻道（Travel Channel）；擁有兒童的家庭——例如：家庭頻道（The Family Channel）；當代成年人——例如：懷舊頻道（The Nostalgia Channel）；認為自己是屬於「知識分子」的觀眾——例如：藝術與休閒頻道（Arts & Entertainment）。

三、節目策略

到了1970年代後期及1980年代初期，電視已明顯遭受來自於有線電視及出租錄影帶的激烈競爭。有線電視成了觀眾們在聯播網以外的另一種收視選擇來源，當「家庭包廂電影院」（Home Box Office, HBO）在1975年成立了全國性服務網之後，此種競爭益發明顯。而在1980年代，錄影機開始更廣泛地散布於美國家庭之中。人們不但將電視或有線電視中所喜愛的節目，以錄影機錄製下來後再播放；同時也使用錄影機來欣賞租借自錄影帶商店中的電影片。而一些通常是使用極高頻週率（UHF）的獨立電臺（independent stations），也開始播放較早期的電影作品，並且播放那些來自於院線服務的第二輪熱門影片。這種多樣化的選擇機會，開始令原先的三大電視網流失了不少觀眾。

這三家主要電視網在面臨觀眾流失的窘境之下，所採取的因應策略就

變遷中的傳播媒介：從類比到數位匯流

是：減少電視網原先的節目形式，並且依據觀眾口味喜好的節目類型，將重點放在開關一系列固定的夜間帶狀節目，以期挽回觀眾的興趣。根據研究報告顯示，1970年代後期的電視節目中，大部分都是以色情及暴力為訴求重點。舉例來說，1983年的黃金時段節目表中，包括像1983至1987年的「天龍特攻隊」（The A-Team），這些節目都是強調於動作、暴力及香豔刺激之鏡頭。

這些電視網也的確嘗試了某些新的策略（Gitlin, 1985）。它們購入晚間時段的連續劇，例如：1978至1991年間的「朱門恩怨」（Dallas），而這些節目在1980年代也不負所託造成了相當大的轟動。它們也透過例如1984至1992年間的「天才老爹」（The Cosby Show），及1985至1989年間的「邁阿密風雲」（Miami Vice）逐漸增加更為強烈的種族特色，以便開始將目標鎖定於那些有可能成為更忠實電視收視者的非裔美籍觀眾群。

1987年，梅鐸（Rupert Murdoch）創立了福斯（Fox）電視網；而他之所以能夠成功，原因之一歸功於有線電視。在福斯網的會員中，大部分都是獨立性的極高頻電臺，而能夠利用電纜方式將畫面品質極佳的節目提供給廣泛的家庭用戶收看。更重要的原因則是，該公司追求區隔化的電視策略：透過自1990年起的「飛躍比佛利」（90210）一劇，吸引年輕收視者的支持；並透過例如同年所發行的「彩色生活」（In Living Color），追求更多都市及不同人種觀眾群的收視。該公司同時也推動對性別諷刺的節目，以及另類品味的節目，例如1987年起的「凡夫俗妻妙寶貝」（Married with Children）及1989年起的「辛普森家庭」（The Simpsons）等。

此外，傾向藉由愈來愈為特定化的節目類型以迎合區隔化的觀眾群之需要；例如：科幻頻道（Sci-Fi Channel）以及黃金美國頻道（Golden American Network）。在音樂錄影帶的範疇內，便有機會來發展範圍極為廣泛且能夠反映各種不同音樂類型的頻道，這可從流行音樂的主要潮流（例如：饒舌歌、重金屬音樂）開始，再延伸到較為非主流的形式（例

如：爵士樂、藍調音樂，甚至是古典音樂）。在電影頻道方面，也有計畫透過衛星來採行所謂的「多重發訊」（multiplexing），也就是將目前電影節目的開始播放時間彼此錯開，就像是在地方上大型購物中心裡的電影院一般，有不同的放映時間。另外一種方式，便是將頻道鎖定在播放特定的電影類型，例如：冒險動作片、愛情故事、懸疑片、西部片等等。

當時，有線電視的收視情況早已經對廣播電視頻道的觀眾群造成了蠶食。自從1980年代初期起，廣播網路在黃金時段中所擁有的市場占有率——是指在主要的晚間收視時段中選擇收看ABC、CBS及NBC節目的家庭比率——已經由87%降低到59%。在這些流失的觀眾群中，最為嚴重的便是某些具有廣告行銷上重要性人口特性的群體，他們包括了家庭年收入超過6萬美元的家庭，以及年齡介於25至54歲之間的婦女觀眾。

第五節　電視數位化

論及任何與媒體相關之議題，近年來不可忽視的關鍵字詞即為「數位化」、「匯流」。而論及媒體科技本身，電視自從1920年代出現，開始占據人類日常生活休閒活動已近一世紀，如今仍是許多家庭中「沙發馬鈴薯」賴以打發時間與滿足娛樂的重要工具。而當Tapscott（1996）宣告全球進入數位經濟時代，數位電視革命風潮也因而展開，從而創造或增強多種商機之可能。除硬體設施之外，軟體、內容部分更是具龐大發展空間。數位電視除了可讓固定接收增為多個頻道外，更值得關注在於提供行動接收的模式，讓收視戶的收視時間及情境範圍獲得突破，從而增加營收機會。此外，對於網際網路的最大特色「接近性」及「互動性」（彭芸，1986）也得以達成，進而取得與網際網路同臺競爭的本錢。

一、數位科技

　　隨著每一平臺推出數位電視服務，電視產業進入電視的第二波革命。電視的第一波革命為由黑白電視機轉換為彩色電視機，第二波電視革命則是播送訊號由類比轉化為數位。而第二波革命的潛在意涵也許非第一波革命所能相提並論，無論從媒體科技到內容、媒體本身到閱聽眾、內容產製到內容接收，都出現與以往截然不同的重大變革。相較於傳統類比電視，數位電視可說是傳送與接收廣播電視訊號的新科技（Weber & Evans, 2002）。定義上來看，電視數位化牽涉到兩層意義：(1)通訊上：將原本類比訊號（analog）改以數位訊號（digital）傳輸，經由一連串的影音壓縮／編碼、多工及調變後傳送到電視接收器上的過程；(2)顯示上：有別於過去體積龐大的映像管電視（CRT），改為液晶（TFT-LCD）、電漿電視（PDP）新型顯示器的設備。

　　數位電視最早可從日本NHK（Nippon Hoso Kyokai）於1983年推出類比式高畫質電視談起，不過這並非現在所謂的數位電視，當時只是著重在類比系統的改進、強調畫面品質的清晰，使電視研發歷史一度邁入高畫質電視的階段；歐美國家也在隨後不久步入高畫質技術的研發。但隨著MPEG（Motion Picture Experts Group）數位壓縮技術的成熟，以及不少國家陸續在高畫質技術推動上的失敗，紛紛開始將電視研發重點轉向以MPEG-2技術為主的數位電視（digital TV, DTV）發展（李秀真，2006；黃詩芸，2010）。

　　而因應各國國情、科技技術與傳播環境的不同，數位電視發展出數種傳輸標準。目前國際上認可的三大標準系統，分別為：美規ATSC標準、歐規DVB標準，以及日本的ISDB標準。以臺灣來說，交通部在1998年一度宣布採用美規ATSC系統，但是礙於該系統無法適用行動中收視的需求，在一番測試與討論後，交通部決定於2001年更換標準，轉採歐規DVB傳輸標準，並且依數位電視訊號傳輸方式的不同，區分無線地面廣

播為DVB-T（Terrestrial）、有線電視的為DVB-C（Cable）、衛星電視的DVB-S（Satellite），以及手持式裝置專用的DVB-H（Handheld）。因此，數位無線電視最後採用「歐規地面廣播傳輸標準」（Digital Video Broadcasting-Terrestrial, DVB-T），主要是因為DVB-T技術標準具有三項優點（臺灣數位電視協會，2007）：

1. 單頻成網（Single Frequency Network, SFN）

過去類比訊號透過電波傳輸有距離之限制，隨著地理位置的改變就要轉換輸送頻率，然由於數位訊號沒有耗損的問題，因此，可以透過單一的網路頻帶輸送，不需因地點不同而做更動。可有效解決某些地區收視不良的情形，以及過去基地臺臨界點訊號相互干擾的問題，增加頻譜資源的可用比例。

2. 行動接收

保護頻帶（guard band）的設計，可以對抗多路徑（multipath）干擾，也就是來自四面八方的訊號，只要經過偵測是在可允許範圍內，即使是干擾源都可以作為接收的訊號；另外，也可在行動接收時對抗回波，使得移動中訊號的接收仍十分清晰。

3. 雙向互動

可透過多媒體家庭平臺（Multimedia Home Platform, MHP）中介軟體的研發與幫助，打破傳統類比無線電視只能單向傳輸訊號的限制，無線電視經營者可以透過與其他媒體（如電信網路或行動電話業者）的結合，提供及時的互動溝通；同時，也可讓閱聽人依照個人收視習慣，透過電子節目選單（electronic program guide, EPG）進行編輯個人化電視臺。

由此可見，進入數位電視時代之後，數位技術基本的行動、互動優點，已為媒體及消費者提供了進行變革的堅固基礎。

二、數位電視特色

數位化是科技產物，數位化的電視具有如下十項特色（鄭自隆，2005）：

1. 互動性：數位不必有互動，但互動一定要有數位基礎，互動性也成為數位電視最顯著的特色之一，有互動性電視即可具備遊戲、猜謎、投票等功能。

2. 行動接收：無線數位電視具有行動接收功能，除車上行動電視外，手機、手提電腦、PDA均可接收電視訊號。

3. 隨選視訊（video on demand, VOD）：使用者可以主動挑選節目，目前中華電信MOD系統透過電訊網路即具備此項功能。

4. 預錄功能：經由DVR（digital video recorder），可以儲存節目，使用者可以保存、倒帶、重複觀看或快轉，此項功能已對目前廣告功能產生重大影響。

5. 資訊服務：透過數據傳輸，使用者可以點選氣象、新聞、路況或房屋仲介等資訊服務。

6. 個人化服務：電視臺可以記錄使用者收視狀況，進而提供廣告或特殊服務。

7. 電視上網：連接網際網路，數位電視機可以成為電腦終端設備，使用者可以直接使用電視上網。

8. 整合廣播：數位電視可以利用剩餘頻寬提供廣播服務。

9. 高畫質與音質：透過高解析度電視（HDTV）可以提供高畫質與音質節目。

10. 多頻道：經由頻道分割技術，臺灣有線與無線系統可以提供數百個數位頻道節目。

而對於收視眾來說，最重要的是對收視者能帶來怎樣的轉變或革

新。簡言之，數位化電視可為消費者帶來下列幾項優點（整理自鄭萬，2011）：

1. 雜訊降低

類比訊號在傳輸處理過程中會累積一些無法去除的雜訊，使得觀眾在觀看節目時遭受干擾，但數位訊號可將雜訊去除，保持畫面的高品質與乾淨。

2. 傳送訊息量加大

由於數位訊號可以壓縮，以往一個類比頻道只能傳送一個節目，但一個6兆赫（MHz）的數位頻道就能夠傳送三到四個標準畫質（SD）節目或一個高畫質節目（HD）。

3. 提供多樣加值互動服務

有線電視數位化後可整合電信與網路業，除此之外，數位化也能產生互動作用，譬如可以提供隨選視訊、遠距教學、遠距醫療、安全監控等服務，讓電視的功能更多元豐富。

4. 使頻譜資源達到有效運用

以往所使用的VHF頻道可以因為傳輸數位化後而使用UHF頻道，將VHF頻道給予公眾通信使用，使頻譜能獲有效利用。

5. 培養消費者「使用者付費」之習慣

雖然目前有線電視收視戶都是以繳費就能收視幾十個甚至百個頻道，但是大部分的觀眾習慣則以收視固定幾個頻道為主，並不會收看所有的頻道。一旦實行使用者付費選擇權將回歸消費者；除此之外，也能做到不浪費頻道成本的好處。

6. 廣告業者更能鎖定目標族群

數位化後的有線電視頻道將會進行分組，不論是依類型或者是收視戶年齡屬性來分類，都可以讓廣告業者精確地得知其應鎖定的顧客為何。譬如以旅遊頻道來說，會購買旅遊頻道的收視戶可能對旅遊有興趣，因此旅行社便可以在旅遊頻道上作廣告，吸引收視戶的注意。

因此，當電視數位化普及率提升至某種程度，對於電視產業營運及閱聽眾看電視行為等面向上，皆會造成顯著影響。

第六節　電視收視新模式

數位電視時代之三大收視特質為Anytime、Anywhere、Anydevice。電視觀眾可輕易透過DVR、PVR或數位機上盒將頻道播出內容錄下，於方便與想要之時間再行收視，打破節目表與個人時間之禁錮與限制。也由於數位化與匯流，使接收媒體內容之載具日趨多元化及個人化，如電視機、手機、平板電腦、桌上型電腦等等，無須呆坐於固定地點也能隨時欣賞電視內容，趨於行動化。

因應數位電視特質，收視眾衍生出下列三項新型收視行為（許玉芳，2009）：

1. 延遲收視（Time-shift Viewing）

以往電視臺對於其所播送的節目均制定時間表按時播送，無法於播送時間收看電視的收視眾，可能會使用錄放影機錄下節目再行收看，但錄影機可錄的節目長度有限、錄影帶又占空間。數位電視時代，數位電視平臺可提供儲存服務，數位機上盒中的硬碟亦具有儲存功能，且DVR或PVR（personal video recorder，使用數位壓縮技術將影像儲存於硬碟之中）是

近幾年發展出的新興科技產品，功能類似傳統錄放影機，但操作方便且儲存量大，收視眾想錄下節目較以往方便許多。故發生在非節目播送時間即時收視的收視行為可能性大幅提升，此行為稱之為延遲收視。此外，若是使用DVR錄下節目做延遲性收看，那麼利用快轉甚至是過濾功能，收視眾可輕易閃躲廣告訊息。對於廣告主來說，也許成為數位化電視時代必須關注的變化之一。

2. 隨選視訊（Video on Demand, VOD）

數位電視將引導傳統電視媒體朝向以網際網路為導向的內容發展，允許大量、分眾、檢索式的內容同時播送。電子節目選單EPG（electronic program guide）服務即是因應此項功能產生的服務，收視眾可透過電子節目表瞭解節目內容、演員背景等，選擇自己想看的節目；也可輸入演員名字，檢索想收視的節目。因此頻道色彩將趨於淡化，取而代之的是包含各式內容的「節目庫」，提供收視眾進行搜尋與點選。

3. 行動接收

歐規DVB-T（Digital Video Broadcasting-Terrestrial）規格，可在高速移動下進行接收，故車用數位機上盒的行動接收也是數位電視的一大市場。而除了在任何地點直接接收電波、收看電視外，只要透過DVR的數位錄影功能，將錄下的節目下載到DVD、筆記型電腦的硬碟，甚至未來手機若能具備存取大容量影音檔案功能時，就能打破時間、空間限制，隨時隨地行動收看電視節目。此外，手機亦可直接接收數位訊號。手機電視服務規格在國際間仍未統一，各有歐規的DVB-H（Digital Video Broadcasting-Handheld）、美國市場為主的MediaFlo、限於韓國的DMB-H（Digital Multimedia Broadcasting-Handheld）等；而亦有行動通訊業者與內容供應商合作，透過3G以上網路傳輸影音內容。

經由以上探討，可歸納出數位電視本質上的改變，在於傳輸訊號及播送內容之改變，也因為本質上的改變帶來更多優勢。不僅在傳送品質上優於原本的類比電視，讓收視眾可接收高畫質、高音質的節目，可載播的頻道數量更多，市場更趨分眾化，頻譜資源的使用效益亦大幅提升。而與收視眾之間不再只是單向傳播，而是雙向互動，電視電子商務透過數位電視即可完成。此外，數位的傳輸方式適用於電視機、電腦及行動裝置，是一種多平臺的播送系統，網路使用者亦可透過電視機享有網際網路服務。透過預錄功能，收視眾自頻道所制定的節目表中解放，可配合自己的作息，在方便的時間收看自己想要收看的節目，延遲收視行為出現；隨選視訊讓頻道色彩淡化，節目成為收視眾搜尋的目標；行動接收讓收視眾不需再死守電視機或定點收視等等（邱慧仙，2013）。

在資訊時代，或稱匯流時代的今日，許多研究調查發現，觀眾坐在傳統電視機前欣賞電視節目的人數日益減少；取而代之的是運用網路及行動載具收看電視。因此，電視產業正面臨重整或轉型的必要階段。在未來幾年，「電視」的面貌將以不同於以往的新型態出現。

問題與思考

1. 電視邁向多頻道，就產業經營上有何意義？
2. 相較於類比電視，數位化電視有哪些特徵？數位時代的閱聽人電視收視型態有何轉變？

參考資料

一、中文部分

李秀真（2006）。〈數位電視與產業供應鍵〉。《標準與檢驗雜誌》，96：1-16。

李國榮（2005）。《網路經濟下的臺灣數位化無線電視發展研究》。世新大學傳播研究所碩士論文。

邱慧仙（2013）。《數位時代電視收視率量測機制變革》。臺北：世新大學傳播研究所博士論文。

許玉芳（2009）。《電視數位化後收視調查機制之研究》。政治大學廣告研究所碩士論文。

陳淑嬌（2007）。〈數位電視發展無限可能〉。《臺灣經濟研究月刊》，30(12)：123-128。

張慶仁（1995）。〈公共電視服務網（美國）〉，《圖書館學與資訊科學大辭典》。上網日期：2009年4月29日，取自http://terms.naer.edu.tw/detail/1683147/

黃詩芸（2010）。《以科技接受模式檢視臺灣數位無線電視之採用行為》。交通大學傳播研究所碩士論文。

彭芸（1986）。《國際傳播與科技》。臺北：三民。

鄭自隆（2005）。〈電視數位化的思考與因應：日、韓經驗的借鏡〉，《傳播管理學刊》，6(1)：67-79。

鄭萬（2011）。《南投縣有線電視數位化發展之研究》。暨南國際大學公共行政與政策學系碩士論文。

蔡念中（2003）。《數位寬頻傳播產業研究》。臺北：揚智文化。

覃逸萍（2000）。《數位化時代的無線電視傳播》。初版，臺北：中華民國新聞評議委員會。

新聞局（2003）。《廣播電視白皮書》。臺北：行政院新聞局。

二、英文部分

Atkin, D., & LaRose, R. (1991, Fall). Cable access: Market concerns amidst the marketplace of ideas. *Journalism Quarterly, 68*(3), 354-362.

Baldwin, T., & VcVoy, S. (1983). *Cable communication*. Englewood Cliffs, NJ: Prentice-Hall.

Barnouw, E. (1990). *Tube of plenty: The evolution of American television*. NY: Oxford University Press.

Brown, R. (1993, August 2). Wireless cable looks to expand its niche. *Broadcasting*, p.21.

Cabletelevision Advertising Bureau (1993). *1993 cable TV facts*. New York: Cabletelevision Advertising Bureau.

Gitlin, T. (1985). *Inside prime time*. NY: Pantheon.

Head, S. W., & Sterling, C. H. (1994). *Broadcasting in America: A survey of television, radio, and new technologies*. Boston: Houghton Mifflin Company.

Karpinski, R. (1993, November 1). Time-Warner's magic kingdom. *Telephony*, pp.139-142.

LaRose, R., & Atkin, D. (1988, Fall). Satisfaction, demographic and media environment and predictors of cable subscription. *Journal of Broadcasting and Electronic Media, 32*(4), 403-413.

NCTA Research and Policy Analysis Department (1993). *Twenty-first century television*. Washington, DC: National Cable Television Association.

Scully, S. (1993, August 2). The nine who would be DBS. *Broadcasting*, p.45.

Stump, M., & Jessell, H. (1988, November 21). Cable: The first forty years. *Broadcasting*, pp.37-49.

Tapscott, D. (1996). *The Digital Economy-Promise and Peril in the Age of Networked Intelligence*. NY: McGraw-Hill.

Weber, I., & Evans, V. (2002). Constructing the meaning of digital television in Britain, the United States and Australia. *New Media & Society, 4*(4), 435-456.

第九章 電視與多頻道產業

第 10 章 ▶▶▶

電信產業

　　電話，不但是最爲古老的一種電子通訊媒體，同時也可以是最爲現代化的──即電信產業。本章將從電話、電信企業的設立、政府的政策，以及造就今日電信系統的技術等方面，對其發展及演變加以介紹。同時，此章也會針對電話是如何由一種人與人之間的聲音通訊工具，進展爲高功能的「智慧型」網路之過程；這種智慧型的網路不但能整合聲音、資料、影像，也成爲人際間最大眾化的通訊與社交工具。

第一節　電信產業的發展

　　若以貝爾將電話規格雛形提出申請專利之日（1876年2月14日）起算，電話已經發明了一百四十多年。電信（話）產業的歷史，可說是科技革新的一部循環史。它乃是著重於以科技發展爲基礎所造成的獨占勢力之延伸，政府對於獨占現象所做的限制，以及整體產業的發展歷程。

一、誕生：貝爾系統的興起

一位名為亞歷山大・格雷翰・貝爾（Alexander Graham Bell）的演講老師，在1876年3月的某一天，當他正在其位於波士頓的實驗室中工作時，不慎弄翻了一些酸性溶劑，並傾倒於膝蓋上；因此而大聲呼叫其助手來幫忙。「華特生先生，快來這裡，我需要你的幫忙！」貝爾高聲地叫嚷著；而電話也就因此而誕生了。很諷刺的則是，貝爾在當時並未開始研發電話；相反地，他當時所專注的研究項目，乃是所謂的「調合式電報」（harmonic telegraph）──一種能夠在單獨的線路中，傳送多重電報訊息的方式。貝爾在他的專利申請案中，從未提及所謂的電話；且在該項專利申請獲得核准之前，事實上貝爾也未曾發表過有關電話技術方面的公開演說；有關操作上的主要原理之敘述，貝爾僅是在其申請案中的一隅，以手寫的附註方式稍稍提及罷了。

貝爾電話公司（Bell Telephone Company）成立於1877年，該公司經歷來自於西方聯盟電報公司（Western Union Telegraph Company）的專利權挑戰，但得以生存。之後，該公司便開始逐漸興盛。1882年貝爾系統（Bell System）獲得了西方電子公司（Western Electric）的所有權。這使得該公司在成為一家強而有力的獨占企業體之垂直整合過程中，又奠下了第二步的堅強基礎。貝爾系統在法院裡竭盡全力來保護它所擁有的專利權，並買下那些選擇不與該公司進行訴訟的獨立業者。該公司也藉由將其特許權授予地方上的發明家，而極力在全國各地推動電話服務。

當最初的專利權在1980年代初期屆滿時，獨立的電話公司便如雨後春筍般地在全國各地出現。競爭情形相當激烈，更適切的形容詞應該是「割線纜式」的競爭，因為他們所採行的策略之一，便是利用夜深人靜時，將競爭對手的線纜割斷。而貝爾系統則挾其在市場上擁有的強勢力量，不但採用削價競爭的方式來打擊其競爭對手，並將那些失敗者加以併購。對於該公司快速發展的長途電話系統，他們也拒絕讓競爭者來使用。

變遷中的傳播媒介：從類比到數位匯流

該公司同時繼續在法院中的各種戰爭，試圖主張所購得的其他專利權。但這項策略終告無功而返，此乃因為法院已經開始轉為同情那些新的競爭弱勢者。市場的競爭迫使該公司美國電話電信公司調降其費率，並且以犧牲服務品質及員工士氣的做法，來進行快速擴張。

二、費爾（Vail）時代

擁有美國電話電信公司的紐約銀行家們，又聘請了席爾多·費爾（Theodore Vail）來管理該公司。1887年前，費爾先前的工作性質就一直是在主導著貝爾系統的營運。當先前的那些管理階層人員，無法支持他當時為了提供全面性服務品質所提出的普及化電話公司之前瞻性構想後，他便離開了該公司。此種普及化服務（universal service）的原則，成了美國電話電信公司及法律制訂者之口號。費爾重建了投資者們的信心，促成了研究發展、重組了管理方式，並且將客戶服務的觀念逐漸灌輸到整個公司之中。

當費爾看中任何一家電話公司，並且急欲購併之時，他在華爾街的一位名為摩根（J. P. Morgan）的親戚，便藉著切斷該公司信用貸款的方式，以便讓費爾能夠更輕易的將這些目標併購。因此，美國電話電信公司也就成為商場冷酷無情的典範之一。費爾在1910年時，藉著取得西方聯盟（Western Union）的所有權，而使自身獲得更進一步的擴展。由美國電話電信公司所擁有的全國性電訊傳播獨占事業（monopoly）令人憂慮的根源，也在此時首次出現——但絕對不是最後一次。1910年時依據曼—艾爾金斯法案（Mann-Elkins Act）而成立了州際商務委員會（Interstate Commerce Commission），該委員會擁有對電話服務及其他州際企業的管轄權。在接到聯邦政府針對美國電話電信公司可能已經違反了雪曼反托辣斯法案（Sherman Antitrust Act）的告知後，費爾便在1913年時取消了併購西方聯盟公司的協議，允許其他的電話公司與該公司相互聯絡，並且爭取政府單位核准其進一步獲取其他公司的所有權。此項協議也就是所謂的

「金伯利協定」（Kingsbury Commitment），它塑造了美國電話產業在未來70年內的基本走向。

人們對於獨占事業之權力所產生的關切，也促成了政府對這方面的強制規範。在某一特定服務區域範圍中，為了要獲得電話服務之唯一供應者的經營權利，當電話公司將其服務擴展到潛在的大量使用者時，也必須要同意將其成本結構公開給法律制定者參考，並且接受一個固定的投資報酬率。這種模式，也就是報酬率法規（rate of return regulation）。此種安排不但可保護電話公司的訂戶，使其免於遭受來自於那些未受限制的獨占公司所收取的不合理費率；同時也能夠確保電話公司的股東們得以獲得穩定、合理的投資報酬。

當費爾在1919年離開公司的時候，美國電話電信公司已維持住長期以來的良好營運績效，並且被廣大的公眾所接受。國會在1921年時通過了葛拉罕法案（Graham Act），而使金伯利協定成為一種法令，同時也解除了雪曼法案對該公司的限制，並且承認了費爾的「自然獨占」（natural monopoly）乃是一種正當的市場現象。也就是說：由一家單獨的電話公司來提供某一地區之服務、「一區一家」，乃是一種比較合乎經濟原則的做法。

圖10.1　由一家單獨的電話公司來提供某一地區之服務，乃是一種比較合乎經濟原則的做法，但是開放競爭後最後得利還是消費者

三、法令制定者的反擊

到了1920年代，美國電話電信公司趁此「優勢」試圖主宰整個產業。在1920年代初期，美國電話電信公司建立了它自己的無線電廣播網路，並且企圖藉由陳舊的手法——專利權的實施，來控制該產業中的其他部分。該公司也透過旗下的西方電子（Western Electric）這個子公司來取得音響設備的執照，而支配了新的有聲電影媒體。到了1927年，美國電話電信公司進一步涉足了電視產業。雖然如此，有鑑於新的政府法規所可能帶來的威脅，使得該公司重新回到費爾的計畫之上，放棄了上述相關產業的股份，並全心全意專注在電話服務方面謀求發展。

1934年的通信法案（Communications Act），將美國電話電信公司的角色，定義爲公共運送人（common carrier）的身分。也就是說，美國電話電信公司以及其他的電話公司，在平等的基礎之下，都能夠藉由可取得的設備，來爲所有付費客戶提供電訊傳播的傳輸服務。但是，對於製造其所傳輸之內容的內容供應產業方面，電話電信公司均不得有任何財務上的股份參與在內。美國電話電信公司也必須定期提供財務報表給新的聯邦通訊傳播委員會審視，其收費的標準或費率表同樣必須向該委員會報備。

這個新的聯邦通訊傳播委員會，很快就發動了一項以瞭解美國電話電信公司在西方電子公司中之所有權爲目的的全面性調查。對相互競爭的設備製造商而言，要想將其產品在貝爾系統內進行銷售，事實上是不可能的任務。雖然西方電子所生產的設備在成本上較其他公司低廉是一項不爭的事實，但根據調查，他們的收費仍然高於實際所需，因而造成了地方電話費率的高估以及該公司本身財務的膨漲。

二次世界大戰爆發，使得這個問題暫時被擱置一旁，但在1949年時，司法部門根據雪曼反托辣斯法案而提出一項訴訟，強制要求美國電話電信公司將西方電子公司出售。1956年時的「認可法令」（Consent Decree）推翻了此項訴訟，使得美國電話電信公司得以維持完整。但是西方

電子公司也同意只製造貝爾系統所需要的設備種類，且美國電話電信公司同意將其本身界定在公共運送人的業務角色上，並且在公平的條件下來申請其專利權的許可。

四、獨占狀態的突破

1956年的認可法令並未讓政府的法令制定者感到完全滿意，尤其是在美國電話電信公司及某些政府官員之間的私下協議被揭露並曝光後，此種現象便更為明顯。因此，美國電話電信公司在那些能與其網路相連接的設備上所擁有的控制權，便是政府部門的下一個整頓目標。該公司針對此點辯解道：為了維持網路在技術上的完整性，此種完全的控制乃是有必要的。但在此種原則下，使得西方電子公司在消費者使用之電話設備上，輕而易舉地維持了近乎獨占的地位。

對於美國電話電信公司之獨占狀況所做的另一項重擊，落在長途電話業務上。一連串由聯邦通訊傳播委員會及聯邦法院，針對開放長途電話競爭所做的判決，在1977年時達到頂峰。這也表示微波通訊公司（Microwave Communications, Inc., MCI）以及其他公司，都能夠開始提供長途電話服務給所有的電話用戶。

在美國電話電信公司解體之後的十年內，該公司在長途電話市場中的占有率由原先的80%降低到60%；同時，住戶用電話機以及電話傳送及總機設備市場，也進入了白熱化的競爭階段。雖然地方服務的成本上升，但服務品質已有明顯改善，且長途電話服務的成本也逐漸降低。1989年時，聯邦通訊傳播委員會提出了一項取代報酬率法規的方案，也就是所謂的價格上限（price cap）制度。在此制度下，美國電話電信公司在考量電訊傳播產業中整體效率的改進之後，便能夠依據生活費用水準的改變來調整其費率。全國中也有許多州採用類似的計畫於地方性的電話服務業務上；但同時有為數不少的州政府，要求將地方的總機交換服務開放給那些競爭通路供應者（competitive access providers），特別指那些能夠提供競

爭性的地方電話服務之公司。1992年時，聯邦通訊傳播委員會指示將地方上的電話迴路與全國競爭通路的供應者相連接，並且認可了影像撥接服務（video dial tone）——能夠傳輸影像、聲音及資料的基本通訊服務。

第二節　科技化趨勢

　　早期的電話只有一個單獨的揚聲器，同時作爲傳送及接收話語之用。因此，使用者必須在他們的耳朵與嘴巴之間，不停地移動同時裝著傳送器及接收器的笨重木盒。這種單一電線的線路（沒有總機轉換裝置），將距離上不超過數哩的兩點相互連接（因爲沒有可將訊號經過增幅處理的裝置）。使用者們必須對著傳送器大聲說話，以便引起線路另一端的當事人注意，直到電磁響鈴裝置的發明。但當時通話距離以及連接上的限制，則是持續不斷的科技發展所亟需解決的問題（Fagen, 1975）。

一、距離的克服——增幅器

　　美國電話電信公司研究室的首批發明中，包括實用的重複增幅器（repeater amplifier）。該裝置是使用經過改良的音響管（audio tube），由佛瑞斯特於1907年所發明，此項零件同時也使得日後的電視及無線電廣播發展成爲可能。以前，打電話的人必須承受電子上的雜音，以及必須放大音量說話的困擾。爲了改善此現象，貝爾與其助理華生兩人再度聯手，於1915年時完成了首通橫跨美國大陸的電話。

二、解除電線的束縛

　　在貝爾發明電話後的十年內，無以計數的高聳電線桿幾乎完全遮蔽了大城市中的天空。尤其，1880年代時的新電力系統會產生電子上的干擾，使得每一個電路上必須再多加一條額外的電線，造成電線數量倍增。

因此，人們便開始尋找能夠在一組電線上傳輸超過一通以上電話的方式。其解決方案便是所謂的多重發訊（multiplexing）。這項技術基本上就是貝爾在介入電話研發之前，他在其調波式電報中所開始使用的方式。這項技術是將每一個電話交談，都與一個稱之為「載波電流」（carrier wave）的高頻訊號相結合，然後再一起傳送許多通電話，並將每一通電話都以一個個別的載波週率來傳輸。此種原理就和同時傳送許多的無線電廣播節目相類似，每一個節目都以不同的頻道來傳送；其中的差異，只是電話的傳送是被侷限於電線之內，而無線電廣播則是在廣闊的空間中來做傳送。

　　二次大戰時，傳送科技更進一步發展，使得在一個單獨的電路中來傳輸成打的電話已成為可能。之後，更發展為成百甚至成千的電話都得以在一個單獨的電路中傳輸。1948年時，微波（microwave）科技被應用於連接紐約及波士頓兩地間之跨城市長途電話的公共網路中。藉著裝設在彼此相距約20至30哩之遙的建築物或塔臺上的指向式無線電傳送裝置，個人的電話也能夠以多重發訊的方式而傳輸。每一站的天線，來自於前一個塔臺所傳輸的訊號接收，再將其傳送到下一個塔臺，以此反覆延續。1951年時，出現了第一個橫跨全國的連結系統（O'Neill, 1985）。

　　1945年時，科幻作家亞瑟・克拉克（Arthur C. Clarke）便對此種新穎的微波科技提出了一項革命性構思：若我們將微波傳送器裝置於地球軌道上，以使它們能夠及於整個地球範圍時，將會是怎樣的一種狀況？基本上，目前的衛星便是處於這種狀況。一組裝設於地面上的高功率微波傳送器或是向上傳送裝置，將訊號以電子束的方式向上發射到位於太空中的接收器上，然後再將這些訊號重複向下傳送至位於地面上的各個電臺中。第一個通訊用衛星——通訊衛星一號（Telstar I），於1962年發射。到了1970年代，衛星科技已然對地球上的微波及電線網路造成了相當重要的影響。尤其是在國際長途電話線路方面，更是影響深遠。

　　電話系統中的另一項主要構成部分為總機轉換設備。十九世紀末時，

變遷中的傳播媒介：從類比到數位匯流

電話的接線總機部分乃是一個喧囂吵雜的場所。數以百計的女性總機人員頭上戴著與烤麵包機尺寸及重量相去不遠的「耳機」，彎腰駝背地坐在人工處理的接線總機前工作。在那個時代，電話並無撥號裝置，使用者必須藉著轉動他們電話上的搖柄，以引起總機人員的注意。

　　早期的自動轉換總機與自動唱片點唱機的原理相當類似。機械式的搖桿會依據人們所撥的號碼而上下迴轉並搖動，並與微小的電子觸點相接觸，而這些電子觸點則又與電話用戶的電話機相互連接。很不幸地，一通單獨的電話便會占據了整個轉換機。因此，能夠同時運作的巨型轉換機便無可避免地必須被發明與安裝，以滿足處理上的需要。1938年時，橫桿式轉換總機（crossbar switch）被引入市場，使得該設備中的每一個部分都能夠同時處理10至20通的電話。自1951年起，所有的地方電話及長途電話之連接，終於能夠直接撥號，而不須總機人員轉接。這種現象，加速了區域號碼（area code）的引進（Schindler, 1982）。

三、數位化通訊誕生

　　1962年，美國電話電信公司位於伊利諾州史考基市（Skokie）的總公司內，發生了一項事實上已重塑了全球傳播通訊的事件，那就是打往芝加哥的全球第一通數位式（digital）電話已接通，而使得數位化通訊首次應用於實際用途。此種新系統的獨特之處，在於人類的聲音乃是透過網路的方式而加以處理。在此之前，電話的運作仍舊脫離不了貝爾時期的處理方式：由人類聲帶所產生的空氣壓力波轉換成為持續性的變化電流，然後再把此種電流回復為空氣壓力波，而形成人類耳朵所能辨識的聲音。目前將此種過程稱為類比式（analog）傳送。而新的載波電流系統則是在史考基市至芝加哥的這段傳送路程中，將聲音轉換為一連串不連續的數位化脈衝，再將其以模擬化的聲音型態傳送給在彼端的受話者。

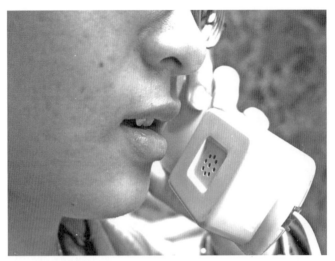

圖10.2　電話是由人類聲帶所產生的空氣壓力波轉換成為持續性的變化電流，然後再把此種電流回復為空氣壓力波，而形成人類耳朵所能辨識的聲音

（一）數位式轉換總機（Digital Switching）

　　同時期，貝爾實驗室也發展出將電腦與電話轉換總機加以整合的技術，使得經過電話總機的電子路徑，能夠經由儲存在電腦記憶體中的程式來加以控制，以取代原先由電子機械組件所執行的費力動作。這種發展也代表了在服務項目上的改變，能夠透過電腦軟體上的設計來達成目標，而不必再將轉換總機的線路加以改裝。1965年時，第一套結合此種發明的電話轉換總機正式上線；稍後，在首次使用的全電子式轉換總機（all-electronic switch）中，其轉接點部分亦使用半導體晶片。

　　因此，電話系統事實上成了一種相當複雜的電腦網路，而電話的接收器也就成了與電話公司主控室之高功能電腦相互連接的一部遠方終端機。當我們在撥打一通電話時，我們便對電腦送出了一項經由主控室交換總機以取得資料傳輸路徑之通路的要求。若所撥打的是一通長途電話，則當地控制室的電腦就會與沿線的各個電腦相互連線；若此通電話是橫跨全國時，中間所經過的電腦可能會達十個之多。當我們說話，在主控室中的一

張電腦卡片便會將我們的聲音做取樣，並將這些樣本轉換爲簡短的電腦位元，在跨城市的長途電話線路中，此種連串的電腦位元會與數千個其他來話者所產生的電腦位元相互存在。而那些在受話端的人們，會以爲自己正在聽我們對他們所說的話，但事實上他們所聽到的，只不過是來自於連串的電腦位元在模仿我們聲音後所產生出來的音響罷了。

（二）整合型服務數位網路與智慧型網路（ISDN and the Intelligent Network）

整合型服務數位網路（integrated services digital network, ISDN）將數位化的過程延伸於整個電話網路中，因而創造出一種連結兩端的數位化網路。藉由ISDN，我們可以在一條單獨的電話線路上立即執行三件事情。舉例來說，我們可以打電話給指導教授，向其請教論文作業上所遇到的困難；而在另一方面，我們也能夠透過電腦將這個問題的解答顯示於螢幕之上；同時，我們的電腦能夠接收來自於另一位重要人士的電子郵件。而ISDN也能在資料的傳輸上達到速度的極限。因此，具有雜誌般品質的圖像，能夠在瞬間被傳輸，而在傳眞的文件上，其輸出速度不但有如透過影印機一般快速，解析品質也不相上下。

四、便利取向的電話服務

隨著智慧型網路出現，住家的電話也展現了另一種新景象。針對特定服務之選擇——例如：電話轉接及電話等待——而發展出來的「特殊功能按鍵」（feature buttons），意味著我們不必再去記憶一大堆的通路代碼，或者再手忙腳亂地去翻閱功能說明書。數位型顯示幕也被用來支援智慧型網路服務。事實上，目前大多電話裝置已是完全的數位化螢幕——讓使用者們透過敏感度極高的觸摸式螢幕（touch-sensitive screens），便可撥接電話及撥通資訊服務項目。而電話螢幕也能夠傳送影像電話（picture-phone）。在先進的數位化聲音處理及「智慧型」的特點之下，答錄

機也勢必要經過改良。例如：加入給各個來話者的個人化訊息，以及改良過的訊息管理功能等。由於數位化的處理過程，已經使得體積較大的類比式錄音帶不再是必備組件，答錄機也被整合並內建於電話機本身之中。

第三節　行動寬頻網路時代

一、行動式電話

　　行動式電話於1919年時首度使用於航行中的船舶上。而以陸地為基地的行動式無線電相關實驗，可追溯到1920年代時的警用無線電。具有規律性的最早陸地行動電話服務，肇始於1933年時提供給公共治安人員所使用的系統。最早的大眾行動電話服務，則始於1946年。最初的行動電話服務之營運，乃是在每個都會地區中都擁有一個單獨的中央天線，而且它在同一時間內的最大容量只能提供46個使用者同時通話。

　　行動電話的發展直到蜂巢式無線電（cellular radio）在1978年時引進美國，真正開始造福消費者。蜂巢式無線電的名稱來源乃是因為它將範圍廣大的服務區域劃分為許多小區域，而每個小區域的涵蓋範圍僅有數哩。由於裝設在每個小區域內的傳送裝置其功率並不強，因而使得相同的通訊週率能夠被同一城市內之其他地區中的使用者再次利用。當使用者由某一小區域移動到另一個小區域時，電話將會被轉送到網路中的另一組天線上，並自動地重新分配到另一個頻道中。

二、整合型寬頻網路

　　在公共電話網路的發展沿革中，最後一個步驟便是將聲音、高速的資料傳輸以及影像等加以整合，而使其同時存在於一個單獨的網路中，這也就是所謂的寬頻（broadband）網路；因為它具有能夠傳輸許多不同服務

的能力，而這些服務乃是需要範圍廣泛的通訊週率或頻道才足以完成。寬頻的應用包括了：電視節目、影像電話、高品質的彩色圖像，以及高解析度的醫學映像等等。

寬頻網路中的一項重要科技革新乃是所謂的光纖（fiber optics）。1880年時，貝爾被授予一項有關圖像電話（photo-phone）的專利權。而光學導波管（optical waveguides）的原理，則是在其獲得專利權的十年之前就已經被發現。然而，上述這些發明使用於實際用途，則是在1958年時貝爾實驗室發明了雷射（laser）之後才開始的。雷射能夠產生純光能的高功率電子束，而以光波的方式提供給傳播通訊來使用。光纖已開始使用於跨洋性的有線電纜系統中，並且在高容量的國際電訊傳播線路中，光纖也逐漸取代了衛星傳輸。

三、個人行動通訊網路

無線電話已被設定與蜂巢式無線電兩者相互整合，因而使得在家中所使用的無線電話也能夠帶到辦公室或學校內使用。而能夠讓上述理想得以實現的所謂個人通訊網路（personal communication network, PCN）科技，已被廣泛地使用於一般消費者家庭中。個人通訊網路的運作幾乎是與蜂巢式無線電沒有兩樣，唯一的差別只在它的傳送裝置所涵蓋的範圍更小，大約只在幾百碼的方圓之內。這也表示該網路的傳送裝置只需具有更低的功率輸出，也因此使其成本與蜂巢式無線電相較之下更為低廉。

「無線化」的發展是著眼於消費者的方便性，將科技納入人性的思考，像前述微波與行動式電話都是屬於無線化的例子。目前對無線通訊技術的規劃，可分為無線個人區域網路（wireless personal area network, WPAN）、無線區域網路（wireless local area network, WLAN）與無線廣域網路（wireless wide area network, WWAN）三大類。WPAN是非常小範圍、近距離的電波傳輸，如藍芽（bluetooth）、紅外線傳輸技術（IrDA）等，發展較早，應用也較為成熟，是屬於個人通訊網路的延伸，而擴

展的範圍也將不再只限於電信產品，還包括家電、監視器等資訊家電（IA）。WLAN是由區域網路（LAN）演變而來，將企業中區域網路以無線布建，所以它的網路範圍侷限於室內與鄰近範圍。WWAN又稱爲無線廣域網路（wireless wide area network），從第一代類比行動電話，到第二代數位行動通訊（second-generation mobile technologies, 2G），與2.5代行動通訊代表的GPRS，以及現在各已開發國家都已發展成熟的第三代行動通訊（3G）皆屬此技術範疇。

接著，4G時代已悄然來臨，事實上，它已走入人們生活之中。4G（fourth-generation）顧名思義就是「第四代行動通訊」。根據市調機構IHS iSuppli，2012年底全球4G LTE用戶數從2011年的1,690萬戶成長至7,330萬，而到2016年，估計有12億人使用4G服務。除了第一代類比式行動電話無法傳輸資料外，從2G數位蜂巢式行動電話到3G、3.5G，行動電話支援高速傳輸與多媒體的能力不斷提升，到現在的4G傳輸速度超越現行3.5G手機十倍以上，被各界視爲行動通訊的新里程碑。目前LTE-advanced與WiMax（IEEE 802.16m）被公認爲4G標準的主要技術（彭采薇，2012）。WiMAX和LTE都使用OFDM技術，具有更高的資料傳輸率與頻寬使用效率，抵抗干擾的能力也大幅提升，用手機下載或上傳影片可能只需10分鐘，創新民眾的手機使用習性。

四、電信產業的擴張

隨著媒體匯流趨勢高漲，相關產業鏈之市場競爭亦趨白熱化；此外，網路興起改變了民眾的收視習慣，傳統媒體日益衰微。因應數位時代的挑戰，舊有主流媒體將被迫做出產業內涵之改變。

以美國來看，電信業、有線電視業與影視業之間的購併案近年案例攀升。電信巨擘AT&T原本已經營有線電視，2015年才以接近490億美元買下美國最大衛星電視業者DirecTV，成爲有線電視業新龍頭。而美國最大無線通信業者Verizon亦不落人後，2015年出資44億美元買下美國老牌入

口網站AOL，2016年7月又以48億美元買下雅虎（Yahoo!）的入口網站及搜尋引擎事業。此外，另一有線電視巨擘Comcast 2009年也以300億美元從美國通用電氣（GE）手中買下另一家美國電視與電影業巨頭NBCUniversal。層出不窮的併購案顯現出，新世代消費者逐漸擁抱數位媒體，拋棄日趨傳統的有線電視及衛星電視服務，使電信業者渴望營收來源多角化，不僅只滿足於充當影視及網路內容的播送管道。

問題與思考

1. 從家庭電話發展至行動電話，人類的日常生活及溝通模式有何轉變？

2. 臺灣近年有哪些電信產業重要議題？其與數位匯流趨勢是否有關？

參考資料

一、中文部分

何定爲（1997）。《從電信自由化看電信服務產業之發展》。工研院電通所，頁18-20。

周偉康（2000）。〈寬頻產業是21世紀經濟火車頭〉。《Smart智富理財》，第26期，頁174。

彭采薇（2012）。〈4G進行式 4G到底所謂何物〉。《電子商務時報》。上網日期：2013年4月29日，取自http://www.ectimes.org.tw/Shownews.aspx?id=120917001646

蔡念中（2003）。《數位寬頻傳播產業研究》。臺北：揚智文化。

二、英文部分

Fagen, M. D. (Ed.) (1975). *A history of engineering and science in the Bell System: The early years 1875-1925*. Murray Hill, NJ: Bell Telephone Laboratories.

O'Neill, E. F. (Ed.) (1985). *A history of engineering and science in the Bell System: Transmission Technology 1925-1975*. Murray Hill, NJ: Bell Telephone Laboratories.

Schindler, G. E. (Ed.) (1982) *A history of engineering and science in the Bell System: Switching technology 1925-1975*. Murray Hill, NJ: Bell Telephone Laboratories.

第 **11** 章 ▶▶▶

廣告產業

　　廣告是大眾媒體營運與發展的重要經濟基礎；廣告產業
同時是一種運用說服力以達到目標的經濟勢力團體。隨著科
技發展、媒介環境變遷，廣告產業生態同時產生變化。本章
將闡述廣告業所經歷的成長過程、產業發展，以及廣告生態
鏈。生態鏈中牽一髮動全身，在在影響著整體媒介產業的興
衰與營收，特別是在商業媒介市場之中。

第一節　廣告產業的發展

　　廣告（advertising）之起源，可追溯自考古學家們在古希
臘和羅馬城市之牆壁上所發現的一些標記（signage）。這些
標記的作用，是為了吸引旅人駐足於那些展示其產品的當地
商家；這些產品包括酒及食物等。另一種古老的廣告方式，
便是所謂的傳布公告者（town criers）；這些人將一些發生在
附近的「好消息」，以口頭叫喚的方式來告訴市民們。與標
記所不同的是：標記僅包含了與商品有關的訊息，而此種傳
布公告者除了提供與商品有關的訊息外，也會將當天的新聞
告知所有市民。因為這類的傳播公告者在傳播消息過程中，

順便會傳達出一些廣告消息，這種有趣的現象，與早期報紙功能是相類似的（Applegate, 1993; Roche, 1993）。

圖11.1　廣告的起源，乃是由某些考古學家在古希臘和羅馬城市之牆壁上所發現的某些標記。這些標記的作用，是為了吸引旅人駐足於那些展示其產品的當地商家

　　由於歐洲在1455年時引進了印刷術，使得各種企業能夠取得較多的通路，以將其商品推廣到較大的市場中。隨著印刷術的出現，也帶來了一項新的廣告形式，就是所謂的傳單（hand-bills）。由於在相對較短的時間裡，此類傳單就能夠被極有效率地複製，散播到人們的手中；加上此類傳單在內容方面，也能夠廣泛地包含了許多必要的敘述，以達到有效推銷之目的，因此它在效益上遠超過標記及口頭傳布的方式。廣告傳單（fly-ers）至今仍被人們廣泛地使用。

一、專業化廣告事業的興起

　　當研究人員要對廣告的歷史進行檢視時，先行瞭解相關的從業者們是如何去執行他們的工作，是一件必要的事。這些從業者們包括了：媒體代表（media representatives）、廣告主（advertisers），以及廣告代理商（advertising agencies）等。最早的廣告專業人員，基本上也就是所謂的

變遷中的傳播媒介：從類比到數位匯流

媒體代理商，他代表媒體，並出售其廣告欄位。在這個時代中，最有名的廣告代理商便是法爾尼·派莫（Volney B. Palmer）；他於1842年時開始其廣告事業，並於1849年時創造了「廣告代理商」（advertising agency）這個名詞，並且開創佣金（commission）制度。

二、現代廣告的起源：強勢銷售對軟性銷售

對廣告深入定義的時刻則是出現在1905年。當廣告文案約翰·甘迺迪（John E. Kennedy）及艾伯特·拉斯克（Albert Lasker）兩人，合夥在紐約共同成立一家名為洛德與湯瑪斯（Lord & Thomas）的廣告代理商時，廣告被重新定義為「印刷上的推銷技術」（salesmanship in print）。在此之前，廣告的傳單在其內容上通常都是簡短而誇大，並且大多數的廣告都在尋求來自於讀者的回應，也就是我們目前所稱的直銷／直接銷售（direct marketing）。而甘迺迪這位有經驗的推銷員，認為在廣告傳單中所提出來的論點，應該要比實際的推銷人員所做的還要更為充分；也就是說，透過傳單內容就足以提供顧客應該購買其商品的充分理由。這種強勢銷售（hard sell）的方式，將廣告視為一種能夠強調創意性訊息，並且將「購買理由」應用於產品上之銷售工具（Wells, Burnett, & Moriarty, 1992）。

圖11.2　藉由傳單的內容可以提供顧客應該購買其商品的充分理由，將廣告定義為「印刷上的推銷技術」

至於所謂的軟性銷售（soft sell），與強勢銷售方式所出現的時間相當。此類訴求的先驅者是史坦利‧瑞瑟（Stanley Resor），以及在「華爾特‧湯普森」（J. Walter Thompson）代理公司中的廣告文案海倫‧蘭絲道尼（Helen Lansdowne）。此種方式的特色是以感性（emotional）重於理性（rational）爲訴求重點。瑞瑟同時也將消費者心理學方面的課題，引進到與廣告有關的實驗之中，並且試圖將廣告變成對客戶進行整體銷售時所做的努力之一。

　　第一次世界大戰期間，廣告找到了屬於自己的發言權，直接遠離一般民眾在物質方面的需要，而改爲朝向國家整體利益的方向邁進，並提供一項新的證明，即廣告同時適用於政治宣傳活動中。1920年代，對於廣告散布來說，強而有力之新傳播媒體興起：無線電廣播（radio）。美國無線電公司（RCA）於1926年自美國電話與電報公司（AT&T）手中併購了一系列的無線電廣播電臺——包括位於紐約的WEAF，以及設立了美國國家廣播公司（National Broadcasting Company, NBC）之後，代表了無線電廣播時代來臨。無線電廣播網路之概念產生，也提供了國內廣告商們一種史無前例的途徑，將他們的訊息得以在同一時間之內散播到全國各地（Vivian, 1991）。此種新式媒體與廉價刊物之間的相同之處，便是被設計來將新聞、資訊、娛樂等內容以大量的方式傳播給大眾。與印刷業相較，無線電廣播媒體對廣告主的依賴自此加深。

　　二次大戰之後，電視在作爲廣告媒體通路方面出現了爆炸性的擴展；尤其是1948年，當全國的電視網路成立之後，此種現象更爲明顯。電視的快速成長，凌駕了其他所有大眾媒介，成爲全國廣告刊登者最青睞的大眾傳播媒體形式。起初，電視的廣告刊登者們追隨著流行於無線電廣播的方式，對所有節目都提供贊助。到了1970年代，節目的贊助者則是以購買60秒或30秒（後來則成爲15秒）的廣告時間來進行贊助。1980年代初期，有線電視雖已出現，但尚未成爲另一種獲青睞的新廣告媒體。到了1994年，曾經叱吒風雲的無線廣播電視，發現它們在晚間時段所擁有的

變遷中的傳播媒介：從類比到數位匯流

212

電視觀眾人數，已經下降到整體市場的六成以下。

第二節　科技化趨勢

　　廣告技術的發展與大眾媒體科技演進有著密不可分的關係。傳統印刷媒介早已廣泛地使用電腦和電訊傳播科技，是步入電腦時代的第一種大眾媒體，印刷媒體廣告同樣適用。另外一種吸引人的早期電腦應用，便是所謂的資料庫行銷（database marketing），它在使用上的典型範例，便是被手中握有特定消費者名單之直銷商人所採用。之後，風行一時的「整合行銷傳播」概念，同樣依賴資料庫行銷技術。此種方式也被用來開發那些具有爭議性卻廣受大眾青睞的商品，例如：香菸及酒類。由於此類商品的廣告在其他傳統媒體中受到限制，因此許多此一行業的公司行號，便轉而以資料庫行銷方式，來提供其客戶相關的目錄索引。

　　廣告同時也出現在電腦網路之中。早期由國際商業機器公司（IBM）與西爾斯公司（Sears）所合資經營的Prodigy網路，便將廣告置於每一頁影像視訊畫面的底部，並藉由電話線路而將這些廣告傳送到每一個網路訂戶家中。有線電視以及廣播電視網路，也將自身品牌訊息附加到消費者的影像視訊服務之中（Mandese, 1994）。另一方面，有線電視業的巨人——電訊傳播公司（TCI），以及電腦軟體業的巨擘——微軟公司（Microsoft）開發了一種針對個人電腦擁有者的新式有線電視網路；在這種網路中，具有一同時存在的影像視訊畫面，它能夠讓使用者在收視該頻道的同時，得以訂購電腦軟體及硬體。

　　今日，在寬頻傳輸網路設施的越發強大之下，網路廣告、數位廣告已成產業趨勢，整體廣告產業朝向更多元、多變的局面發展。在寬頻的建置下，網路廣告可以透過各種不同的有線、無線載具，例如行動上網，隨時隨地呈現在消費者面前。行動電子商務就是一種銷售宣傳的管道，重要的

圖11.3　廣告刊登者正在進行採用的廣告亭。這是一種站立式的影像視訊終端機，它能夠提供重點銷售產品許多深入的資訊

是它可以依據個人需求及喜好，主動提供即時資訊給使用者。寬頻結合行動通訊網路，網路廣告將有無可限量的商機，且以各種不同的面貌呈現在使用者面前，透過不同的載具，持續發揮廣告效果。

第三節　生態體系

　　論及任何產業之運作，皆是以生態鏈之面貌呈現，如一開放之系統，無法單獨運作與存在，必須仰賴與其他利益關係產業之互動與反饋機制，並不時調整產業策略，以求生存。如圖11.4所示，媒體產業運作體系任一面向，如：廣告主、閱聽眾、廣告代理與媒體購買、媒體量測機制等，本身皆值得深入探討，且運作結構繁複；而產業中每一面向間關聯密切，牽一髮動全身。例如：收視率調查結果左右電視節目製作方向與行銷手法，也同時影響著廣告預算投放與排期，同時關聯著閱聽大眾媒體使用或消費偏好轉變等等。

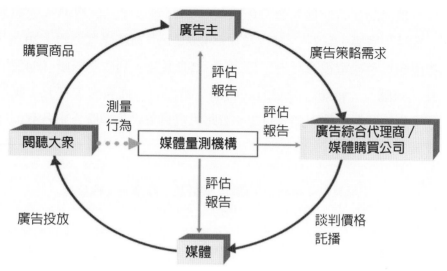

圖11.4　媒體產業生態鏈

資料來源：尼爾森媒體研究（2012）

一、廣告主與媒體

　　對許多商業媒體而言，其主要的經濟基礎就是廣告。一般而言，廣告運作的流程是由廣告主委託廣告代理商將訊息置放於一種或多種的廣告媒體上，而每種廣告媒體都有其各自的組織形式與結構。通常，介入並執行評估這項過程的，則是所謂的研究或媒體購買單位，協助判斷目標群體、訊息內容，經過考量後幫助評估合適的刊播媒體，在預算範圍之內擬定媒體組合。

　　廣告主對於媒體本身的特性以及媒體所能夠傳送的廣告形式，自然也會深入考慮。若要抓住年輕人的注意力並對他們傳達某種新訊息，生動活潑的網路互動廣告或許就是相當重要的。電子媒體廣告的聲光效果、說故事的劇本，也許是靜態的平面廣告無法取代；然而某些清楚簡單的訊息則較為適合用創意的平面廣告呈現。一位廣告主通常都會試圖混合使用多種媒體，以確定其目標群體中的每個人至少都能夠經由各媒體而獲知他們所要傳達的訊息。

以臺灣的廣告市場預算分配來說，2015年全年五大媒體（電視、報紙、雜誌、廣播、家外[1]）廣告量約為420億元（凱絡媒體週報，2016），其中無線與有線電視合計占了近六成（243億），其次為報紙（64億）、家外（44億）、雜誌（42億）、廣播（27億）。而廣告主在五大媒體上投資廣告的狀況，整理如表11.1，如此可窺見各大品類廣告主各有偏好的投放廣告平臺。

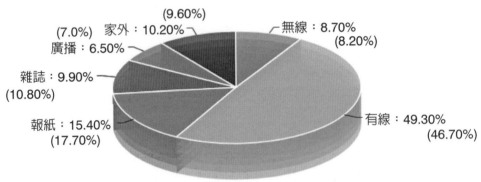

圖11.5　2015年臺灣五大媒體廣告量分配
註：括號內為2014年占比
資料來源：整理自凱絡媒體週報（2016）

　　數位廣告部分（包括網站廣告、影音廣告、關鍵字廣告、社群／口碑行銷、行動廣告），根據臺北市數位行銷經營協會（DMA）2016年的統計，2015年臺灣地區整體數位廣告量達到193億元，較2014年成長將近20%，幾乎已接近五大媒體總量的一半金額，且近年呈穩定上漲趨勢，前景看好。其中關鍵字廣告占有約30%（56億），較前一年成長19%；其次為行動廣告（49億），成長115%，成長幅度極大；網站廣告（46億），減

1　家外媒體包括交通媒體、大樓電視螢幕、看板、電影院、百貨公司電視牆。

表11.1　2015年臺灣五大媒體廣告投放量品類排名

排名	媒體 有線電視	無線電視	報紙	雜誌	廣播	家外
1	遊戲軟體／線上遊戲	保養品	建築	保養品	建築	遊戲軟體／線上遊戲
2	汽車	政府機構	平面綜合廣告	綜合服飾／配件	政府機構	金融機構服務
3	保養品	遊戲軟體／線上遊戲	政府機構	鐘錶	中文專輯	西片
4	休旅車	汽車	超市、便利商店	政府機構	超市、便利商店	其他類企業
5	速食店	速食店	電器廣場	珠寶黃金	旅行業	電信業服務

資料來源：整理自凱絡媒體週報（2016）

註：2015全年廣告投放量前五大品類為遊戲軟體／線上遊戲（23億7千萬）、建築（23億2千萬）、汽車（15億7千萬）、保養品（14億6千萬）、政府機構（10億8千萬）。

少27%，為唯一減少的項目；影音廣告（31億），成長71%；以及社群／口碑行銷（11億），成長6%。

二、媒體量測與廣告購買

在整個廣告執行過程中，可將廣告主、媒體代理據以判斷如何擬定媒體組合之參考依歸歸功於媒體研究機構。它們提供包括消費者行為及媒體使用行為等分析報告予媒體代理、廣告主進行廣告策略評估。大致說來，媒體調查的範圍包含以下各項：

· 媒體在傳送資訊時所能夠涵蓋的目標閱聽人。

· 平面媒體發行數量。

· 消費性產品之使用者分析。

· 媒體使用行為。

· 閱聽者接觸廣告的反應之質性（qualitative）研究。

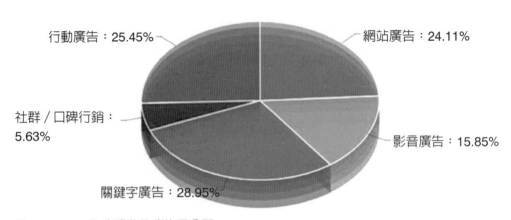

行動廣告：25.45%

網站廣告：24.11%

社群／口碑行銷：
5.63%

影音廣告：15.85%

關鍵字廣告：28.95%

圖11.6　2015年臺灣數位廣告量分配
資料來源：整理自臺北市數位行銷經營協會（2016）

　　而另一重要的媒體運作機制即爲廣告購買、媒體代理公司。如今的媒體環境，肇因於數位媒體蓬勃，已經脫離傳統上較爲侷限、時間空間亦無彈性的廣告投放型態，各種新媒體不斷湧現。隨著大數據、社群媒體、適地性服務（Location Based Service）、虛擬實境（virtual reality, VR）等等應用趨勢，吸引消費者注意力的標的廣告點日漸多元，爲廣告產業及廣告主皆提供了更爲彈性、有挑戰性的媒體購買與廣告策略創新機會。

　　在精準廣告投放模式出現之前，廣告主的媒體購買過程，基本上是透過廣告代理商根據預算選擇欲購買的廣告版面、時段等，但這種傳統媒體購買的缺點在於無法眞正得知投放的具體成效，而採取「包版」的投放做法容易造成媒體資源浪費，成本也高。爲了解決這個問題，且適逢數位媒介崛起，閱聽眾依賴程度提升，精準的廣告投放模式應運而生，不再是一窩蜂去爭奪有限的固定廣告版位，而是得以根據受眾的需求來進行廣告投放。此外，網際網路的大數據資料獲取與分析技術日益成熟，就廣告主來說，能幫助瞭解目標消費群的位置與習性，提高廣告投放的精準程度。

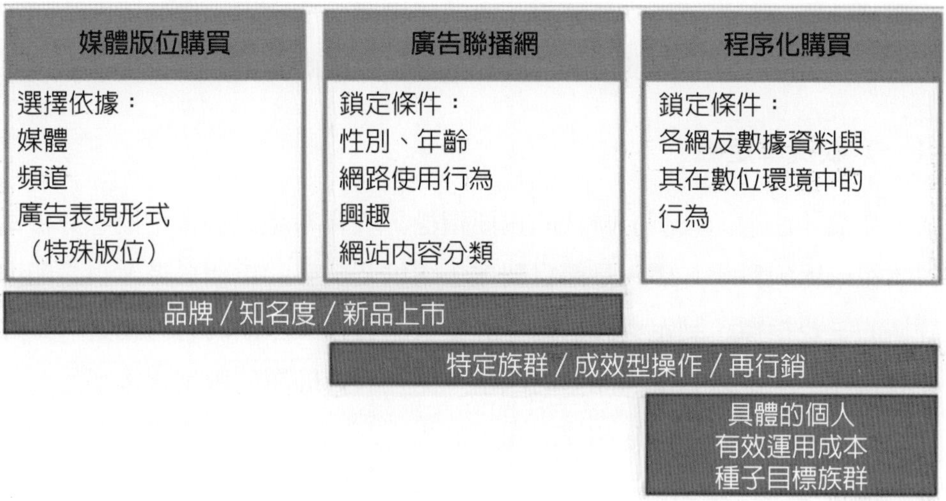

媒體版位購買	廣告聯播網	程序化購買
選擇依據： 媒體 頻道 廣告表現形式 （特殊版位）	鎖定條件： 性別、年齡 網路使用行為 興趣 網站內容分類	鎖定條件： 各網友數據資料與 其在數位環境中的 行為

品牌／知名度／新品上市

特定族群／成效型操作／再行銷

具體的個人
有效運用成本
種子目標族群

圖11.7　數位廣告購買發展歷程

資料來源：Isobar媒體事業部（2015）

三、收視率調查機制

　　如前段調查所述，電視在2015年獲得廣告主最多的青睞，甚至比2014年獲得比例更高之廣告投放，顯示電視對於臺灣民眾來說屬於重要性高且習慣使用之媒體。此外，「電視」之收視率量測，牽動著臺灣每年廣告主砸下約210億之電視廣告預算，為所有媒體之冠，重要性不言可喻。

　　收視率調查對觀眾數量的評估被用來作為衡量廣告效益與內容效果的重要指標，使收視率調查機制成為整個媒體產業運作中最重要的交易籌碼。McQuail（1994）曾將閱聽眾研究的取向分為三類，分別是結構傳統（structural tradition）、行為主義傳統（behaviorist tradition），以及文化傳統（cultural tradition）。其中「結構傳統」研究取向中最典型的就是收視率調查及觀眾輪廓分析等，此類分析研究幾乎可說是媒介經營與管理層面的主流，也是廣告主據以分配及購買媒體時段的參考依據。綜觀三種閱聽人研究取向，「結構傳統」蓬勃發展成為收視率調查主流的原因在於其

商業價值高，調查結果易於使用，流通於媒體、廣告主、媒體購買公司三者間，收視率數字也因此間接形成一種市場慣用的貨幣價值。

（一）收視率定義

　　作為「注意力經濟」時代的重要指標，收視率是以純量化概念分析電視收視市場的科學基礎，是節目製作、編排及調整的重要參考，也是節目評估的主要指標、制定與評估媒介計畫及廣告投放企劃的有力工具。雖然「收視率」本身只是一個簡單的數字，但在看似簡單的數字背後卻是一系列科學的基礎研究、抽樣和建立固定群組、測量、統計和資料處理分析等等的複雜過程。市場中主流之結構傳統取向收視率調查，1950年代始於美國，鑑於當時電視廣告的費用上揚，廣告主需要一個儘量客觀的製造、分配、行銷及訂價的統合系統。而商業媒體市場之下，收視率調查一路竄起，成為廣告人與傳播人在買賣觀眾時的評量工具。

　　根據《英漢大眾傳播辭典》對收視率（ratings）的定義：指樹立電視節目流行程度之任何數字，或節目所播映的廣告得到的暴露，通常由調查公司予以測定，用來代表能夠收到某個節目，而又實際收視該節目的家庭之百分比。《大眾媒介辭典》則將收視率解釋為：一種以百分比關係所表達的閱聽人數值，從量化觀點詮釋收視率，指的是所有擁有收音機或電視機的家庭用戶或成員在特定時間、時段或節目播出時間，轉向一特定頻道或節目服務的比例；收視率包含家庭使用電視機的比例、個人使用電視機的比例、即時收視的比例、全國的比例、收看特定節目或頻道的比例、開機率等等（轉引自許玉芳，2009）。《廣告媒體辭典》則將收視率定義為（廖秋香等譯，2005）：特定時間內，特定人群消費某種媒體的百分比，例如：一個電視節目對成年人（18至49歲間）的收視率為10，表示成年人中，平均每分鐘有10%的人在觀看該節目。中國最大媒體研究組織CSM（央視—索福瑞媒介研究有限公司）對於電視收視率之定義則為：某一時段內收看某電視頻道（或某電視節目）的人數（或家戶數）占電視

觀眾總人數（或家戶數）之百分比（CSM Media Research, 2013）。

較為普遍的「收視率」定義，指的是在某個人口群體中，所有電視用戶或所有人，收看某個電視節目的百分比（林育卉，2006）。舉例來說，某國有100萬個家庭收視戶，某節目若在某時段有10%收視率，則代表某時段有10萬個家庭在收看該節目。除了收視率之外，也有所謂「市場占有率」。以前述例子來說，若100萬總戶中某時段只有50萬戶開機，而同樣有10萬個家庭在收視該節目，則該時段該節目收視占有率為20%。因此使用占有率作為調查基準時，收視率表現之呈現較為漂亮。可見，收視率會因不同調查方式而有不同定義，如早期國內收視率被定義為「在特定時段內，觀看某臺節目占電視人口之百分比」，此定義即有別於當時國外ACNielsen之定義「有電視家庭收看某臺節目5分鐘以上的比例」，亦即在測量的目標、對象及時間單位上均有所不同，導致呈現出不同的調查結果與意涵（黃葳威，1999）。

《英漢大眾傳播辭典》是在1970年所下的定義，已可看出隨時代變遷，收視眾的行為已由集體化轉向個人化，而針對市場的觀察也由整體市場的瞭解轉趨分眾市場的解析。目前臺灣所通用的收視率數值是由臺灣AGB尼爾森所執行的電視收視率調查服務提供，業者可選定特定日期、目標群、時段、節目及頻道，進行橫向及縱向分析。也因收視率可經由多面向的切割進行瞭解，隨著觀察目標、時間及用途不同，所代表的意義亦可隨之多元。

（二）收視率調查發展

論及電子媒體收視聽率之量測，須先從廣播開始，且須回到美國。時值1928年，美國廣告組織開始針對如何客觀瞭解聽眾數目進行研究，當時未有電視媒體，為取得廣告主青睞，隔年即由一些廣告主及廣播網成立「廣播合作分析公司」，採用之調查法為「隔天電話回溯訪問法」，此乃將原本用於民調的技巧移植到廣播。調查設計完全依循統計學與社會調查

的原理原則：抽樣、操作型定義與量化後的聽眾接觸率（exposure）。但當時電話尚未普及，備受批評。

　　1936年第一家獨立於媒體經營者與廣告主的營利性調查公司「胡博」成立，採用創新的「即時電話訪問法」。到了1940年代，ACNielsen公司加入收視率調查領域，逐漸以各種創新技術與觀念，建立了在收視率調查市場的霸主地位。1950年，美國地區性市調公司Arbitron密集使用日誌法，將收視率調查推上高峰（李玟譯，1997）。1984年英國的「大不列顛稽核局」開始使用現今為人熟知的「個人收視記錄器」，並在隔年由ACNielsen承繼發展，進一步藉由擴展公司版圖而將此方法引進至許多國家（虞晨曦、劉世筠，2000）。

　　「個人收視記錄器」（people meter）是現代電視收視率調查依賴的核心，從1920年代第一代的廣播Audi-meter，到電視的Set-meter，至1980年代AGB與Nielsen的People-meter，它說明一件事：人類認為機器較值得信賴。多年來，它淘汰了電話調查，大幅取代了紙筆填寫的日誌，到現在幾乎一統市場，成為產業的標準規格。

　　此種機械調查模式由研究人員將收視記錄器安裝於樣本戶家庭的電視機，訓練家中成員使用方式，以電腦自動記錄統計資料。使用此裝置最負盛名者為ACNielsen公司，1923年由Arthur C. Nielsen Sr.在芝加哥創辦。1939年，Nielsen從麻省理工學院教授Elder和Woodruff手中取得一種自動記錄器，經六年研究與測試，初步裝置於收音機中。1950年，ACNielsen的全國電視指標（National Television Index, NTI）首度完全以自動記錄器蒐集收視資料（鄭眞，1986）。ACNielsen每年抽換20%樣本戶，為爭取新樣本戶之合作，每週支付定額酬勞，亦定期贈送禮物，且對於樣本戶電視機損壞之修理費也給予補助。而為彌補自動記錄器蒐集資料之不足，仍採日記法獲取收視人口背景資料。

　　尤其在二次大戰後，電視進入媒體市場，記錄器跟著走入電視領域，迅速邁向跨媒體的新境界。面對市場競爭，以及業者需要更詳細的觀眾資

料，Nielsen與時俱進，透過連結電視機的People-meter半自動式記錄什麼人、在何時、看什麼節目與廣告、看了多長時間等等。在很多全國性、主要地區、大都會、一級市場的調查，它漸次取代了依賴回憶、自行填寫的日誌法，成為世界各商業電視國家收視率調查的主流。

（三）收視率之應用

收視率調查主要在服務電視臺業者、廣告主及廣告代理商。對電視臺業者而言，收視率調查使用在節目企劃與廣告銷售。廣告主方面，林宜蓁（2003）整理了幾項國內廣告主對媒體購買重視的因素，作為替客戶從事媒體購買效益評估之依據，分別是：

1. 預算控制與成本節省；
2. 目標達成，例如CPRP（cost per rating point，單位收視率成本[2]）；
3. 與一般市場條件或主要競爭者購買條件做比較；
4. 額外附加價值的爭取，如免費訪談、免費報導、免費廣告秒數等；
5. 特殊策略的達成，如專案執行、黃金時段廣告等。

而為計算成本效益與目標是否達到，需透過計算CPRP方式才能有數字上的報告得以呈現。因此許多廣告主為向公司提報媒體購買績效，往往以CPRP作為評斷標準，CPRP則須靠收視率數據作計算。廣告代理商之運

2　獲取一單位目標閱聽眾收視率所需付出之金額。將總成本除以總收視率，即達到目標閱聽人每一收視點數所需花費之成本。例如：總媒體計畫成本為100萬，總收視率（GRP）為20，則CPRP為5萬元；若總收視率為2，CPRP則提升為50萬。CPRP為影響電視廣告交易機制、廣告主與電視臺間互動關係之重要關鍵。CPRP之廣告買賣方式從單純計算廣告購買的效益，即浮動的每一點收視率單位成本，發展成一種保證契約式的交易模式。市場實際運作方式為：廣告客戶給予電視臺一筆固定費用，電視臺則保證給予廣告客戶一定的觀眾人數，而履約與否一概以收視率判定，總費用除以總收視點數，換算每一點收視的金額不得高於雙方約定的CPRP。

用層面則包括媒體企劃之參考依據、廣告效果前測與後測指標、向廣告主請款之依據。而從媒體購買的角度，量化收視率所代表的是一個媒體載具所擁有的閱聽人口數，更進一步探詢，還可以推估這群閱聽眾的人口統計等變項，以便於媒體企劃的決策與媒體載具的選擇。即為了引起閱聽人的注意，並使其產生購買產品的需求，廣告主購買媒體時段以播出產品廣告，收視率調查則可以提供廣告主目標收視群使用媒介的情形，並確切知悉哪一節目是適合其商品的目標收視群，以作為購買廣告時段的參考依據（蔡美瑛，1997）。

簡言之，收視率資料在今日媒體市場之運用，可約略分為電視排期前（Pre Buy）分析及電視排期後（Post Buy）分析：

1. 排期前：主要在分析目標族群會在什麼時段、看什麼頻道，作為頻道及時段選擇依據；接著分析節目過去收視排行，選擇目標族群收視率高之節目，以便進行廣告投放。

2. 排期後：主要在分析所選擇的段落、節目及頻道實際收視率之表現；並評估整體電視排期效果，是否達到預定的GRP、有效觸達率（effective reach）及平均收看頻次（average frequency）等等要求。另一方面也可瞭解競爭對手之效果及運用策略，進行策略調整參考。

（四）數位時代的收視調查新方向──機上盒

如同十九世紀廣告名人John Wanamaker所言：「我花在廣告的錢一半都浪費掉了，問題是我不知道是哪一半。」大眾媒體的投資報酬率幾乎沒辦法被追蹤，精準行銷難以實現。然而隨著數位媒體時代來臨，數位化後的電視，靠著機上盒，可實現從頭端蒐集所有使用者收視行為的可能。此也是大數據時代，對收視率、廣告產業影響至關重大的行銷趨勢。

數位電視機上盒具有條件接取的技術，具雙向溝通功能，可以自動

精確記錄用戶收看的節目與使用的服務數據。因此，經營者可以事先取得消費者的同意，觀察觀眾的收視紀錄，分析觀眾平常喜愛觀看的節目、選用的功能、瀏覽的網站、發表的文章、詢問的問題等等，以進行更精準的收視率分析與市場調查。最重要的是，通過機上盒幾乎可以達到普查的好處，避免掉抽樣誤差的問題，對收視率調查公司會帶來相當程度的影響。

例如，美國Nielsen Media Research就與TiVo進行緊密的合作，共同發展機上盒，以取得更多用戶的收視資料。數據蒐集全程由電腦自動完成，客觀反映用戶真實行為，避免人為干預。2012年被TiVo收購的TRA（TiVo Research Analytics，原名為The Right Audience），在不涉及用戶個資的情況下，將200萬戶機上盒的「節目收視狀況」，與零售業者統計的「商家消費狀況」做比對，發展一套同源樣本資料庫（single-source data），運用大數據的運算技術，調查出什麼類型的觀眾，看過哪些廣告，並購買了哪些產品，有效增進廣告效益的評估，提供給約50家民生消費、汽車、藥品的廣告主，以及許多媒體購買與頻道業者參考（林玉凡，2015）。2013年，TRA與數位觀測公司comScore合作推動跨平臺電視調查服務，報告獲得P&G等大廠的使用，成為廣告主在媒體投放時的主要參考指標。透過機上盒得出的精確收視行為，加上與消費行為數據的比對，比起Nielsen強調符合人口變項（如年齡、性別、地區等）的抽樣收視調查，更能提供廣告主與媒體業者有參考價值的數值。對於觀眾來說，機上盒的互動特性，讓蒐集到的收視習慣統計資訊，回饋到觀眾身上，即讓頭端業者「習慣」你的收視偏好，據以挑選出更適合的節目組合，進行精準行銷。

根據國家通訊傳播委員會（NCC），臺灣無線電視已於2012年7月全面數位化，而截至105年第3季，有線電視裝設機上盒普及率已達94%，約487萬戶（Nielsen樣本戶數為1,800）。若有完善配套措施之規劃，機上盒所能獲取的大數據收視資料，經過妥善處理，將能讓廣告投放規劃更為精確有效，收視率數字與其意涵將被重構。

收視率乃關乎「量」的資訊，如測量收視人口的總數，而非著重「質」的資訊，如收視者的偏好與意見，而這樣的定義陸續衍生出收視產業的一些相關運用，且因收視率的調查方便、運用簡單，又容易推斷收視趨勢，成為電視業者、廣告主、媒體代理商最常參考的經營指標。

相對於電視收視率，數位廣告量測部分，目前則面臨機制未臻完善與各方難達共識的狀況。問題主要盤據在廣告主、廣告代理商以及網路使用者三者的互動關係。因此，網路廣告、數位廣告的發展不可忽視以下幾點：

1. 爭取廣告代理商認同網路廣告的機制。雖然國內幾家大的廣告業者皆設有自己的網路部門，然而尚有相當多的廣告業者並不承接網路廣告的業務。設有網路部門的廣告公司在運作網路廣告的營運時，多半也是附屬在大型廣告的宣傳活動下。因此網路廣告要建立口碑，亟須廣告代理業者對網路廣告的推波助瀾。

2. 建立廣告效果評估機制，以強化廣告主的信心。企業主對網路廣告遲遲不前的態度，也是嚴重阻礙網路廣告應用與發展的主因，唯有重新教育廣告主，改變其傳統廣告營運模式的刻板印象，並建立一套具有公信力的效果評估機制，才是網路廣告發展的當務之急。

3. 掌握網路使用者的消費行為，就是掌握商機。瞭解網路使用者的行為模式，建構個人資料庫，給予精準的行銷策略，針對個人需求銷售特定商品，以達到最大的廣告效果。

4. 提供多元影音的資訊與需求。寬頻時代的來臨就是影音資訊無限上網的開始，因此研發更便捷、更快速的影音傳輸軟體，以及設計出更多元的影音廣告來吸引使用者的注意，都是寬頻網路影音廣告的未來趨勢。影音內容型態上，不再侷限於廣告影片（TVC），將會有更多行銷資源投入在不同型態的影音內容，例

如：商品置入（product placement）、冠名贊助（title sponsor），以及專為數位平臺產製的影片（made for web），甚至是熱門的直播（live streaming）形式等。

5. 朝向跨媒體整合行銷廣告的新局面。整合行銷的概念使得網路廣告不再陷入CPC（Cost-Per-Click，每次點擊成本）等計價迷思中，而是站在企業廣告主的角度，量身設計跨媒體整合行銷的廣告模式。雖然行動廣告在2015年有倍數的成長，但從廣告金額的角度來看卻沒有大幅提升，主要原因來自於目前行動廣告的購買仍趨向於成效型操作，而成效型操作在行動廣告售價的CPC上仍低於網站廣告，也進而影響了行動廣告總金額的增長比例（Inside, 2016）。

 問題與思考

1. 論及整體媒介產業營運，媒體、廣告主、閱聽人間之關聯性何在？

2. 臺灣目前的廣告市場，哪些媒介平臺較受到廣告主青睞？

3. 「收視率」的概念為何？在數位時代，收視率的概念與應用可能受到哪些挑戰？

參考資料

一、中文部分

CSM Media Research（2013）。網址：http://www.csm.com.cn/

Inside（2016）。〈DMA報告：2015臺灣數位廣告量成長19.6%、行動廣告成長115.4%居冠〉。網址：http://www.inside.com.tw/2016/04/29/taiwans-digital-ad-revenues

Isobar（2015）。〈程序化購買浪潮來襲，你做好準備了嗎？〉。網址：http://twblog.isobar.com/my-blog/2015/06/rtb.html

尼爾森媒體研究（2012）。《媒體量測方法與效果指標》。簡報檔案。

林玉凡（2015）。〈數位收視調查市場的全新賽局〉。網址：http://group.dailyview.tw/2015/11/07/%E6%95%B8%E4%BD%8D%E6%94%B6%E8%A6%96%E8%AA%BF%E6%9F%A5%E5%B8%82%E5%A0%B4%E7%9A%84%E5%85%A8%E6%96%B0%E8%B3%BD%E5%B1%80/

李玟譯（1997）。《電子媒體視聽率調查》。臺北：財團法人廣播電視事業發展基金。

林育卉（2006）。《媒體的魔戒——收視率迷思》。臺北：財團法人廣播電視事業發展基金。

林宜蓁（2003）。《收視率於廣告主、廣告代理商、媒體購買公司的電視媒體購買策略應用之研究》。政治大學新聞研究所碩士論文。

邱慧仙（2017）。〈大數據運用與收視率調查——機上盒篇〉。網址：http://shucidi.strikingly.com/blog/85266610ca7

邱慧仙（2015）。《數位時代電視收視率量測機制變革——臺灣市場的現在與未來》。金琅學術出版社。

許玉芳（2009）。《電視數位化後收視調查機制之研究》。政治大學廣告研究所碩士論文。

國家通國家通傳播委員會（2016）。〈105年第3季有線廣播電視訂戶數及各行政區裝設數位機上盒普及率〉。網址：http://www.ncc.gov.tw/chinese/news_detail.aspx?site_content_sn=1979&is_history=0&pages=0&sn_f=36546

凱絡媒體週報（2016）。《2015全年廣告量報告》。No.834。

黃葳威（1999）。〈虛擬閱聽人？從回饋觀點分析臺灣地區收視／聽率調查的現況——以潤利、紅木、尼爾遜臺灣分公司為例〉，《廣播與電視》，14：25-61。

虞晨曦、劉世筠（2000）。〈迎接收視率調查新紀元〉，《廣告雜誌》，38：84-87。

廖秋香、鄧述訢、譚澤薇、陳秋香（2005）。《廣告媒體辭典》。臺北：滾石文化。（原書Surmanek, J.〔2005〕. *Advertising media A-to-Z*. Mc-Graw-Hill.）

蔡美瑛（1997）。〈北京、臺北青少年運用直效行銷管道情形之比較〉，《廣告學研究》，9：51-86。

鄭真（1986）。《臺灣各種收視率調查方法之比較研究》。政治大學新聞研究所碩士論文。

蔡念中（2003）。《數位寬頻傳播產業研究》。臺北：揚智文化。

戴驍弘（2015）。《臺灣實時競價廣告系統之初探》。世新大學傳播管理研究所碩士論文。

二、英文部分

Applegate, E. (1993). The development of advertising, 1700-1900. In W. D. Sloan, J. G. Stovall, & J. D. Startt (Eds.). *The media in America* (2nd ed.). Scottsdale, AZ: Publishing Horizons.

Mandese, J. (1994, February 7). NBC, CBS Forge on-line deals. *Advertising Age*, p.1.

McQuail, D. (1994). The rise of media of mass communication. In D. McQuail (Ed.), *Mass communication theory: An introduction* (pp.1-29). London: Sage.

Roche, B. (1993). The development of modem advertising, 1900-present. In W. D.

Sloan, J. G. Stovall, & J. D. Startt (Eds.). *The media in America* (2nd ed.). Scottsdale, AZ: Publishing Horizons.

Vivian, J. (1991). *The media of mass communication*. Old Tappen, NJ: Allyn & Bacon.

Wells, W., Burnett, J., & Moriarty, S. (1992). *Advertising: Principles and practice*. Englewood Cliffs, NJ: Prentice-Hall.

第 12 章 ▶▶▶

資訊服務及網際網路

　　資訊服務產業所提供的服務內容乃透過電話及電腦網路來作爲傳送的媒介。當代最值得注意的資訊服務，是依序將電話與電腦網路應用於大眾媒介之中。也就是說，這兩種產業的出現，乃是爲了讓更多受眾能夠透過電話及電腦網路而獲得服務。當傳統的大眾媒體系統能夠與「資訊高速公路」（information superhighway）相結合，並且當印刷、無線電廣播及影像等不同媒體間的界線，因爲數位化、匯流科技之發展而變得模糊時，資訊服務將成爲一種非常有效能、有效率的內容傳送及獲利工具。

第一節　資訊服務簡史

　　就歷史的演進而言，資訊服務產業的出現，遠早於電話與電腦。例如：報業的電訊服務。而電訊服務及電信公司兩者間的關係，可說是存在於資訊服務供應者與網路供應者間關係的一種典型例示：電訊服務擁有對內容方面的控制權，並且藉由將這些內容配銷給各報社而直接獲得利潤；另一方面，電信公司則只是單純地扮演傳輸資訊的管道角色，並收

取網路使用的費用。

一、公共運送人

　　根據先前對大眾媒介所做的有關探討可以瞭解，所謂的資訊提供者（information provider, IP）與資訊服務提供者（information service provider, ISP）之概念，與傳輸資訊的頻道或網路系統業者，截然不同。在傳統的大眾媒體中，最接近資訊服務模式的產業或許非電影業莫屬。在該產業中，電影製片廠扮演了資訊提供者的角色，而電影院則提供了配銷的管道，如同資訊服務提供者。有線電視業者也是如此，它們只能夠傳送別人所製作的內容，除非是系統業者本身也具有能力自行製作節目。然而，就電影及有線電視產業這兩個例子來說，配銷管道擁有者藉由決定在何種電影或有線電視網路、平臺、通路中來播放這些節目，仍舊掌握內容安排上某種程度的控制權。只要它們願意，也能夠提供屬於自己的節目，並從這些節目的播放中獲取利潤。

圖12.1　在傳統的大眾媒體中，電影製片廠扮演了資訊提供者的角色，而連鎖電影院則提供了配銷的管道

相對地，對電話及電腦網路系統的擁有者而言，它們對其所傳輸的內容就比較沒有選擇的機會；同時，它們通常也被禁止在其所傳輸的內容上擁有直接的財務利害關係或股份。資訊服務提供者必須依據網路經營者所公布的通路使用費率支付相關費用；而網路公司也必須在對等的基礎下，讓所有的服務提供者都能夠使用其網路通道。資訊提供者與網路所有者相較之下，前者對於內容本身仍舊擁有較高的審核控制權。這種區別的方式，也就是所謂的公共運送人（common carrier）概念。

公共運送人的觀念起源自交通運輸業。該產業中，鐵路公司和貨運公司被認為是具有公共運送人的身分。也就是說，它們必須在不具差別待遇的基礎之下，對於那些願意按照公布費率來支付相關費用的所有客戶，一律提供服務。這種有關公共運送人的法則，成了電話服務相關法規的基礎。在美國1934年的通信法案（Communications Act）中，已將電訊傳播產業中的內容生產及網路所有權兩者，做了明顯的區隔（McGraw-Hill, 1993）。

二、語音通訊服務的起源

資訊服務的起源可追溯至1927年電話產業所提供的播送服務。其內容在當時僅限於少數的一些基本項目（例如：時間播報，以及天氣方面的資訊等）。這乃因為，身為公共運送人的電話公司，被禁止向其用戶收取使用此類服務的費用；而且其他方面的資訊提供者通常也不願意將它們所能提供的資訊，開放給公共電話網路來使用。1976年時，針對公眾所推出「撥號服務」（dial-it services），其出現主要是為了因應總統競選辯論結果做一項大略的民意調查，不但能夠讓來話者接收到簡短的錄音通告，而且也能將來話者的「投票」立即自動記錄在電子式的投票所內。然而，這項活動的贊助者，不但必須支付相關費用給提供此項服務的美國電話電信公司，也無法向來話者收取任何費用。

「付費語音資訊服務」在美國開始迅速發展，主要是因為1984年最終修正裁決案下達，美國AT&T公司和司法部門同意解除美國電話服務市

場的獨占，不再僅有電話公司才是提供資訊內容的角色，轉而允許任何人都可以成為資訊內容提供者，從此開啟了資訊提供業者進入付費語音資訊服務市場的大門；以電信產業為根基提供新服務的市場也隨之蓬勃發展（Telecompute, 1997）。

而語音資訊服務產業真正起飛，是1987年時AT&T公司開始提供計次計價費率服務（premium services），允許資訊提供者依次或依時向使用者收費，此舉讓業者見識其龐大商機，紛紛投入市場（Mastin, 1996）。Allnet電信公司為第一家正式針對付費語音資訊業務提供服務的業者，進入服務的電話識別代碼（service access code, SAC）就定為「900」，由一家名為Jaywin Communications的公司在市場上銷售，並對區域性或全國性服務範圍提供不同費率，使得900服務能以付費語音資訊電話滿足全國性的市場需求（Telecompute, 1997）。經由付費語音資訊市場經營進入門檻降低、大型電話公司提供彈性費率，以及商業包裝多樣化節目類型等多項刺激，使得900電話服務被視作迅速擴張的成功產業。

三、影像通訊服務的起源

1979年時，美國推出第一個獲得成功的影像通訊服務——CompuServe。電腦服務和隨後所出現的各種以消費者為導向的服務，或許其更適切之名稱應該是「影像文本」（videotext）。它主要以列印文本為主；而所有的資訊，則是透過電話線路及數據機將其傳輸到個人電腦或是電腦終端機上，以傳送給使用者使用。

為數日益增加的各種影像通訊服務，目前也能夠經由高速且全球性的網際網路來取得。所謂的網際網路（Internet）在設立之初，主要是作為學術界與私人企業研究人員間的一種相互聯繫管道。目前，網際網路已對所有的使用者開放，並且早已達成資訊社會中的「資訊高速公路」目標。這項服務也因為寬頻科技的進步，使得各種多媒體資訊得以運用網路傳達，超越時間與空間限制。

第二節　科技化趨勢

對聲音通訊及影像視訊兩者而言，它們都必須與傳統上的電話網路進行激烈對抗。這是因為電話網路在設計上，原本只是用來作為人與人之間的通訊之用，並非作為大眾傳播通訊之用途。電話網路相對於前述兩種服務，主要限制包括有：傳輸力有限、電話系統本身的交換總機式、點對點式的結構等。

一、聲音通訊

舊式的聲音通訊系統，藉由將許多來話者的電話與一條迴路式並且能夠重複播放錄音資訊的單線路相連接，使得每一個來話者在撥通其電話之後，都能夠立刻進入訊息的中心，解決了電話在交換總機結構上的問題。在此之前，電話乃是由現場的總機人員對著電話機報出當時的時間。目前的聲音通訊訊息，乃是以數位化的方式來錄音，並且每一個使用者都能夠經由他們自己在訊息播放機中的單獨「管道」，而聽到整個自節目開始起的完整訊息。聲音通訊早已經具備有互動式傳播（interactive communication）功能，可以讓使用者在其按鍵電話機上鍵入適當的鍵碼之後，與對方端進行互動；也因此成為首次被廣泛使用的互動式大眾媒介。

由於電話系統在設計上是針對傳輸人們的對話之用，因此高音度及低音度的聲音都已經被加以過濾，這當然也就令音訊的聲音顯得極為不自然，聲音品質較為低劣，不適合傳輸音樂等需要高品質的聲音產品。根據美國發展的經驗，「即時資訊」（timely information）與「專門資訊」（specialized information）是付費語音資訊節目內容的兩大類型。即時資訊發展的歷史較長，早期普遍運用在電視節目、運動競賽節目中；然而專門資訊的題材上，還有許多發揮的空間，因「方便性」是付費電話行業所

圖12.2 聲音通訊早已經具備有互動式通訊的功
能，可以讓使用者在其按鍵電話機上鍵
入適當的鍵碼之後，與對方端進行互
動；因此而成為首次被廣泛使用的互動
式大眾媒介。

要求的基本條件，人們願意付費交換便利與效率。上述兩種節目內容類型
詳細來說可包括：

（一）即時資訊

股市行情、外幣匯率、期貨報價、體育比賽結果、天氣預報等。由
於不少民眾基於本身工作業務所需，或好奇興趣，而熱衷吸取這些即時資
訊，願意付費獲得最新的相關訊息。

（二）專門資訊

對於專門性的資料，向專業領域範疇中的專業人士諮詢，是最直接、
最有效的方法，特別是關於醫藥、心理、法律、投資、技術支援等內容。

二、影像通訊

理想上而言，影像通訊系統應該要使用到與先進的個人電腦相同的高
品質圖形顯示技術，但是這些方式需要將數量極為龐大的電腦資料加以傳

輸後才有可能達到。因此，解決方式之一，便是採用數位化壓縮（digital compression）技術，將必須被傳送的0與1之數量加以減少；另外一種解決方式，則是加快傳輸速度。新穎的高速數據機目前在價格上早已不再昂貴，且也能夠達到電話線路在理論上的傳輸速度極限。

三、資訊高速公路與數位家庭

對於公共電話網路在容量上的限制，另一種解決方案是以高速度的網路來取代原先的網路。那些在家庭中或工作場所中用到網際網路的使用者，通常都是透過以同軸電纜或光纖傳送媒介爲基礎的高速區域網路，來與網際網路相互連線。這使得在傳輸電腦檔案時，能夠達到每秒鐘數百萬位元的速率，這個速率大約要比電話線路快上一千倍左右。在這種速度之下，高品質的聲音、圖像甚至是移動中的影像，都能夠被加以接收。當這種高容量、雙向式的網路延伸到家庭中或工作場所時，就是所謂「資訊高速公路」（information superhighway）之涵義。

「資訊高速公路」的意義是藉由一個單獨的、整體性的網路，就能夠提供人們對於電子傳播通訊上的所有需要。同時，在網路的中樞部分將是一個功能極強的處理器，它能夠將一個電話交換總機中樞與一個龐大的電腦網路伺服器（server）之功能加以合併，藉以提供人們各式各樣的資訊以及交易服務的通路。

對於家庭的使用者而言，它所代表的意義爲何？對於那些人們已經歷過的新功能來說，媒體在這些功能的增強上相對地就顯得不是那麼重要了。但是，有某些在品質與數量上具有深遠意義的差異，已然出現。舉例如下：

・更多的選擇性：在有線電視頻道的數量上，數位化後我們將能夠有高達五百個頻道可供選擇，而非目前的一百個；各種分眾頻道將更有機會擴充，滿足不同需求的大眾。

- 更佳的傳輸品質：數位化的科技將能夠確保我們處於一個免於受到靜電干擾，並且能夠免於螢幕上出現多重影像的高品質收視狀態。
- 隨選式（on demand）的娛樂：觀眾所能夠選擇的項目，將不再僅侷限於節目頻道中所能夠提供的內容而已；我們目前在當地的書局、錄影帶店和唱片行中所能夠找到的各種內容選擇，只要我們想使用這些內容時，都可以在任何時間、擁有數位化裝置的任何地點，直接在家裡或戶外收視。甚至當我們想要離開一會兒時，也可以讓它處於暫時停止的狀態，待有空時再繼續收視。達到真正的無縫（seamless）收視。
- 互動性（interactivity）：我們將能夠置身節目之中，對連續劇的結局及情節發展加以選擇，與廣告互動，還可以介入公共政策的相關辯論與投票之中等等。
- 交易服務：藉由品質更佳的影像顯示，以及更容易取得與線上系統（on-line systems）間的通路，置身家中即能輕易完成購物或繳款等，免去外出排隊之苦。

　　這些功能所延伸出的服務，可以將很多實體服務藉由虛擬通路來滿足，例如：紅極一時的電視購物頻道，就是一種互動交易模式的雛形，消費者在電視上看到滿意的商品，不必再上街、跑不同店家比價，或是辛苦地把商品運回家，只需要看得滿意，拿起電話就可以在家等著收貨品；如果再加入數位互動功能，只要按電視遙控器的鈕，就可以完成交易。電視商務（T-commerce）將日漸多元，不只限於特定的商品購物，將擴及各式傳統上可以實體交易之交易型態與範疇，得以全由一台數位化電視所取代。「電視」能完全轉化為一台「電腦」，家庭多媒體平臺理想將實現。

第三節 網際網路時代

一、發展進程

　　1960年代，美國國防部有鑑於該機構內不同單位所使用的電腦品牌混雜，通訊設備大不相同，如何將資料透過這些不同廠商電腦設備中傳送無疑是一相當重要的問題。因此國防部為此成立了一個高級研究任務組織（Advanced Research Project Agency，簡稱ARPA）負責解決此一問題。早期ARPA專注於分封交換模式網路的實驗計畫，結合其他的研究單位，設立了一個ARPANET。此計畫重點在於研究如何發展出一個值得信賴及穩定的數據通訊技術，並適用於各種機型及廠牌的電腦硬體（張旻尼、陳建豪，1993）。

　　1970年代末，ARPA經過十年的發展決定更名為DARPA（Defense Advanced Research Project Agency），並設立一個委員會負責協調、指導網路與網路之間連線的問題。在1979年，ARPANET網路在美國國防部的催生下正式成立，同時，TCP/IP的整個架構及大部分的協定皆已完成。1981年，TCP/IP成為ARPANET的標準通信協定。至1980年代，美國許多大學已紛紛採行TCP/IP為各電腦軟體溝通之間的標準協定。在此一狀態下，ARPANET迅速成長，普遍運用於學術、軍事上。由於ARPANET源自於美國國防部，軍事用途為重，因此各網路之間串聯相當多支軍事單位。國防安全問題起見，在1983年將ARPANET分割為兩個網路，一個仍維持ARPANET的舊名稱，提供給民間研究機構使用；另外一個則改名為MILNET，專屬軍事、國防單位使用（陳家俊編，1995）。美國國家科學基金會（National Science Foundation）基於ARPANET的普及性，於1985年也開始採用TCP/IP通信協定，建立了NSFNET（引自詹坤，2014），提供高速之資料傳輸能力，使公、民營研發機構及學校能以路由器連上此高

速骨幹網路。1989年ARPANET功成身退後，由NSFNET接手研發電腦網路服務，1991年建立商用之網際網路（Internet）連網交換服務（commercial Internet exchange, CIX），網際網路開始進入商業化時代。

　　1991年，伯納斯李（Tim Berners-Lee）在瑞士創立HTML、HTTP並開始宣揚全球資訊網（World Wide Web），1996年全球網際網路開始被廣泛應用。全球資訊網使用超文件標示語言（HyperText Markup Language, HTML）編寫，並透過超文件傳輸協定（Hypertext Transfer Protocol）傳送予使用者使用，此即我們最常使用「瀏覽網站」之方式。此外，透過網路另有許多多元的應用服務，例如：電子郵件（e-mail）、電子布告欄系統（Bulletin Board System, BBS）等等。

　　1994年，網路書店亞馬遜（Amazon.com）開張成為電子商務的先驅。網際網路就此普及且蓬勃發展。第一家瀏覽器公司「網景」（Netscape）創立，拍賣網站、網路銀行也出現，Yahoo! 創立、eBay、Dell等（數位時代，1999），讓網路商務飛快成長，也進一步深化網際網路在全球的高滲透力及其扮演的重要角色，同時內容服務的多元性日益擴增。1998年，全球網路使用人口突破1億；至2013年底，達27億人口已有使用連網，占全球人口數的38%，但亦有44億人口無法上網（ITU, 2013；陳曉莉編譯，2013）。此種數位落差的問題同時將於後段提及。

二、臺灣民眾的網路使用

　　根據創市際市場研究顧問（2016）發布的調查報告，臺灣2015年全年，平均單月份有1,333萬位不重複網友透過PC上網，每日上網人數約為764.6萬人。

　　平均每人每月使用PC上網29.5小時，單次上網停留30.3分鐘，於每一網頁瀏覽38.9秒，每次上網則會瀏覽46.9個網頁（圖12.3）。

網路使用人數

1,332.7萬人／每月
764.6萬人／每日

網路使用時間

236億分鐘／每月
29.5小時／每人
30.3分鐘／每次
38.9秒／每頁

網路瀏覽頁數

365億頁／每月
2,735頁／每人
46.9頁／每次

圖12.3　2015年臺灣平均單月PC網路使用情況

註：6歲以上網友使用情形
資料來源：創市際市場研究顧問（2016）

　　造訪網站之類別部分，將2015年臺灣各網站類別依使用人數排序，不重複造訪人數最多的網站類別為「入口網站類」，平均每日有693.8萬人造訪，且平均每人每月重複造訪40次；其後前五大網站類別依序為「網路服務類」、「娛樂類」、「娛樂—影音多媒體」及「搜尋／導航類」。觀察使用情形，網友對「社交媒體類」投入程度較高，為單一網友使用時間及瀏覽頁數最高的類別（表12.1）。

　　同時，隨著行動裝置普及，無線網路及4G電信發展，行動上網成為匯流時代的新興生活現象。透過comScore Mobile Metrix數據觀察臺灣網友Mobile上網使用情形，顯示2015年平均單月份約有1,075萬位不重複網友曾經透過行動裝置上網，且對其中166.5萬人來說，行動裝置為其唯一的上網裝置，並未透過其他裝置連網；使用時間方面，平均每人每月貢獻3.8小時在行動裝置上網（圖12.4）。顯示當今行動載具的重要性及黏著性，隨之而來的是行動上網帶來的龐大新商機，以及轉型的媒體使用行為。

表12.1	2015年臺灣PC網友平均單月造訪網站類別排名					
\multicolumn{2}{c}{2015年台灣Top15網站類別平均單月使用情形}	%到達率	平均每日造訪人數（千人）	單一網友平均停留分鐘	單一網友平均瀏覽頁數	單一網友平均造訪次數
1	入口網站類	98.0	6,938	347.5	379	40.0
2	網路服務類	98.0	6,238	238.1	363	34.3
3	娛樂類	97.2	4,585	235.5	218	21.6
4	娛樂—影音多媒體	93.0	3,191	194.4	141	14.3
5	搜尋／導航類	91.2	3,916	63.8	105	21.7
6	社交媒體類	91.1	4,381	385.5	442	29.3
7	新聞資訊類	88.4	4,794	178.7	175	25.6
8	社交媒體—社交網站	85.2	3,618	380.3	426	26.7
9	新聞資訊—綜合新聞	83.4	4,410	168.1	154	24.0
10	零售類	82.8	2,486	113.1	225	13.1
11	工商名錄／線上資源	80.7	2,030	28.9	36	9.4
12	社交媒體—部落格	74.4	2,151	29.4	42	10.9
13	工商名錄／線上資源—參考資料	70.7	1,358	20.8	23	6.3
14	科技類	69.8	1,334	20.4	33	6.5
15	商務財經類	66.0	1,698	92.5	161	10.2

資料來源：創市際市場研究顧問（2016）

圖12.4　2015年臺灣平均單月Mobile網路使用情況

註：18歲以上網友，透過智慧型手機、平板電腦造訪網頁與APP之使用情形
資料來源：創市際市場研究顧問（2016）

三、網路議題

　　隨著網際網路席捲全球，網路的文化影響也發生改變。除了獲取資訊、娛樂、人際溝通、購物、參與公共事務討論等正向功能之外，一些值得關注的社會議題隨之浮現。例如：內容管制。1996年美國電信傳播法的文雅條款（Communications Decency Act）即在禁止所謂不當之網路傳輸內容，如色情、暴力等，雖後來此法被判處違憲，但美國及世界各國推動網路內容管制的浪潮仍持續。另，數位落差與資訊鴻溝的問題在全球越發明顯。少數族裔、低收入或鄉村家庭等，對於電腦的擁有比例及網際網路基礎建設的近用狀況不佳，持續存在數位落差問題。開發中國家如非洲、亞洲及南美洲，在全球資訊經濟的發展仍落後（Castells, 2004；林日璇等譯，2014）。

　　此外，智慧財產權、著作權問題也因為網際網路興起開始獲得關注。進入網際網路時代後，除了少部分網路上商業性質的利用人仍循傳統管道向著作權人或著作推廣、散布者取得合法授權，以供使用者利用外（例如手機之APP軟體），網際網路上的著作重製物，多半是來自於網路使用者自傳統著作交易市場取得著作重製物後，在未經著作權人合法授權的情形下，自行將著作數位化之後，傳上網際網路與其他使用者進行傳輸、交換的活動。這種未經合法授權下的傳輸、交換活動，直接產生的影響，就是使傳統的著作交易市場萎縮。著作權法是否應針對新興數位科技所造成的衝擊，訂定新的著作權規範之議題，美國著名的著作權法學者Jessica Litman（2001）指出，雖然多數的企業經營者希望藉由訂定新的著作權規範抑制新科技於著作上的利用；然而，過去經驗顯示，此一做法難以有所發揮。若從促進科技發展的角度而言，建立著作權的庇護所（shelter）及豁免規定，是鼓勵新傳播媒介投資與成長的有效方式。

問題與思考

1. 網際網路興起且普及化後，同時造成哪些社會影響？哪些議題獲得關注？

2. 臺灣民眾的網路使用概況如何？

3. 行動上網普及可帶動哪些商機？

參考資料

一、中文部分

創市際市場研究顧問（2016）。〈網路上的眼球：2015年臺灣網路使用概況回顧〉。網址：https://rocket.cafe/talks/52680

沈冠宇。《網際網路著作權保護之研究——以維基百科運作模式爲中心》。中國文化大學法律學系碩士論文。

林日璇、李育豪、王茜穎譯（2014）。《媒體ING——認識媒體、文化與科技》。臺北：雙葉書廊。

張旻尼、陳建豪（1993）。《Internet網路進階》。臺北：和碩科技。

陳家俊編（1995）。《Internet入門導航》。臺北：資訊與電腦出版社。

陳曉莉編譯（2013）。〈ITU：全球上網人口達27億，行動電話用戶68億〉。網址：http://www.ithome.com.tw/node/83063

詹坤（2014）。《網際網路興起國內二類電信公司所受的衝擊及因應策略》。國立中山大學高階經營碩士學程在職專班論文。

數位時代（1999）。A Brief History of Internet，創刊1號，頁149-154。

蔡念中、張宏源（2005）。《匯流中的傳播媒介》。臺北：亞太。

蔡念中（2003）。《數位寬頻傳播產業研究》。臺北：揚智文化。

譚天譯（1996）。《資訊媒體狂潮》。臺北：遠流。

二、英文部分

Castells, M. (2004). Informationalism, networks, and the network society: a theoretical blueprint. *The network society: A cross-cultural perspective*, 3-45.

Litman, J. (2001). *Digital Copyright: Protecting intellectual property on the Internet*. Prometheus Books.

Mastin, Robert (1996). *900 KNOW-HOW: How To Succeed With Your Own 900 Number Business* (3rd ed.). Rhode Island: Aegis Publishing Group.

第三篇

3

展
望

第 13 章 ▶▶▶

當代傳播科技的社會影響

回溯人類傳播歷史，人們所關注的議題，大都與媒體對當代社會所造成的衝擊有關。在新科技與社會變遷之間，要追溯其不確定的相互關係相當困難，許多內在或外在影響因子隨機介入。然觀察媒體科技與社會變遷之關聯，仍具科技及人文意義。本章將針對媒體匯流時代明顯的兩種社會性影響進行探討，其一為媒體使用行為的轉變，其二為社群媒體議題。除了科技本身的轉變，閱聽眾的日常生活，特別是媒體使用，會是媒介研究中重要範疇。

第一節　多螢時代的媒體消費

人類的資訊傳播經由印刷傳播，進入了1970年代後電子科技傳播時代，經過廣播、電影到電視文化傳播到最近的網路傳播，結合電信、電腦及大眾傳播媒體的匯流現象，改變了舊媒體的生態結構，同時也改變了閱聽眾的媒體使用行為（鍾起惠，1996）。而社會結構、媒體政策、科技及媒體多樣化等等現象變遷提供了全球媒體消費者更多選擇；廣告主現今在試圖藉由廣告達成特定行銷目標的困難度亦與日俱

增。因此，預先瞭解目標消費者的媒體使用型態在擬定媒體組合策略時扮演關鍵角色。

因應這種媒體使用時間遭擠壓而造成之使用行為轉變，兩種主流思想學派出現，分別解釋了各媒體間的關係（Kayany & Yelsma, 2000）：其一觀點為存在於新舊媒體間的替代關係（increase-decrease）；另一則為互補關係（increase-increase），同樣基於競合之觀點來進行使用行為分析。以下將依序簡述。

一、媒體替代與互補

消費者的需求，在產業匯流的媒體結構中，究竟扮演何關鍵影響因素，讓舊媒體和數位媒體欲進入市場，進而發生替代和互補的關係？首先，媒體市場數位化之後，改變舊有的市場結構，新興多媒體資訊服務，刺激消費者使用數位化的資訊產品；另外，舊式的終端設備（dumb terminal）亦朝向整合和智慧型設備方向發展，未來使用者將更方便同時取得電視視訊和數位資訊服務，消費者一直被有計畫地教育或引誘以使用新科技，科技驅動（technology-driven）將持續帶動媒體產業匯流的發展。

而隨著生活型態轉變，對應至閱聽人於各媒體間使用情形的消長，已不如過去直接切割各項媒體那樣簡單。民眾一日24小時的時間並無增加，但所面對的媒體卻嚴重滿溢，故只能透過擠壓媒體的使用時間或另尋替代方案，來加快個人處理多元資訊的能力。

以媒體生態學論之，「利基」（niche）所指的是各種媒體在媒體市場中提供滿足閱聽眾需求的功能，以及在市場中所駕馭相當數量或不同面向的資源，如閱聽眾時間、滿足感及廣告預算。特別是在利基理論中，他們假設供給媒體生存的資源（如閱聽眾時間和廣告預算）是有限而非無限的，當其中部分資源被某一媒體吸收之後，其他媒體便無法再次汲取相同的資源，資源的爭奪乃是一種「零和」。若閱聽眾對某媒體的使用時間減少，則會減少廣告主對此媒體的廣告預算，因此閱聽眾使用媒體的時間長

短為媒體間競爭勝負的關鍵（Dimmick, 1993）。

　　承上，面對種類與數目眾多的媒體選擇，媒體產業的消費者，即閱聽人，在有限的時間與金錢下，選擇少數能滿足個人需求的特定型態媒體或內容，也理所當然地排擠或減少對其他媒體的消費或使用。但媒體間也可能存在著共生、互利的互補關係。各媒體有其獨特性，沒有任何一種媒體可以完全被取代，甚至消失不見，所以形成數十年來多元媒體共存共榮的現象。Kayany和Yelsma（2000）即提出媒體間具有替代（displacement）、互補（complementary）兩種關係：

（一）媒體替代效果：increase-decrease關係

　　指新媒體會壓迫、替代舊有媒體的使用時間。大多數閱聽眾留給媒體使用的時間是有限的。因此，可以合理假設使用一種特定媒體的時間會減少或替代掉使用其他媒體的時間，這種替代現象會造成媒體間的increase-decrease關係。舉例來說，Lee和Kuo（2002）研究兒童網路使用對其他媒體使用的替代效果，發現網路使用時間的增加使看電視時間減少。Raeymeckers（2002）研究年輕媒體使用者的行為趨勢，指出看電視取代了閱讀報紙、書籍、雜誌；Dimmick、Chen和Li（2004）聚焦於網路與傳統新聞媒體間的競爭議題，發現網路對於傳統媒體產生競爭性的替代效果等等。而根據臺灣網路資訊中心TWNIC引用GartnerG2在2002年的調查研究報告結果顯示，民眾因為增加網路使用的時間，進而取代閱讀報紙時間的民眾有20%，減少收看電視的觀眾亦有20%，減少外出觀看電影的有18%，而其他雜誌閱讀及觀看VCD影片等的有15%（轉引自蘇建州，2010）。

　　另一方面，媒體裝置及平臺間的內容替代與互補現象同樣值得探討，此為單純媒體使用習慣變遷之外另一面向，且更與產業經營息息相關，牽涉到媒體策略之擬定，以及產業市場之整體趨勢發展。例如：Pew Research Center（陳曉莉編譯，2011）指出，平板電腦改變了使用者存取新

聞的習慣，有79%的平板電腦用戶以該裝置取代原本在桌上型或筆記型電腦閱讀新聞的習慣，亦有59%表示該裝置取代了平面報紙與雜誌，57%表示該裝置取代了電視。明顯可見的，新傳播科技發展造成傳統媒體市場遭到或多或少地襲奪，而閱聽眾端的媒體使用行為同樣已產生流變，發掘此種行為之轉換內涵及與媒體大環境之互動，將使任何研究皆具有價值及貢獻。

（二）媒體互補（強化）效果：increase-increase關係

指閱聽人會組織、配置新舊媒體的使用時間，導致兩媒體的使用時間皆增加。依據利基觀點下的生物生態學理論，當兩群生物共存一地必須共享有限的資源時，兩群皆需做出適當的調適與妥協以保障自身在同一地區中的持續生存機會（Hawley, 1968）。在媒體共存的情況下，遊戲規則可能不會使不同媒體產生零和關係。相反地，若強化效果存在，不同媒體可能透過increase-increase關係而成功維持生存（Kayany & Yelsma, 2000）。舉例而言，Stempel、Hargrove和Bernt（2000）比較網路使用者與非使用者的媒體使用行為，結果指出網路使用者較非使用者更傾向使用報紙與廣播。明顯可見，網路、報紙、廣播藉由共享同一群目標受眾而和平共存。可見，網路尤其明顯地成為普遍的傳播載體，重要性大幅提升。網路新媒體爆炸性的成長明顯影響並改變了民眾對於其他媒體的使用情況。近年大量研究皆證實媒體使用行為的時代變遷。

總結以上，正因這種媒體與平臺間互相替代或互補的趨勢，任一媒體量測機制，皆須進行調整，因為舊有使用者，也許仍在使用同一種內容，但已轉而投入其他媒體或平臺的懷抱；或者正同時使用著多種螢幕。對於節目製作方或廣告方來說，都必須關注到此種趨勢，進行策略規劃上的變革與因應（邱慧仙，2015）。

多螢時代，基於媒體替代與互補，出現所謂「媒體多工」現象。

2003年開始，在閱聽人媒體使用的研究範疇中，盛行一種由BIGresearch率先調查，美國學者Schultz和Pilotta（BIGresearch, 2003）聯合提出的詮釋方式，認為媒體使用不會只有取代與互補兩種絕對關係，更多是發生在兩種以上的同時使用情形，其不僅驗證人類具處理多工（multitasking）的能力，亦從後續各項普查中獲得數據的支持。以下則簡述此種媒體共用與多工現象。

二、媒體共用與多工

同時間的多種媒體使用對消費者來說已非新興事件。例如：聽收音機過去一直是一種吸引人的經驗，所以其他活動會被排除在外，時至今日，收音機幾乎僅是一個附屬性活動，我們會在做其他事情時同時聽收音機；同樣地，在電視媒體的使用上也開始浮現相同的共用行為。自從媒體研究者發現這種現象後，就開始了相關研究。

由Schultz等（Pilotta, Schultz, Drenik & Rist, 2004）完成第一份完整討論「媒體共用（simultaneous media usage，簡稱SIMM）之現象」的研究，為閱聽人的媒體使用定義再添新意。不同於過去研究，媒體只是多項任務中的某一角色，現今媒體成為各種可能並行的任務，例如同時聽音樂、閱讀、瀏覽網路等，以應付資訊豐富且整合快速的社會型態。而有愈來愈多比例的閱聽眾，願意增加主／副（foreground & background）媒體的搭配使用，使自己經常性暴露在不止一樣的資訊管道下，享受來自新文化核心的豐富視聽覺效果。

Schultz自從提出「媒體共用」概念後，便一直是積極研究這塊領域的學者，且認為傳統的媒體企劃方式，不能只是測量單一媒體的暴露情形，應該透過主副媒體的概念，遵照媒體平行發展的新興原則，才能彌補垂直設立媒體策略的缺憾，清楚統整個體同時暴露在多元媒體的共感覺（synesthesia）（Pilotta & Schultz, 2005）。

論及媒體共用，意義相近的「媒體多工」理論基礎，則源自於Schultz

（2006）指出「閱聽眾能在媒體充斥的環境下，還能擁有處理多元訊息的能力，主要是基於心理學中多工（multitasking）的概念」。學者Alperstein（2005）也曾給予同樣的註解：「媒體共用是多工任務下的一種特殊型態」。因此，深入探究多元媒體使用的意義與現有研究，是必須討論的重點。

多工曾被賦予許多類似的定義：例如Gardner（2008）指出，多工通常是描述那些同時性管理各類型工作的行為，經常在生活中出現，甚至是每天的一開始，就很難錯過類似行為的產生。Alperstein（2005）即在研究中總結：多工已不是一個新的現象，但它持續反映了高壓力和快節奏生活的一面，也與消費媒體有著延伸性的相關。

在過去，「多工」情形只發生在忙碌的成年人身上。時至今日，媒體滲透的年代，主要的媒體（特別是網際網路與電腦）使用族群──青少年──同樣因為時間的擠壓而產生多工現象，尤其出現在多種媒體的使用上，而不只是遊走於課業與運動時間之間的兼顧如此簡單。2005年Kaiser Family Foundation報告（Roberts, Foehr, & Rideout, 2005）顯示媒體多工情況增加：26%的媒體使用時間皆為多元媒體的共用，較1999年成長10%。媒體多工被證實是一套新的閱聽眾或消費者行為模式，導致青少年前所未有地在同一時間花更多時間在多種媒體上。

早在1998年，美國Iconocast機構的調查報告即指出，使用網際網路的民眾中有86%的人於上網的同時亦收看電視，顯示網路與電視並非處於相互競爭的關係，甚至某種程度上可能相輔相成。真正將「同時性」延伸並整合為新媒體企劃建議的模式，可回溯至2003年美國市場研究公司BIGresearch針對美國習慣使用網路的民眾進行調查，結果顯示許多受測者都曾經有同時使用多項媒體的紀錄，例如：13.8%的男性會同時看報紙與聽廣播；29.1%的女性會同時看電視與上網等。而整體來看，更有超過50%的人，偶爾或經常樂於從事同時性的媒體使用。而在2004年的調查中發現，人們從網路下載檔案的等待時間，有52.1%同時在聽廣播，61.8%

的人在看電視，20.2%閱讀報紙。同樣的，McCann（2005，轉引自蘇建州，2010）針對6,000個18至49歲的受訪者調查發現，同時上網且看電視的人，使用時間由2001年的每星期174分鐘增加至2004年的每星期300分鐘，增加了72%，可見網路使用者除了在上網的同時會接觸不同媒體外，接觸的時間亦在這三年內大幅增加。

由以上兩大型研究可以看出，線上活動確實在媒體多工行為上扮演關鍵角色，電腦為主媒體時，容易進行媒體多工；電腦活動亦容易成為進行其他主要媒體活動時的「被多工」媒體。此外，傳統上學者強調的媒體替代效果，似乎並不存在。可見，多工行為的趨勢影響了各種媒體使用型態，包括傳統與新興媒體。有鑑於跨媒體使用行為趨勢，Nielsen Reports（2008，引自蘇建州，2010）設計出一電視／網路匯流小群體固定樣本，以電子化方式測量同一家戶的電視與網路使用行為。出乎意料的發現，觀看電視與線上串流電視為互補行為。根據固定樣本，最重度網路使用者同時也屬於最重度電視觀眾群：前五位重度網路使用者每天花超過250分鐘看電視，非網路使用者則花220分鐘看電視。尼爾森發現反之亦然：即最輕度電視觀看者亦為最輕度網路使用者。另根據AdColony（2012）「跨平臺影音廣告效果研究」結果，很少有消費者只看電視，或只瀏覽網路；80%的人表示，他們會邊看電視邊上網（包括使用電腦或行動設備），四成的智慧型手機／平板電腦使用者會邊看電視邊上網。且由於消費者喜好快速切換媒體及交互使用各種螢幕，跨平臺使用媒體有愈來愈流行的趨勢，整合行銷可以提高廣告活動的成效，更有效地接觸消費者。

第二節　社群媒體與公民參與

一、社群媒體與社會資本的關係

Bourdieu（1997）認爲，「社會資本」（social capital）的定義，是「一種相互熟悉或認可的制度化關係，其爲實質的永久網絡或潛在資源的總和」。爲了產生社會資本所建立的社會網絡，其目的在於提升經濟資本；而人們所擁有社會資本的多寡與否，部分是由其他形式的資本所決定（例如經濟、文化或符號）。Putnam（1993; 2000）則認爲，社會資本即爲社會組織的特性：人與人之間的連結。透過此連結所產生的一種相互性及信任感，例如：網絡、規範及社會信任，可增進人們相互之間的協調與合作，達到互贏互利的目的。他進一步具體指出，個人層面的社會資本可以區分爲「橋接性」（bridging）與「凝聚性」（bonding）兩種類型，「橋接性」社會資本是指關係較鬆散的人或熟人之間一般的資源交換；「凝聚性」社會資本則是提供彼此情感和陪伴支持的個體之間密切的連結。基本上，有關社會資本的討論，主要環繞在三大面向（Lin et al, 2001）：

1. 社會網絡與其鑲嵌的資源。
2. 社區參與（community participation）或公民參與（civic engagement）。
3. 信任或不信任。

然而，當前網路科技發達，網路媒體的便利性與連結性，自然被學者多所考量。有關網路媒體使用的程度，是否與使用者的社會資本有所關聯，學界則有正面與負面效應兩派不同說法：

1. 正面說：Nie和Erbring（2002）的研究認為，網路媒體可拓展人們既有的溝通管道，亦可透過網路增加人際互動，促進社會資本。
2. 負面說：Wallman等人（2001）則持不同看法，他們認為人們花費太多時間在網路媒體上，反而造成社會資本累積的困難。

　　儘管論點迥異，從網路社會學強調社會集體效果報酬的角度整體觀之，社會網絡廣大，確實可強化社會整合與情感支持，有助於社區中個人減少疏離感，增加幸福感（熊瑞梅，2001）。至於公民參與、信任等研究領域，亦將「媒體使用」納為重要的變項，例如Bennett（2008）的研究中就認為，媒體的惡意內容會造成社會資本的不足，影響人們的公民參與，信任的程度也明顯出現問題；同樣在Hooghe（2002）的研究中，亦發現電視節目內容與社會資本之間有顯著關聯，其中收看新聞節目內容的時間，與公民參與的態度，兩者之間具有高度正相關性，偏好娛樂性節目以及商業電視臺則相反。

二、社群媒體改變公民參與的形式

　　網路科技一日千里，各類型社會團體紛紛將關注焦點投射到網路媒介，試圖運用其優勢聯繫，並透過網路為傳播管道，宣傳活動理念，建立共識，並將事件不同角度的報導內容散播出去，以強化民眾公民參與的動機，爭取更廣大的閱聽人注意（Postmes & Brunsting, 2002）。特別在個人行動通訊技術進步之當下，網路社群可以透過訊息快速地獲取和傳遞，藉以聯合試圖爭取政治、生活方式等不同訴求的人們（Rheingold, 2002）；而諸如筆記型電腦、個人數位助理器（PDA）、全球定位系統（GPS）、聯網手機（Internet phone）等數位裝置，則提供了社會行動者訊息與行動連結的工具，對於指揮行動、激發群眾行動力，有其實質的效果，即所謂將「烏合之眾」（dumb mobs）搖身一變成為「智慧型群眾」（smart mobs）（Kahn & Kellner 2005）。

具體而言，網路與社群媒體對於公民參與的影響，在於它能夠提供強大、快速的訊息和圖像，且能透過網路社群集體討論或意見參與，對於動員群眾的行動者而言，相較於傳統方法有較低的成本優勢（Kahn & Kellner 2005; Bimber, Flanagin, & Stohl, 2012）。Bennett（邱林川、史安斌編，2013）舉出反世貿組織的「西雅圖之役」（Battle of Seattle）、西班牙「憤怒者」（Indignados）運動、「阿拉伯之春」（Arab Spring），和美國「占領華爾街運動」（Occupy Wall Street）等社會運動為案例說明，他認為傳播科技與數位媒介正逐漸改變核心的傳播模式，人們使用網路與社群媒體分享信息、組織民眾運動，進而使得公眾輿論與政治組織成為可能。以上的社會運動都有一個共同點，就是運動分子創造了屬於自己的數位媒介平臺，藉以分享關於運動的直接報導、訊息或其他相關的內容，幾乎任何人都可以透過包括YouTube、Facebook、Twitter等社群媒體，以吸引人們對某些議題的注意，並能讓參與者能夠與世界各地相互聯繫。

同樣的，社群媒體也作為取代傳統電視節目，傳達政治意向、行銷政治理念的新興工具。雖然大部分社群電視收視內容，多屬於大眾文化節目，然而在重大生活事件，例如2012年美國總統大選，社群電視依然吸引了不少觀眾。根據當時The Pew Research Center的數據，有11%的觀眾在觀看總統大選辯論時，同時使用電腦或移動設備作為補充，亦有大約27%的觀眾，使用相同的方法觀看票選的結果（Sasseen, Olmstead, & Mitchell, 2013）。此結果顯示，未來可能將會有愈來愈多的民眾，透過可同時接收影音資訊、行動通訊、即時回饋、社群互動等功能的第二螢幕使用，來從事有關公民參與的相關活動。

社群媒體的特性，即在於不斷的透過「連結」、「分享」等方式，以使訊息不斷在網路空間露出。除了基於由使用者參與和提供內容，藉由網路服務平臺，呈現各類型資訊的「使用者產生內容」以外，更重要之處在於：社群媒體串起了大大小小的人際網絡，進而能夠傳遞、展現、共享訊

息，而達到溝通互動，建立群組，實際行動的目的。若以Putnam（1993; 2000）所揭示：社會資本的核心意涵界定爲「人與人之間的連結」，透過社群媒體，得以產生「橋接性」（bridging）與「凝聚性」（bonding）的信任感，進而強化人們相互之間的協調與合作，達到互贏互利的目的，是最積極正向的希冀。

 問題與思考

1. 媒體多工（multitasking）是什麼？你也會媒體多工嗎？通常是哪些媒體的多工？發生在什麼情況之下呢？
2. 你有使用哪些社群媒體？使用的原因及動機爲何？使用社群媒體有哪些優點及缺點？
3. 社群媒體造成的社會影響有哪些？請舉例說明。

參考資料

一、中文部分

AdColony（2012）。〈電視＋行動載具行銷效益佳〉。上網日期：2012年4月25日，取自https://goo.gl/kxJCOU

邱林川、史安斌編（2013）。〈新聞、政治、社運與數字媒體〉。《傳播與社會學刊》，26：1-31。

邱慧仙（2015）。《數位時代電視收視率量測機制變革——臺灣市場的現在與未來》。金琅學術出版社。

陳曉莉編譯（2011）。〈Pew：平板電腦改變新聞閱讀習慣〉。上網日期：2012年3月30日，取自http://www.ithome.com.tw/itadm/article.php?c=70467

熊瑞梅（2001）。〈性別、個人網絡與社會資本〉，《華人社會的調查研究》。香港：牛津大學出版社。

蔡念中、張宏源（2005）。《匯流中的傳播媒介》。臺北：亞太。

蔡念中（2003）。《數位寬頻傳播產業研究》。臺北：揚智文化。

鍾起惠（1996）。〈多頻道環境觀眾收視行為之研究：以有線電視新店經營區為例〉，《民意研究季刊》，197：103-140。

蘇建州（2010）。〈網路使用者之媒體共用偏好與網路關鍵字廣告效果研究〉，《新聞學研究》，103：1-42。

二、英文部分

Alperstein, N. M. (2005). Living in an age of distraction: Multitasking and simultaneous media use and the implications for advertisers (Research report). Loyola College in Maryland.

Bennett, W. L. (2008). Changing citizenship in the digital age. In W. Lance Bennett (Ed.), *Civic life online: Learning how digital media can engage youth*. NY: Cambridge University Press.

變遷中的傳播媒介：從類比到數位匯流

BIGresearch (2003). NEWS - BIGresearch Releases: Newest Findings from Latest Simultaneous Media Usage Survey.

Bimber, B., Flanagin, A. J., & Stohl, C. (2012). *Collective action in organizations: Interaction and engagement in an era of technological change*. Cambridge: Cambridge University Press.

Bourdieu, P. (1997). The forms of capital. In A. H. Halsey., H. Launder, P. Brown, & A. Stuart Wells (Eds.). *Education, Culture, Economy and Society*, 46-58. Oxford: Oxford University Press.

Dimmick J., Chen, Y., & Li, Z. (2004). Competition between the internet and traditional news media: The gratification-opportunities niche dimension. *Journal of Media Economics*, *17*(1), 19-33.

Dimmick, J. (1993). Ecology, economics, & gratification utilities. In *Media Economics: Theory & practice*. NJ: Lawrence Erlbaum Associates, Inc.

Gardner, J. S. (2008). Simultaneous media usage: Effects on attention education, curriculum and instruction. The thesis presented to the faculty of the Virginia Polytechnic Institute.

Hawley, A. (1968). Human ecology. In D. L. Sills (Ed.), *International Encyclopedia of the Social Science*. New York: Macmillan.

Hooghe, M. (2002). Watching television and civic engagement: Disentangling the effects of time, programs, and stations. *Press / Politics*, *7*(2), 84-104.

Kahn, R., & Kellner, D. (2005). Oppositional politics and the Internet: A critical / reconstructive approach. *Cultural Polities*, *1*(1), 75-100.

Kayany, J. M., & Yelsma, P. (2000). Displacement effects of online media in the socio-technical contexts of households. *Journal of Broadcasting and Electronic Media*, *44*(2),215-230.

Lee, W., & Kuo, C.Y. (2002) Internet and displacement effect: Children's media use and activities in Singapore. *Journal of Computer Mediated Communication*, *9*(2), 17-25.

Lin, Nan, Cook, Karen, & Burt, Ronarld S. (Eds.) (2001). *Social Capital: Theory and Research*. New York: Walter De Gruyter, Inc.

Nie, N., & Erbring, L. (2002). Internet and society: A preliminary report. *IT & Society, 1*(1), 275-283.

Pilotta, J. J., & Schultz, D. (2005). Simultaneous media experience and synesthesia. *Journal of Advertising Research, 45*(1), 19-26.

Pilotta, J. J., Schultz, D. E., Drenik, G., & Rist, P. (2004). Simultaneous media usage: A critical consumer orientation to media planning. *Journal of Consumer Behaviour, 3*(3), 285-292.

Postmes, T., & Brunsting, S. (2002). Collective action in the age of the interne: Mass communication and online mobilization. *Social Science Computer Review, 20*(3), 290-301.

Putnam, R. D. (1993). The prosperous community-social capital and public life. *The American Prospect, 13*, 1-11.

Putnam, R. D. (2000). *Blowing alone: the collapse and revival of American community*. New York: Simon and Schuster.

Raeymeckers, K. (2002). Research note: Young people and patterns of time consumption in relation to print media. *European Journal of Communication, 17*(2), 369-383.

Rheingold, H. (2002). *Smart Mobs: The Next Social Revolution*. Cambridge, MA: Perseus Publishing.

Roberts, D. F., Foehr, U. G., & Rideout, V. (2005). *Generation M: Media in the lives of 8-18 year-olds*. CA: Kaiser Family Foundation.

Sasseen, J., Olmstead, K., & Mitchell, A. (2013). Digital: as mobile grows rapidly, the pressures on news intensify. The pew research center's project for Excellence in Journalism: The State of the News Media 2013. Retrieved from: http://www.stateofthemedia.org/2013/digital-as-mobile-grows-rapidly-the-pressures-on-news-intensify/

Schultz, D. E. (2006). Media synergy: The next frontier in a multimedia marketplace. *Journal of Direct Data and Digital Marketing Practice, 7*, 13-29.

Stempel III, G. H., Hargrove, T., & Bernt, J. P. (2000). Relation of growth of use of the internet to changes in media use from 1995 to 1999. *Journalism and Mass Communication Quarterly*, 77(1), 71-79.

Wallman, B., Haase, A. Q., Witte, J., & Hampton, K. (2001). Does the internet increase, decrease, or supplement social capital? Social networks, participation, and community commitment. *American Behavioral Scientist, 45*(3), 436-455.

第 14 章 ▶▶▶

視覺素養

　　資訊社會中，大眾傳播媒介所呈現的是多元化、多媒體化、覆蓋率又大的各種訊息，人們在接觸這些訊息時，往往目不暇給、眼花撩亂，甚至難以判斷訊息眞僞。因此，諸如視覺素養、媒體素養，爲當代人們亟需理解與精進的能力，在接觸媒體訊息時得以提升判斷力，同時加強批判性。特別是網際網路時代，各種資訊如雪片般大量湧進，閱聽者在接觸、吸收訊息時，更亟需明智進行判斷，去蕪存菁。

第一節　資訊時代視覺素養的角色

一、重要性

　　人的思考受到視覺的影響很大，舉例來說，看到明亮的東西，心情可能比較好；看到灰暗的東西，心情容易跟著沮喪。再者，人們都習慣選擇看自己熟悉的東西，也容易依據自己的視覺觀念來判斷事情。因此，以「視覺」來察覺人類生活周遭環境的能力，是人類演化與產生文明的關鍵要素。其中，視覺圖像更在資訊傳播過程中扮演著重要角色。從遠

古時代洞穴壁畫，後至西方藝術、中國水墨畫作品等，都成為意義符號表達與文化傳播的重要媒介，甚至跨越了國界與語言限制。因此，人類大都運用視覺傳達訊息。然而，人們的視覺能力雖是與生俱來，對於圖像的解讀，卻受限於鑑識圖像能力，也就是「視覺素養」（visual literacy）上有所差距，其影響所及，關係到傳播溝通的影響力與成效。

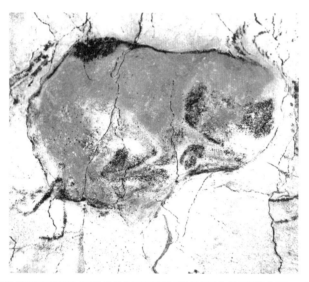

圖14.1　視覺圖像的發展遠從古代的洞穴壁畫到後來西方的藝術作品，都成為視覺意義符號表達與文化傳播的重要媒介（資料來源：http://www.blueidea.com/user/doupi/images/yanhua/art0008.jpg）

臺灣社會急遽變遷，造成生活型態日漸快速化、複雜化，尤其以資訊膨脹變化最為劇烈，在網際網路及各種新式、傳統媒體相互競逐的環境中，民眾每天所接觸到的資訊遠遠超過他們能夠消化的分量，於是高度篩檢、高度選擇性的閱讀成為普遍的模式；然而，視覺的問題卻常常被媒體所忽略（林少岩，1998）。就科技發展觀點而言，從平面、電子媒體到網路科技，視覺化發展一直是重點項目，包括文字到影像、二維到三度空

間模擬，資訊的乘載在文字和視覺符號中互動交替。人們除了要具備識字能力外，也要擁有鑑識圖像能力，缺乏視覺素養的閱聽人，資訊接收與學習上受阻，將跟不上日漸科技數位化的媒體發展腳步。

學習與感官知覺有密切關係，而視覺在其中占有非常大的比例（Patterson, 1962）。顯然，視覺素養的發展，與學習有緊密的關係。身處視覺文化的時代，媒體提供閱聽人大量的資訊，而這些經過媒體守門人篩選過的訊息，無形中影響了人類日常生活的態度、信仰、價值觀。但是，並非人人都能意會媒體篩選後所提供的訊息意涵，加上科技的進步改變了人們接收資訊的方式，媒體潮流中所謂的「符碼的匯流」（convergence of codes），更使得個別視覺媒體間的界線愈來愈模糊，現代閱聽人必須具備視覺素養，方能適應今日傳播科技發達的生活環境。

二、定義

「visual」一詞，就語彙而言，依詞性的不同而有不同的解釋，若將其視為形容詞，則用來形容與「視覺」有關之事務，如visual thinking係指「視覺思考」等等。若將visual當成名詞，則可泛指「電影或電視所呈現之片斷、圖片、相片等」，或是「電影或電視的視覺部分」（Webster's New World Dictionary, 1988）。而「literacy」一詞則源自literate，原指能寫、讀或具有知識與能力的（人）；literacy可解釋為具有寫、讀，或某種知識能力的狀態或品質。

1960年代，視覺素養（visual literacy）的概念在美國廣受注意，原因起於關注到電視不利於兒童的各項層面，此時許多團體陸續成立，例如：Action for Children's Television、The Screen Educator's Society、International Visual Literal Association（IVLA）等，其中又以由視覺素養的研究者、教育學者、藝術家所組成，致力於研究視覺素養與傳播溝通（communication）、學習（learning）的非營利機構IVLA最具影響力。雖然各團體之主張有所不同，但其希望提升兒童與成人對於經驗視覺世界的能力

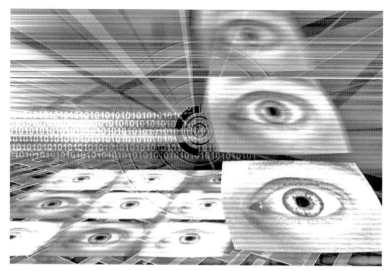

圖14.2　大多數的學者都同意，「視覺素養」主要針對的是──有能力去瞭解及使用影
　　　　像，並能以影像的方式去思考及學習，亦即視覺化思考的能力

卻是相同的。換句話說，它們皆致力於使人們變得更具視覺素養（Flory,
1978）。

　　大多數的學者都同意，「視覺素養」主要針對的是──有能力去瞭
解及使用影像，並能以影像的方式去思考及學習，亦即視覺化思考的能
力（Horton, 1982; Johnson, 1977; Moor & Dwyer, 1994）。自John Debes於
1969年提出視覺素養的定義之後，數十年來陸續有學者以不同學理面向
對於視覺素養提出看法，整理如表14.1（蔡念中、張宏源，2005）。

　　此外，心理學家對於視覺素養概念的探討更加多元，不僅有學者從
左腦與右腦功能的實驗研究、心理生理學（psychobiology）、生物回饋論
（biofeedback）等角度，給予視覺素養的概念挹注生物學的基礎觀點，晚
近認知心理學派對於語文訊息與圖影訊息處理與儲存的現象，亦有不可忽
視的貢獻。另外在藝術研究中，「視覺思考」（visual thinking）的相關
研究，對於「視覺素養」能力本位的輪廓釐清，可謂厥功至偉（吳翠珍，
1993）。

表14.1　視覺素養的定義

學者	定義
John Debes （1969）	由人類的視覺能力所組成。視覺素養的發展是在同一時間內，由觀看和其他的感官經驗所整合的。具備視覺素養的人，能夠在環境中分辨及解釋自然的或是人工的看得到的動作（visible action）、物件（objects）、符號（symbols），透過這些能力的靈活運用，便能與其他人進行溝通。若經由更高層次的應用，即可以在視覺溝通（visual communication）當中獲得樂趣。
Ausburn & Ausburn （1978）	一組能夠讓個體去瞭解、使用視覺物件來與其他人進行溝通的技能。
Braden & Hortin （1982）	理解及使用圖像的能力，包括以圖像思考、學習及表達自我的能力。
Hortin （1983）	瞭解及使用圖像的能力，並能夠以圖像的方法進行思考及學習，例如：視覺化的思考（think visually）。而視覺語言（visual language）則是視覺思考（visual thinking）與視覺學習（visual learning）的關鍵因素。圖像與影像，如同語言和文字一般，有特定的文法與結構，而所謂具有視覺素養能力的人，應該能夠：(1)瞭解圖影，具有「閱讀」視覺語言的能力；(2)能使用視覺符號，從事「寫（創）作」圖影的能力；以及(3)能以視覺化的方式處理訊息，並能從事視覺化思考。
Sinatra （1986）	舊經驗與新的視覺訊息發生主動或重新建構的動作，以獲得新視覺訊息所代表的意義。
Curtiss （1987）	瞭解視覺陳述（visual statement）的能力，不管這視覺陳述是透過哪一種媒體所呈現，也是一種至少使用任一視覺修養（visual discipline）來表達自己的能力，並伴隨著以下能力：(1)瞭解作品在其產出的文化中，意義為何；(2)能夠分析作品的文法——構圖及風格；(3)評鑑作品的學科及美學價值；(4)直覺地、主觀地理解整張作品，增加與作品的互動。
吳翠珍 （1993）	可解釋為「圖像素養」，或稱為「圖像識讀能力」，前者之使用在於陳述圖影素養的意涵，而後者則強調所應具備的能力。圖影的範圍可包括靜態的圖、畫、相片與動態的影像。

第二節　視覺素養與媒體素養

　　傳統定義上，literacy一詞，譯爲「識讀」或「素養」，皆以印刷、書寫爲主要範圍，原指能寫、讀或具有知識與能力的（人），可解釋爲具有寫、讀，或某種知識能力的狀態或品質，或傳播、識讀及複製文字的一個或一套技能，侷限在文字識讀的能力，也因此「識讀」或「素養」曾被稱爲是一種「智識科技」（technology of the intellect）（Goody, 1973；吳翠珍，1993）。舉例來說，所謂「文化素養」即是指人們對文化理念的認知程度。

　　Graff（1995）在《素養的迷宮》（*The Labyrinth of Literacy*）一書中，指出了素養在實務及理論的複雜面，並說明素養是與歷史及社會的變數交錯互動形成的，個人或社會可透過多重的途徑達到素養，而素養是同時並存的，應避免某一套素養優於或能取代另一套素養。

　　Lloyd-Kolkin與Tyner（1991）指出，「媒體識讀」即是傳統識讀定義的擴大，意即可將「批判性地觀看媒體製作出來的產物」比喻爲「閱讀」的技巧，而「媒體的製作」則可視爲「寫作」的技巧。吳翠珍（1996）也指出，媒體素養教育有「解讀媒體的符徵與科技」、「思辨媒體再現」、「反思閱聽人的意義」、「分析媒體組織」、「影響和近用媒體」（access to media）五大內涵。

　　然而，對於現今大眾傳播的途徑及資訊的來源，已不止於印刷媒介，還包括了攝影、影片、廣播和電視等，顯然，literacy的意義勢必需要加以擴充，其不僅可從源自於視覺識讀的面向思考，更爲媒體識讀（素養）的範疇之一。

　　視覺素養發展的過程當中，也有反對的聲音出現，Johnson（1977）就認爲「視覺素養」（visual literacy）這個詞應該被廢止，而改以「媒體

圖14.3 「媒體識讀」即是傳統識讀定義的擴大，意即可將「批判性地觀看媒體製作出來的產物」比喻為「閱讀」的技巧

素養」（media literacy）取代。除此之外，Cassidy與Knowlton（1983）也聲援這樣的說法，他們認為視覺素養這個詞彙曾因為其言外之意而造成誤解。媒體素養是指以各種不同形式去接近、分析及產生溝通的能力（Aufderheide & Firestone, 1993）。在臺灣也有類似情況，凡提到視覺素養、視覺傳播，因相關書籍論述以藝術美術類最多，為主張透過美術教育中的鑑賞教學進行視覺素養的提升，或是運用美學哲學家的觀點論述及視覺心理學相關原理，作為解析討論視覺傳播的內容。

　　視覺傳播領域中，媒體素養經常與視覺素養交替使用，因它們有許多目的是不可分離的，其共同的主要目的即為溝通（劉立行、沈文英，2001）。而媒體素養這名詞在臺灣通常被認為代表媒體教育，一般又譯為「媒體識讀」，或泛稱「媒體公民教育」。目前學術界在使用上並未特別加以區分，但細究的話，「識讀」偏向閱讀書寫，乃至接近使用各種傳播媒體和新科技的知識技能，「素養」則論及平日與終身的修為表現，甚至隱含道德意味（余陽洲，2003）。

事實上，將媒體教育視為一個屬名（generic term）可能較為精確，因為它經常與其他相關的概念並行出現或互相解釋，如：螢幕教育（screen education）、視覺素養（visual literacy）、媒體素養（media literacy）、電視素養（TV literacy）、「新」識讀能力（new literacy，Foster於1979年提出，專指電影與電視語言）、視覺覺知（visual aware-ness）、視覺傳播（visual communication）、批判觀看（critical viewing）等（吳翠珍，1993）。前述這些名詞概念，也幾乎都在教導閱聽眾認識視覺識讀能力。

第三節　視覺素養與傳播溝通

　　視覺素養概念起於電視影響兒童的各項層面，受到學者與社會大眾的關注。電視自1940年代問世至今，成為現代生活中重要的訊息來源，電視媒介之所以有如此強大傳播力量，乃具備視聽雙管齊下的傳播性質，運用聲、光、音、影傳播多元的信息，不論觀眾的識字能力及教育程度如何，都能接收電視的訊息，提供了人對外在世界的感知與認知，甚或形成態度導致行為影響，因電視所用的符號系統，在形成訊息過程中存有多層操縱的可能性（吳翠珍，1996；周慧美，1998）。

　　西方社會大眾對於電視識讀能力的需求意識覺醒甚早，Lewis在1948年時即預測在當時及未來電視可能的應用層面，因而提倡各級學校應主動提供學生瞭解電視內涵的管道。隨著媒體教育觀念的普及與擴張，社會有識之士不僅責成學校擔負積極的角色，並且提出要求學校將媒體素養的培養提升為與傳統語文素養能力教育同等重要的地位（Ford Foundation, 1975）。Ruth（1980）也強調，學校教育不能忽略視覺媒體對生活的影響，教育內涵應包含非印刷媒體（non-print）的（素養）教學。因此，培養閱聽人耳聰目明的電視素養（television literacy）更成為媒體教育的核

心概念，冀望透過對電視作全觀的瞭解，使個體不僅能消極地「解毒」電視（detoxification of TV），進而積極地「解讀」電視（decoding TV）（引自吳翠珍，1996）。

因為電視的媒體特性，就其涵蓋內容與呈現形式而言，與文字媒體相類似，文字可能表現的題材，電視可以其聲、光、畫面、動作加以詮釋；文字有其特定的文法結構來架構陳述、氣勢、意境、語氣等文本內涵，而電視並以其約定俗成的「語言」來擔任同樣的角色，即電視亦有其特定的文法結構來呈現。例如：畫面與畫面的剪接速率可以是慢的，如同文句間的逗號，也可能是快速切換，代表一個接一個的頓號；畫面從無到有的淡入，意味著空二格新段落的開始，而從有到無的淡出則是句號的表徵，這些建構在電視文法之上的隱喻訊息更是晦暗不明（吳翠珍，1998）。

吳翠珍（1996）認為，由於電視是媒體的一部分，故電視素養是培養電視識讀能力的先備條件，除了「電視素養」之外，國外尚有許多內涵相似的名詞，例如：批判性接收技巧（critical receivership skill）、批判性觀看技巧（critical viewing skills）、批判性電視評估技巧（critical television evaluation skills）等，雖然名稱相異，但內涵卻大致相同。

然而，從藝術鑑賞能力培養或是媒體識讀教育面向論及視覺素養時，有必要去瞭解「看的過程」為何、「如何看」，以及「看見了什麼」，所發生的種種廣泛又複雜的視覺經驗、視覺意涵和視覺意象。《美麗新世界》（Brave New World）一書作者Aldous Huxley（1942）在其《看的藝術》（The Art of Seeing）書中描述自己克服障礙看得清楚的過程，並總結其公式為：「感覺（sensing）＋選擇（selecting）＋認知（perceiving）＝看得見（seeing）」。其中從感覺、選擇到認知的過程，正是看的過程；視覺有選擇性及目的性的認知，更說明了視覺經驗是所有感官經驗中最主動的運作；Huxley的中心思想為「你瞭解得愈多，你看到得愈多」，認為能看得清楚多半得歸因於想得清楚（引自劉立行、沈文英，2001）。

視覺傳播學者Lester（1995）更用Huxley的觀念，以一個視覺循環

（visual communication circle dance）的關係說明，即：你知道得愈多，你感知得愈多；你感知得愈多，你選擇得愈多；你選擇得愈多，你認知得愈多；你認知得愈多，你記憶得愈多；你記憶得愈多，你學習得愈多；你學習得愈多，你知道得愈多。

　　瞭解傳播過程的基本模式與觀念，有助於釐清視覺素養的基礎研究範圍，因傳播研究模式中，影響訊息傳遞主要為編碼（encode）與解碼（decode）兩個關鍵程序，不僅牽涉到人們的知覺與心智處理過程，也被視為視覺溝通與視覺語言傳播成功與否的要素。

　　其原因乃媒體擁有獨特的符碼形式、美學觀及作業常規，媒體的類別形式決定其訊息結構，進而影響閱聽人的感知與評估，不同的類型的媒體各具特色，例如：電視可以呈現具體場面及動人的影像音效，較容易刺激閱聽人（尤其是兒童）的情感；報章雜誌則因為篇幅大、報導量多，能提供較深入完整的資訊（余陽洲，2003）。也因為人們從電視、網路等電子媒體上比以前更能得到視覺上的訊息，因此，就開始不認為文字重要，影響所及，對於社會和教育造成衝擊轉變。批評者就認為，整體人口對於文字瞭解能力不斷下滑衰微，電視是造成這種情形的原因，基本上，電視不僅是視覺的媒體，也是一門技巧，透過移動的畫面敘述相當簡單，甚至為很基本類型的故事，在這樣的過程中，文字表達技巧勢必降低水準，比書上或電臺廣播的用字更來得不講究亦是事實；但是，如果說透過視覺上用到的技巧就能連帶提高水準，那倒也頗令人置疑（胡致薇等譯，1984）。

　　同時，人們生活在一個被媒體建構的世界當中，閱聽眾的見聞可能是經由媒體等人為形塑而成，未必是真正的「真實」，媒體也可能透過鏡頭、畫面把閱聽眾從未見過、經驗過的人事物，都塑造了一個樣板。例如：畫面刻意播出颱風來襲受災地區滿目瘡痍，記者站立於水深及膝處播報，然而事實上可能為了傳播效果，將局部地區受災渲染成災情嚴重，或為強化新聞內容，記者刻意製造淹水嚴重假象。但是，社會大眾在接收媒

圖14.4　電視可以呈現具體場面及動人的影像音效，較容易刺激閱聽人（尤其是兒童）的情感。但是也容易造成對學習、社會、家庭系統的衝擊

體訊息時，卻沒警覺到這些未必是真實。綜合言之，電視的內容是兩級傳播下的產物，也是經過安排的（programming），閱聽人確實需要有判斷與選擇的能力，才能瞭解事實。

　　因此，體現視覺素養，除了教導閱聽人識讀視覺影像的能力外，也須讓學習者知覺視覺語言的重要性，而識讀視覺能力更需要透過系統化培養，並且是從兒童到成年閱聽眾都必須擁有的基本能力。

 問題與思考

1. 視覺素養、媒體素養是什麼？其重要性何在？
2. 網際網路盛行的年代，你認為視覺素養或媒體素養是否重要性更為提升？為什麼？

參考資料

一、中文部分

余陽洲（2003）。〈媒體公民教育的重要概念與教學特色〉，《師友月刊》，2003年10號：21-24。

吳知賢（1996）。〈「電視與兒童」研究取向的探討〉，《視聽教育雙月刊》，37(6)：27-33。

吳翠珍（1992）。〈電視型式特質對兒童與電視研究的啓示〉，《廣播與電視》，1：35-47。

吳翠珍（1993）。〈「解毒」電視？解讀電視！——談媒體教育中的電視識讀〉，《教學科技與媒體》，7：3-11。

吳翠珍（1996）。〈媒體教育中的電視素養〉，《新聞學研究》，35：39-59。

吳翠珍（1998）。〈兒童收看電視卡通行爲研究——兼論媒體素養〉，《教育資料文摘》，48-75。

李秀美（1994）。〈兒童「看」電視——看什麼？怎麼看？〉，《教學科技與媒體》，7：12-22。

周慧美（1998）。《國小學童電視識讀能力之探討及電視識讀教學成效分析》。國立臺南師範學院國民教育研究所碩士論文。

林少岩（1998）。〈中文報紙的視覺困境與突破〉，《臺灣記協目擊者雜誌》，1998年07月號。

胡致薇、許麗淑、覃月娥等譯（1984）。《如何看：人爲環境閱讀引導手冊》。臺北：尚林。

劉立行、沈文英（2001）。《視覺傳播》。臺北：空中大學。

蔡念中、張宏源（2005）。《匯流中的傳播媒介》。臺北：亞太。

二、英文部分

Aufderheide, P., & Firestone, C. (1993). *Media literacy: A report of the national leadership conference on media literacy.* Queenstown, MD: The Aspen Institute.

Ausburn, L., & Ausburn, F. (1978). Visual literacy: Background, theory and practice. *Programmed Learning and Educational Technology, 15*(4): 291-297.

Braden, R. A., & Hortin, J. A. (1982). Identifying the theoretical foundations of visual literacy. *Journal of Visual Verbal Languaging, 2*: 37-42.

Cassidy, M. F., & Knowlton, J. Q. (1983). Visual literacy: A failed metaphor?. *Educational technology research and development, 31*(2), 67-90.

Curtiss, D. (1987). *Introduction to Visual Literacy.* Englewood Cliffs, N.J., Prentice Hall.

Debes, J. (1968). Some foundations for visual literacy. *Audiovisual Instruction, 13*: 961-964.

Debes, J. (1969). The loom of visual literacy. *Audiovisual Instruction. 14* (8): 25-27.

Debes, J. (1970). The loom of visual literacy: an overview. In C. M. Williams & J. L. Debes (Eds.), *Proceedings: First national conference on visual literacy.* New York: Pitman, 1-16.

Flory, J. (1978). Visual literacy: A viral skill in the process of rhetorical criticism. Proceedings of the annual meeting of southern speech communication association. Atlanta, GA.

Goody, J. (1973). Evolution and communication: The domestication of the savage mind. *British Journal of Sociology, 24*.

Graff, H. J. (Ed.) (1995). *The labyrinths of literacy: Reflections on literacy past and present.* Pittsburgh, PA: University of Pittsburgh Press.

Hortin, J. (1994). Theoretical foundations of visual learning. In David Moore & Francis Dwyer (Eds.), *Visual literacy: A spectrum of visual learning.* Englewood Cliffs, NJ: Educational Technology Publications, 5-29.

Hortin, J. A. & Gerald, D. B. (1983). Visualization: Theory and applications for teaching. *Reading Improvement, 20*(1):70-74.

Hortin, J. A. (1983). Instructional design and visualization. The roles of visual thinking, visual rehearsal, and introspection. *Performance Improvement, 22*(7), 20-21

Horton, F. W. (Ed.) (1982). *Understanding U.S. information policy: The infrastructure handbook (Vols. 1-4).* Washington DC: Information Industry Association.

Johnson, B. D. (1977). Visual literacy, media literacy, and mass communication for English instruction. *Dissertation Abstract International, 38,* 6581.

Lester, P. M. (1995). *Visual communication image with message.* Belmont, calif.: Wadsworth Publishing Company.

Lloyd-Kolkin, D., & Tyner, K. R. (1991). *Media and you: An elementary media literacy curriculum.* NJ: Educational Technology.

Lloyd-Kolkin, D.,Wheeler, P., & Strand T. (1980.) Developing a curriculum for teenagers. *Journal of Communication, 30*(3):119-125.

Moore, D. M., & Dwyer, F. M. (Eds.) (1994). *Visual literacy: A spectrum of visual learning.* Englewood Cliffs, NJ: Educational Technology Publications.

Patterson, O. (Ed.) (1962). *Special tools for communication.* Chicago: Industrial Audiovisual Association.

Sinatra, R. (1986). *Visual literacy connections to thinking, reading, and writing.* Springfield, IL: Charles C. Thomas.

Wagner, D. (1991). Ethical Considerations in the Visual Display of Quantitative Information. *Visual Communication, 5:* Breckenridge.

Webster's new world dictionary (1988). *Webster's new world dictionary of quotable definitions, 2nd.* Englewood Cliffs, N.J.: Prentice Hall.

15

第 15 章 ▶▶▶

新科技、新媒體、新觀點

　　近年來，傳播科技變動迅速，在網路與行動通訊所形成的多面向發展下，數位匯流勢不可擋，媒體產業因之受到衝擊，並隨之搖擺變遷。「新媒體」誕生，定義各有不同，但可確定的是，使得大眾擷取訊息的行為重新翻動；媒體產業因而產生「新聞重新定義化」、「技術重新概念化」、「經營重新磨合化」等等陣痛困境。值此當下，傳統媒體如何與新媒體融合而後共生，是網路、數位、移動時代的重要課題之一。此外，無論傳統或現代媒體，如何在現代新科技裡，尋找、維護舊真理（媒體秩序、人機倫理等），亦是值得關注的當代議題。

第一節　傳統、當代媒體現況與發展

一、臺灣媒體產業現況

　　截至2016年6月，臺灣媒體的現況與數量略如下表15.1、15.2。臺灣媒體產業市場的家數與過去數年相較，雖然變化不大，但由於傳播科技產業的進步，對於整個傳播市場已然產生極大的變化。

第十五章　新科技、新媒體、新觀點

279

表15.1　臺灣媒體產業市場家數

媒體產業市場	家數	備註
出版產業	7,829	截至2016年6月
雜誌（期刊）出版	1,238（含數位22家）	截至2015年底
廣播電臺	170	截至2016年6月
有線電視系統	65	
多媒體視訊平臺	1	
直播衛星事業	6	
無線電視業	5	
衛星電視業	124	
電影產業	1,698	

資料來源：參考國家通訊傳播委員會（NCC）業務統計資料、行政院主計總處「中華民國統計月報」。（董素蘭整理，2016）

表15.2　臺灣衛星電視市場結構

類別	2011/12	2012/12	2013/12	2014/12	2015/12	2016/06
境內衛星電視	80家	80家	84家	86家	93家	93家
	158頻道	157頻道	165頻道	169頻道	181頻道	181頻道
境外衛星電視	29家	29家	30家	29家	30家	31家
	105頻道	112頻道	115頻道	111頻道	118頻道	120頻道
頻道總數	109家	109家	114家	115家	123家	124家
	263頻道	269頻道	280頻道	280頻道	299頻道	301頻道

資料來源：參考國家通訊傳播委員會（NCC）業務統計資料。（董素蘭整理，2016）

二、網路及行動裝置發展態勢

　　人們通常稱「報紙」、「廣播」、「電視」、「雜誌」、「電影」為五大媒體，但在網際網路出現後，有人稱之為「第六媒體」、「新媒體」、「超媒體」或「第四世界」。此「第六媒體」的興起，現已引起全

球劃時代的改變。此外，「行動裝置」發展神速，兩者互相競合，更爲全球帶來瞬息萬變的態勢。

（一）網際網路

根據「聯合國國際電信聯盟」（International Telecommunication Union, ITU）及市場研究公司eMarketer的統計，2015年全球網際網路用戶總數將成長6.2%，一舉突破30億人口大關，達到30.7億人口，這個數字在全球人口總數中所占之比例將達42.4%。2016年，中國大陸上網人口已突破7億人，印度也將超越美國成爲全球第二大網路用戶的國家。

（二）行動裝置

「行動裝置」（mobile device，或稱「流動裝置」、「手持裝置」〔handheld device〕、移動終端等），指的是智慧型手機、平版電腦、手提電腦等。以智慧型手機爲例，「國際綠色和平組織」於2016年7至8月調查臺灣、美國、俄羅斯、墨西哥、德國、中國及韓國共七個地區使用手機現況，發現臺灣受訪者每人平均擁有5.41支手機（包含正在使用中及閒置不用的手機），僅次於俄羅斯的5.55支。

另根據Millward Brown 2014發布的AdReaction研究，全球32個市場中消費者的多媒體使用行爲，臺灣每日平均使用智慧型手機上網的時數爲世界第一，多達197分鐘，較全球平均數值的142分鐘高出55分鐘。

針對亞洲11國境內於2015年下半年間的跨螢幕裝置使用行爲調查，臺灣地區已經全面進入跨螢幕使用時代，超過77%比例的使用者同時持有三種以上連網裝置，跨螢幕使用行爲在此次調查國家中僅次於澳洲，成爲亞洲第二大跨螢幕裝置使用行爲顯著地區。

根據上述，顯示臺灣是行動裝置的重度使用國家。因此，就新聞傳播領域而言，舉凡網路新聞、即時新聞、直播、FB等社群媒體的運用與發展，與此都有著密不可分的關聯性；此外，臺灣不少傳統媒體先後成立

「新媒體事業部門」，或是網路新媒體的出現，也都是因應此一發展的必然趨勢。

第二節　新媒體的出現

「新媒體」一詞的定義各有不同，有謂：「新媒體就是網路媒體」，亦有謂「利用各種創新、不同的媒介來傳達訊息即為新媒體」（例如：微電影、紀錄片、APP、粉絲專頁、網頁設計、機器人、3DVR影片、360度VR影片等）。此外，也可以如此看「新媒體」：一是「因應時勢而產生的新媒體」，二是「既有媒體的轉型樣態」（董素蘭，2015）。前者，例如：《明日報》（臺灣第一家網路原生電子報）、《風傳媒》、《端傳媒》、《信傳媒》、《上報》、《鏡傳媒》等（詳見表15.3）；後者指的是既有媒體的轉型化，例如：《商業週刊》2011年向數位化邁進；《天下雜誌》2011年發展出獨立評論和影音等多元品項；《聯合報系》2013年推出UDN TV，2014年成立新媒體部，2015年則有編輯部數位製作人中心。此外，各家電視臺也競相成立新媒體事業部門。

第三節　反思新時代

一、美麗新世界？

現今是資訊社會4.0的時代（熊澄宇，2005），網際網路、新科技被比喻成是二十一世紀的非洲探險家，站在時代的浪頭上，不斷的在拼湊其「美麗新世界」的「認知地圖」（cognitive map），不但產生問號，更是驚嘆連連。所以，值此傳統與現代的接軌時期，必須大膽假設，小心觀察。

表15.3 新媒體略表

名稱	成立時間	相關人員
明日報 （Tomorrow Times）	2000年2月15日創刊 2001年2月21日停刊	董事長：詹宏志 發行人：王健壯 社　　長：李宏麟 總編輯：陳裕鑫
今日新聞 （NOW news）	2006年6月8日成立 「今日傳媒公司」 2008年4月1日「今日 新聞」成立	董事長：林上紘
硬塞的網路趨勢觀察 （Inside）	2009年	6位部落客的共筆部落格
關鍵評論網 （The News Lens）	2013年8月	創辦人：鍾子偉、楊士範
風傳媒 （Storm Media Group）	2014年2月	創辦人：張果軍 總編輯：吳典蓉
端傳媒 （Initinm Media）	2015年8月	創辦人：肖景 總編輯：張潔平
報導者 （The Reporter）	2015年12月	創辦人：何榮幸、張鐵志 總編輯：何榮幸
匯流新聞網（CNEWS）	2016年2月	董事長：吳世昌
信傳媒 （Credere Media）	2016年5月	創辦人：游仁貴 總編輯：林瑩秋
上報（UP Media）	2016年7月	創辦人：王健壯 總編輯：謝忠良
鏡傳媒（Mirror Media）	2016年10月	創辦人：裴偉 總編輯：廖志成

資料來源：董素蘭、邱慧仙整理，2016

二、智障與智慧

英國哲學家培根（Francis Bacon, 1561-1626）說：「知識就是力量」，這句話用在今日，真是十分貼切。近年來，由於新科技的蓬勃發展，全球各國對其無不關注，造成「誰會使用科技，誰就擁有知識；誰會使用科技，誰就擁有力量」的現象。新科技（例如智慧型手機）對現代人們而言，不只是「器具」，而是「器官」；「物理上的距離」已然消失，我們要擔心的是「心理上的距離」；「天涯若比鄰」已然在地球村裡實現，但「比鄰若天涯」是否也同時出現？

十九世紀英國小說家狄更斯（C. Dickens, 1812-1870）在《雙城記》中的開場白：「這是最好的時代，也是最壞的時代；這是溫煦的春天，也是酷寒的嚴冬……」二十一世紀的今日，我們是否可以自問自省：「這是個智慧的時代，也是智障的時代？」新科技的出現，開啓了智慧之門，是否也造成了智障的隱憂？

三、風險社會已然來臨

德國學者貝克（U. Beck）認爲，人類生活已經進入一個新的階段，目前社會已經不再以遠離匱乏爲生活目的，科技發展已經解決了這個問題，但隨之而來也帶來各式各樣的風險，全球進入一個「風險社會」（risk society）的年代（汪浩譯，2004）。

研究科技文化的學者格林（Green, 2010）認爲，新科技會爲社會帶來網路禿鷹（cyber predators）及各種問題。此外，伴隨二十一世紀資訊社會而來的各種風險，例如：人際關係的疏離、網路的黃色風暴、網路犯罪、網路賭博、網路詐騙、網路霸凌、線上隱私權、網路著作權、數位落差、資訊超載及資訊焦慮等，以及即時新聞、直播現場、FB論戰、肉搜起底、網路公審等現代媒體現象皆不容忽視。

準此，人們該如何因應此一風險時代的來臨，在時間與空間的遞變

中，讓新科技恰如其分的扮演角色，乃是值得深思的課題。

第四節　科技與人文的實踐

「科學」與「人文」（humanity）都是從哲學分枝。沒有科技，人們不可能擁有人類前所未有的健康、安全、方便、舒適；但是科技倘若少了人文涵養，就會變成科學怪人。科技最終必觸及價值觀和倫理道德，這些已經不是科技本身可以回答的問題了。因此，人文的累積和學習相對重要。科技與人文應該是在「動心起念」時就相輔相成、並行不悖，而不是有了科技發展之後，再來反思、調和。愈是科技發展的年代，事實上愈需要相對的精神修養。

「科技與人文」不是二元對立或零和關係（李南衡，2001），兩者不可背道而馳；科技始終來自於人性，科技不是萬能，必須有人文作後盾。科技要有價值，就必須賦予人性。現代人們必須有「以科技力量活化人文精神、以人文精神豐富科技力量」的體認。相同道理，「科技與倫理」亦然。雖然麥克魯漢（Marshall McLuhan）曾說過：「當我們開車往前疾行時，是義無反顧的，但傳統的價值、倫理卻像照後鏡裡的影像一樣，漸行漸遠。」這是警示，也是提醒。新科技的時代，倫理更形重要，科技與倫理不可「漸行漸遠」，我們必須在新科技裡尋找舊真理。

新科技的問題，本質上不是「科技」，而是「人」本身。從這個思考點出發，大家不必為了找不到「科技上」的解決之道而愁眉苦臉，因為解決之道，就在你我手中。人是科技的主人，不是科技的奴隸。以科技為出發點的文明，的確帶給我們方便，但希望也能帶給我們快樂；如何將科技的利基在最小負作用的狀況之下，施展運作出來，就必須回歸到具備倫理思維的「人的世界」。

結合科技與人文、理想與現實、重視人機倫理的「清醒知識人」，是

第十五章　新科技、新媒體、新觀點

285

管理大師杜拉克認為「後資本主義社會」最需要的典型；期待「知識人」能夠保持清醒的頭腦和以人為本的心，為科技組成的骨架，灌注倫理思維，並披上有血有肉的人文外貌。

　　新科技，是一種有待全面重建的未來秩序與倫理處境，如何將柔軟的倫理互動穿越科技冰冷的外殼，是處於數位、移動革命的現代該有的關鍵思維。

 問題與思考

1. 你認為「新媒體」的定義為何？其有何特徵？
2. 新媒體時代，就個人、組織、社會來看，帶來哪些危機或轉機？

參考資料

一、中文部分

Ryan（2016）。〈臺灣大學生的暑期體驗：中國新媒體創業企劃比賽〉。網址：http://www.inside.com.tw/2016/08/23/international-new-media-campaign

臺北市數位行銷經營協會（2014）。2014年臺灣數位廣告量統計報告。

行政院主計總處（2015-2016）。中華民國統計月報。

李南衡（2001.09.13）。〈此話大有來頭——零和遊戲〉。中國時報第38版。

汪益譯，Marshall McLuhan著（1999）。《預知傳播紀事：麥克魯漢讀本》（*Essential McLuhan*）。臺北：臺灣商務印書館。

汪浩譯，Urich Beck著（2004）。《風險社會：通往另一個現代的路上》（*Risikogesellschaft - Auf dem Weg in eine andere Moderne*）。臺北：巨流。

科技產業資訊室（2014）。〈2015年全球網路用戶將突破30億大關〉。網址：http://iknow.stpi.narl.org.tw/post/Read.aspx?PostID=10374

陳文義（2015）。〈IDC：2016年全球行動網路用戶將突破20億〉。網址：http://www.ithome.com.tw/news/101712

國家通訊傳播委員會（2015-2016）。業務統計資料。

馮景青（2015）。〈臺灣上網人口達1,883萬人　上網率80.3%〉，《中時電子報》。網址：http://www.chinatimes.com/realtimenews/20150827004663-260412

楊又肇（2016）。〈77%臺灣人持3種連網裝置　跨螢行為更複雜〉，《聯合新聞網》。網址：http://udn.com/news/story/7087/1657973

董素蘭等合著，世新大學新聞學系（主編）（1999）。〈第13章：傳播新科技對社會影響〉，《傳播與社會》。臺北：東大。

董素蘭（2015）。〈臺灣傳播業概況〉。中國新聞學會主辦，第14屆海峽兩

岸暨港澳新聞研討會。

綠色和平（2016）。〈新機光環不再　民眾希望延長手機使用壽命〉。
網址：http://www.greenpeace.org/taiwan/zh/press/releases/toxics/2016/
global-mobile-survey/?gclid=CMablLaams8CFYGVvAod-nYBJQ

熊澄宇（2005）。《資訊社會4.0》。臺北：商周。

二、英文部分

Green, L. (2010). *The Internet: An Introduction to New Media*. New York. Berg,
Oxford International Publishers, Ltd.

Greenpeace Global Mobile Survey (2016). http://opendata.greenpeace.org/data-
set/global-mobile-survey?_ga=1.99301790.1411654313.1475896444

變遷中的傳播媒介：從類比到數位匯流

國家圖書館出版品預行編目資料

變遷中的傳播媒介：從類比到數位匯流／蔡念
中，邱慧仙等著. －－初版.－－臺北市：五
南，2017.07
　面；　公分
ISBN 978-957-11-9241-3（平裝）
1.傳播產業　2.數位媒體　3.傳播政策
541.83　　　　　　　　　106010174

1ZFJ

變遷中的傳播媒介
從類比到數位匯流

作　　　者 ― 蔡念中(370)、邱慧仙、董素蘭、康力平

發 行 人 ― 楊榮川

總 經 理 ― 楊士清

副總編輯 ― 陳念祖

責任編輯 ― 郭雲周、李敏華

封面設計 ― 陳卿瑋

出 版 者 ― 五南圖書出版股份有限公司

地　　　址：106台北市大安區和平東路二段339號4樓

電　　　話：(02)2705-5066　　傳　　真：(02)2706-6100

網　　　址：http://www.wunan.com.tw

電子郵件：wunan@wunan.com.tw

劃撥帳號：01068953

戶　　　名：五南圖書出版股份有限公司

法律顧問　林勝安律師事務所　林勝安律師

出版日期　2017年 7 月初版一刷

定　　　價　新臺幣400元